CÉRÉMONIES

ET

COUTUMES RELIGIEUSES

DE TOUS

LES PEUPLES DU MONDE.

CÉRÉMONIES

ET

COUTUMES RELIGIEUSES

DE TOUS

LES PEUPLES DU MONDE.

REPRÉSENTÉES par des Figures deſſinées & gravées par BERNARD PICARD, & autres habiles Artiſtes.

OUVRAGE qui comprend l'Hiſtoire philoſophique de la Religion des Nations des deux hémiſpheres; telles que celle des Brames, des Peguans, des Chinois, des Japonois, des Thibetins, & celle des différens Peuples qui habitent l'Aſie & les Iſles de l'Archipélague Indien; celle des Mexicains, des Péruviens, des Bréſiliens, des Groënlandois, des Lapons, des Caffres, de tous les Peuples de la Nigritie, de l'Ethiopie & du Monomotapa; celle des Juiſs, tant anciens que modernes, celle des Muſulmans & des différentes Sectes qui la compoſent; enfin celle des Chrétiens & de cette multitude de branches dans leſquelles elle eſt ſubdiviſée.

NOUVELLE EDITION.

ENRICHIE de toutes les Figures compriſes dans l'ancienne Édition en ſept Volumes, & dans les quatre publiés par forme de Supplément.

PAR UNE SOCIÉTÉ DE GENS DE LETTRES.

TOME PREMIER.

A AMSTERDAM,

Et ſe trouve à PARIS,

Chez LAPORTE, Libraire, rue des Noyers, près l'Egliſe de Saint-Yves.

M. DCC. LXXXIII.

INTRODUCTION.

Si nous avions l'hiſtoire détaillée des différentes migrations du genre humain ; s'il nous étoit permis de ſuivre, comme à la trace, l'homme ſorti des mains de ſon Créateur, je ne doute pas que nous ne puſſions ſaiſir juſqu'aux plus petites nuances de cette foule de gradations que ſes idées ont ſucceſſivement éprouvées. Quoique les injures des temps, l'ignorance des premiers hommes, & les préjugés des écrivains nous aient dérobé cette portion la plus précieuſe, la plus utile & la plus intéreſſante de notre hiſtoire, nous voyons néanmoins à travers de l'épaiſſe obſcurité dont l'antiquité eſt couverte, que les opinions religieuſes ont été d'autant plus pures & plus raiſonnables, que le genre humain étoit moins éloigné de ſon berceau. Ainſi, loin qu'à l'exemple des connoiſſances humaines, la religion ſe perfectionne, à meſure que l'expérience & la réflexion permettent à l'eſprit humain de ſe développer, elle ſe dénature & s'abâtardit en vieilliſſant.

De cette propoſition, dont l'hiſtoire du monde ne prouve que trop la juſteſſe, il réſulte que les peuples les plus anciens, je veux dire, ceux qui n'ont pas encore éprouvé de révolutions marquées depuis un grand nombre de ſiecles, ſont ceux chez qui les principes primitifs ſe ſont moins altérés, & qui tracent, à quelques changemens près, les temps heureux de l'enfance du monde. Je remarque, parmi les nations connues de l'antiquité, deux peuplades qui peuvent fournir un exemple frappant de cette importante vérité. Ce ſont les Sabéens, nation célebre de l'Arabie, & les Indiens de la communion des Brachmanes. Si on leur fait graces de quelques traits de ſuperſtition, qui ſe retrouvent par-tout, & dont toutes les nations de la terre eurent à rougir, l'hiſtoire n'offre, en aucun endroit du monde, une théologie plus ſublime, plus ſimple & plus conſéquente que la leur. Aucune divinité ſubalterne, aucune apothéoſe, aucun ange, aucun génie n'y vint troubler l'idée que ces peuples reſpectables avoient du grand Être. Convaincus, comme tout l'univers entier, du précieux dogme de l'immortalité de l'ame, on ne pouvoit leur reprocher, à ce sujet, que leur étonnante opiniâtreté pour la métempsycose. S'ils avoient une idée avantageuse du soleil, de la lune & des autres corps céleftes, ne croyez pas avec le rabin Mofes Maimonides, qu'ils les adoraffent comme des divinités. Accoutumés, depuis des myriades d'années, à en calculer les mouvemens, qui leur avoient toujours paru conftans & uniformes, une abfurdité auffi choquante, une impiété fi ridicule & fi manifefte n'eût pu trouver de place dans leur efprit. La vénération de ces Afiatiques pour la plupart des corps qui errent fur nos têtes, n'avoient d'autre motif que la perfuafion où ils étoient que les ames humaines devoient, avant de revenir fur la terre, ranimer d'autres corps, aller fe purifier, pendant un certain nombre d'années, fur ces maffes céleftes, avec plus ou moins de follicitude, felon le degré de fouillure & de corruption qu'elles avoient contracté dans leur derniere demeure. Peut-être ignorons-nous encore ce que nous pourrions oppofer de plaufible à cette croyance.

Que l'on confulte fans prévention la théologie des Chinois, peuple dont l'origine fe perd dans la nuit des temps, & dont les révolutions n'ont été accompagnées d'aucune commotion violente; je doute, qu'à l'exception de l'Europe où le flambeau de l'Evangile a diffipé les anciennes fuperftitions, on puiffe trouver rien fur la terre qui mérite de lui être comparé, foit par la fimplicité & le petit nombre d'articles de foi qu'elle préfente, foit par fon heureux enchaînement avec les devoirs de la fociété. Si l'état actuel du gouvernement de cette nation retrace encore l'idée d'un pere de famille qui conduit par la main fes enfans, fon code religieux fondé fur cette bafe vraiment refpectable, ne peut gueres être lu, fans qu'on fe reffouvienne de ces temps innocens, où les patriarches, à la tête de leur maifon, offroient au maître du ciel les prémices de leurs travaux. Un Dieu, fouverain de l'univers, qu'il gouverne avec autant de fageffe que d'intelligence, une ame refponfable un jour des actions que nous commettons dans cette vie, & fur-tout une foumiffion refpectueufe, tant de la part des fouverains que des fujets aux loix conftitutives du gouvernement : voilà en deux mots fa croyance & fa théologie. Auffi voit-on dans fes annales, que, tant qu'elle

eut

eut affez de courage & de fermeté pour fermer le paffage à toutes les fuperftitions étrangeres, elle n'effuya pas le moindre démêlé fur cette matiere.

On pourroit encore pouffer les recherches plus loin, en comparant la Religion des Grecs & des Romains, tout philofophes qu'ils vouluffent paroître, avec celle des peuples ifolés & fédentaires, tels que les Gaulois & les Germains qu'ils confidéroient comme des barbares. Je ne nierai pas que ceux-ci n'aient introduit dans leur culte quelques extravagances, & même quelques atrocités : on en verra plus d'un exemple dans le cours de cet ouvrage. Mais enfin leur fyftème théologique n'étoit pas fi embrouillé ; leurs idées plus faines, plus fuivies, plus lumineufes, offroient au moins quelque chofe de plaufible ; & fi l'on eût pris la peine d'en élaguer certaines pratiques que la fuperftition y avoit comme furtivement gliffées, il n'eft pas douteux qu'on ne fût parvenu à former un corps de doctrine qui n'eût pas été méprifable. Si, au contraire, on fe fût efforcé de jetter quelque jour dans la mythologie grecque & romaine, je ne préfume pas que, quelque talent qu'on auroit eu à concilier les contradictions, à expliquer les allégories, à débrouiller les fables, on eût pu imaginer quelque chofe de paffable : car il eft inutile de dire ici que tout ce que l'efprit humain, livré à fes foibleffes, peut inventer d'infipide, de monftrueux, de cynique & d'inconféquent, fervit à former ces compilations mythologiques, qui feroient rougir aujourd'hui les peuples les plus barbares du Canada. La religion n'étoit, à la honte de la raifon, rien autre chofe, pour parler comme M. Jacquelot, qu'un badinage d'enfans, un dédale de contradictions & de friponneries de prêtres. En un mot, fi l'on vouloit favoir à quel point d'extravagance & de dégradation l'efprit de l'homme peut enfin parvenir, je ne crois pas qu'on eût de modele plus frappant à envifager, que la théologie des Grecs & des Romains.

Si vous defirez connoître la caufe de cet affreux aviliffement que les idées des hommes avoient éprouvé fur un objet de cette importance, c'eft dans l'ambition, l'amour-propre & la cupidité des humains qu'il faut la chercher. Tant que les hommes vécurent errans dans les forêts , tant qu'ils ne connurent d'autre genre de difcipline & de civilifation, que celui auquel l'ordre de la nature affujettiffoit les membres de chaque famille , à l'égard de leur chef , ils fe pafferent de prêtres , & le petit nombre de cérémonies religieufes dont on accompagnoit le culte dû au grand être , étoient refpectueufement remplies par les vieillards. Les nations réunies en fociété, crurent qu'il étoit effentiel à leur gouvernement de changer cet ordre refpectable , qui maintenoit & le repos des familles & la déférence dûe aux vieillards. Elles établirent un corps de miniftres ; elles formerent un nouvel ordre de citoyens , dont les membres féparés du refte de la nation par certains priviléges , furent fpécialement confacrés à l'étude des cérémonies , & à la célébration des myfteres. Ils s'arrogerent le droit exclufif de fervir de pédagogues aux nations , d'être leurs médecins , leurs juges , leurs marchands , leurs miniftres. Tous les actes , publics ou privés , étoient nuls fans leur attache ; toutes les négociations infructueufes fans leurs confeils. Ils porterent même l'audace jufqu'à mettre leurs mains facriléges fur la tête des fouverains. En Ethiopie, on étoit affez imbécille pour permettre à ces ambitieux fanatiques de faire mourir le Roi, de leur propre autorité, quand ce prince infortuné déplaifoit à l'ordre facerdotal.

Les Grecs, tout fages & tout fpirituels qu'ils fuffent, conferverent toujours le même aveuglement pour leurs prêtres. Ceux de Dodone , de Delphes , d'Éleufine, devinrent auffi puiffans par leurs prétendus myfteres dont ils étoient les dépofitaires, que l'avoient été leurs prédéceffeurs à Memphis & à Meroë. Tel fut même leur pouvoir fur l'efprit de leurs dévots, qu'ils les forçoient fouvent de courber la tête fous la hache du fanatifme. S'agit-il de calmer la colere des Néréïdes ? le facerdoce foulant aux pieds les loix les plus refpectables de la nature, ordonne que l'on attache Andromede à un rocher ; & cet ordre abominable eft fcrupuleufement exécuté, fous les yeux d'une populace innombrable, & avec les plus horribles imprécations. Pour appaifer Diane, & s'ouvrir la route de Troie, Agamemnon , aveuglé par l'oracle, traîne lui-même fa fille Iphigénie à l'autel ; & Calchas, l'impie Calchas, frappe cette victime infortunée, & croit honorer la divinité par ce facrifice.

Les Romains , ce peuple roi, dont la politique sage & rai-
sonnée lui acquit l'empire de l'univers alors connu , n'eut pas , à
ce sujet , de moindres foiblesses à se reprocher. Les devins , les
aruspices , les augures , & cette multitude d'autres charlatans qu'ils
entretenoient dans l'abondance & dans l'oisiveté , jouissoient , chacun dans son ressort , de l'autorité la plus étendue. Flaminius ,
ayant donné la bataille de Trasimene sans avoir consulté les poulets sacrés , le peuple Romain s'écria à l'impiété , & toute la
nation, pleine d'une confiance absurde dans le mouvement in-
volontaire d'un volatile , n'oublia pas d'attribuer à l'indiscrétion du
général la perte que la république éprouva en cette occasion. Ici ,
comme en Grece & ailleurs , c'étoit souvent par l'effusion du
sang humain , que ces fanatiques vouloient qu'on se rendît le
ciel propice ; & souvent ils lisoient l'arrêt du destin dans les entrailles palpitantes des vaincus.

· L'histoire des peuples du Nord offre par-tout des traces de ce
crédit immense · & dangereux dont leurs prêtres jouissoient , &
du fréquent abus qu'ils en faisoient. Les ministres du grand Odin
n'en cédoient pas sur ce point à ceux de Jupiter, de Bacchus ,
d'Astaroth & de Baal. Quelques-uns d'entr'eux, aussi fanatiques ,
aussi adroits & aussi ambitieux que le sont aujourd'hui les fakirs de l'Inde, se vouoient au plus rigoureux célibat ; & , pour
se dédommager d'un vœu aussi gênant & aussi inconsidéré, ils
assujettissoient leurs fideles à leur confier leurs épouses pendant les
premiers jours de leurs noces , pour les initier dans les mysteres
du dieu de la fécondité. Ailleurs , ils renonçoient modestement
à la fureur des combats , & faisoient ruisseler sur leurs autels
le sang des victimes que leur ambition & leur avarice immoloient
au dieu des enfers. Enfin , j'ose dire qu'il ne fut aucun genre de
préjugé , de fanatisme , d'irréligion & d'impiété , qui n'eût été
imaginé par ces prêtres , dont les fonctions primitives avoient
pour objet le salut & l'instruction des peuples qui les avoient
établis.

Tels furent les prêtres de l'antiquité ; tels sont encore ceux
des régions où le christianisme n'a pas pénétré. Quel est , par
exemple , le prince, quel est le potentat plus respecté que ne
le sont les bramines dans l'Indoustan ? On y adore jusqu'à leurs

nudités ; on y refpecte auffi leurs pénitences ; & ces pénitences,
qui font frémir la nature , font celles que s'impofent les plus
fougueux de tous les fanatiques. Les uns reftent toute leur vie
attachés à un arbre ; les autres fe balancent fur les flammes ; ceux-
ci portent des chaînes d'un poids énorme ; ceux-là ne fe nourriffent
que de liquides ; quelques-uns fe ferment la bouche d'un cadenat ;
& quelques autres s'attachent une clochette au prépuce. Il eft du
devoir d'une femme de bien d'aller en dévotion baifer cette clochette , & c'eft un honneur aux peres de proftituer leurs filles à
des fakirs. (*De l'Efprit*, *tome I*, p. 190).

Toutes ces erreurs , tous ces forfaits , toutes ces abominations,
dont la fource impure ne tarira peut-être jamais , n'ont pourtant
pas effacé les vérités éternelles, que le premier des Êtres a gravées dans le cœur de tous les hommes. En vain toutes les paffions
fe font réunies, pour extirper entiérement ces précieux germes ;
ils ont triomphé par-tout des coups redoublés qu'on leur portoit.
Au milieu de ces fuperftitions monftrueufes qui déshonorerent la
plupart des nations , on vit toujours s'élever les grands principes ,
la bafe & le pivot de toutes les religions qui partagent la terre.
Par-tout les hommes crurent un dieu , une ame immortelle , & des
peines & des récompenfes pour une autre vie ; & cette croyance ,
quoi qu'en difent quelques fophiftes modernes , a pris naiffance
avec le monde. En vain les idiots Egyptiens prodiguerent leur
encens au hibou , au chat, au crocodile ; en vain la mythologie
des Grecs vint mêler fes accens féducteurs aux mouvemens naturels de la raifon ; en vain les métamorphofes de Brama fe gliffe-
rent dans la théologie des indiens ; tous ces peuples , inconfé-
quens dans leur culte, confus dans leurs idées , n'admirent jamais
qu'un être véritablement fouverain, qu'un premier principe de
toutes chofes ; & ce n'eft qu'à la paffion des Ecrivains modernes,
à leurs préjugés , à leur ignorance , que l'on doit attribuer cette
opinion abfurde de polythéifme qu'ils leur prêtent. Cette importante vérité, dont nous devons l'aveu à nos femblables, & qui
juftifie fur un fujet auffi effentiel le genre humain , déjà trop
fouillé d'erreurs & de crimes , nous efpérons la prouver dans le
cours de cet ouvrage , & dans nos *Lettres hiftoriques & philo-*
fophiques fur les foibleffes de l'efprit humain , que nous allons
publier.

Si

Si nous nous tranfportons en Afrique, nous y trouverons la même doctrine. Tous les negres, auxquels notre orgueil & nos préjugés accordent à peine affez de bons fens pour mériter d'être rangés dans la claffe des hommes, profeffent la même religion, & défavouent hautement ceux qui leur attribuent une théogonie moins raifonnable. Pénétrés de refpect pour le premier des êtres, ils ne regardent leurs idoles que comme des divinités précaires, des médiateurs momentanés, qu'ils confultent dans leurs befoins, à défaut de la divinité par excellence, qu'ils croient trop au-deffus d'eux pour s'occuper de ce qui leur manque. Ces fetiches, ces divins joujous ne font à leurs yeux que des divinités factices, qu'ils peuvent quitter ou reprendre fans aucune conféquence. Auffi les traitent-ils toujours comme ils croient en avoir été traités eux-mêmes. Ils les battent, ils les maltraitent ; ils les brifent, quand ils jugent avoir quelque motif de mécontentement à leur reprocher. Ils exercent ordinairement, envers ces marmouzets, la peine du talion dans toute fa rigueur. Un negre, attribuant à la négligence de fon fetiche, l'incendie qui vient de confumer fa cabane, fait une ample provifion de bois, y met le feu, & précipite au milieu des flammes l'indolente divinité, qu'il voit brûler avec la plus grande fatisfaction.

Quant à l'immortalité de l'ame, c'eft encore un dogme qui fut celui de tout le genre humain. Parmi une multitude de preuves qu'on en pourroit recueillir, celle qui paroît la plus convaincante, fe tire de la nécromancie. Tous les monumens que les injures des tems ont épargnés, nous apprennent que cet art ridicule fut connu dès la plus haute antiquité. On ne peut douter qu'il ne fubfiftât au tems de Moyfe, puifqu'on voit ce légiflateur reprocher amérement aux Juifs cette profeffion, qu'ils tenoient vraifemblablement des Egyptiens, & leur défendre de s'y livrer à l'avenir. On fait que Tirefias & Orphée qui vivoient avant la guerre de Troie, & plufieurs fiecles après eux, Thalés & Pherecydes de Scyros, faifoient le métier d'évoquer les ames des morts. Il y avoit en Epire, près d'un lieu appellé *Thesproties*, un temple fameux où l'ame d'Euridice fut évoquée par Orphée fon mari. Pythagore, dans le deffein de rétablir à Crotone l'honneur dû à la chafteté conjugale, & qui y étoit depuis fi long-tems outragée, feignit avoir fait un voyage dans les enfers, où il dit avoir vu

Tome I. C

parmi les damnés les maris qui ne rendoient pas à leurs époufes les devoirs du mariage. Enfin, le chemin des enfers devint fi commun dans la fuite, qu'il n'y avoit perfonne qui ne fe hafardât de l'entreprendre, pour le moindre motif. Tous les grands hommes dont l'hiftoire ancinene a fait de fi pompeux éloges, avoient vifité dans leurs courfes,

> Ces goufres ténébreux, ces lieux pâles & fombres,
> Effroyable féjour de la mort & des ombres.

On fait que les Romains pratiquerent les mêmes ufages, foit qu'ils les euffent reçus des Grecs ou des autres nations qui furent fucceffivement fubjuguées par le capitole, foit que leur efprit, naturellement porté à la fuperftition, les leur eût fuggérés. Ils avoient une multitude de fêtes publiques, inftituées pour honorer les ames des morts, & où chacun alloit mettre fur le tombeau de fes ancêtres ou de fes amis, du vin, du lait, du miel & divers autres alimens dont on croyoit que les ombres venoient fe repaître. Si les Égyptiens & les Grecs avoient leur *amenthès*, lieu fouterrain où ils fuppofoient que les ames des défunts alloient fe rendre au fortir des corps, les Romains avoient leur *averne*, deftiné au même ufage. L'art de la nécromancie avoit même fait tant de progrès chez ces derniers, qu'Appius que Cicéron appelle fon ami, en avoit compofé un livre, où il donnoit vraifemblablement des préceptes pour l'exercer avec fuccès.

Il eft inutile de parcourir, fur cette matiere, la liturgie des peuples. Toutes les nations, tant anciennes que modernes, font également orthodoxes à cet égard. Celles même parmi lefquelles les voyageurs n'ont obfervé que des traits fort imparfaits d'un culte public, font très-attachées au dogme de l'immortalité de l'ame. Toutes ont la foibleffe de croire aux fpectres, & de rendre quelques devoirs aux triftes ombres de leurs ancêtres : toutes font perfuadées que l'ame des morts eft deftinée à un bonheur beaucoup plus grand que celui dont elle a joui dans les entraves du corps ; & cette croyance s'eft confervée parmi les nations même les plus barbares & les plus fauvages.

Quoique les cérémonies extérieures du culte des nations foient le principal objet qui doive nous occuper dans cet ouvrage, nous avons cru devoir effleurer ici les grands principes qui font, comme on l'a dit, la bafe de toutes les religions de l'univers. Sans ce préliminaire, peut-être n'eût-on pu entrevoir la fource d'une foule de pratiques que nous aurons occafion de rapporter. Les opinions religieufes des hommes ont tant d'analogie entre elles ; toutes leurs folies, tous leurs préjugés fe reffemblent à tant d'égards, qu'on ne peut fe difpenfer de reconnoître dans le genre humain un fonds d'idées propre à notre efpece, & qui fe retrouve depuis un pôle jufqu'à l'autre. C'eft cette conformité frappante dont on n'a pas fouvent voulu appercevoir l'origine, qui a fait imaginer ces fyftêmes abfurdes avec lefquels la plupart des écrivains ont développé la filiation des peuples qui couvrent la furface de la terre.

Si la tâche que nous nous fommes impofée dans cet ouvrage, fe bornoit à envifager l'homme, vivant encore dans cet état d'innocence & de pureté où il a dû être en fortant des mains de fon Créateur ; fi notre pinceau n'avoit à tracer que cette religion fainte & fublime que le philofophe lit dans l'ame des patriarches, chaque trait d'un tel tableau feroit fans doute bien propre à nous attacher. Malheureufement la carriere que nous avons à parcourir, toute brillante qu'elle foit, n'offre en aucun endroit cette perfection que l'homme fenfé defire, en méditant fur les faftes de l'humanité. La fuperftition a tout couvert d'un voile lugubre ; & le fouffle impur des préjugés a corrompu les plus fages inftitutions. Nous trouverons, à chaque pas, des peuples entiers, faifant profeffion de fageffe & de philofophie, invoquer avec la même ferveur, & le Dieu qui les forma, & de viles créatures que les paffions placerent entre l'homme & fon auteur. Nous confidérerons le miniftre armé du coutelas effrayant de la fuperftition la plus fanguinaire, prêcher la douceur, la concorde & la paix, & plonger fon arme parricide dans le cœur de fes femblables. Nous entendrons le fanatifme, étalant avec emphafe l'amour du prochain, emboucher la trompette des combats, pour venger le dieu dont il méconnoît les attributs. Enfin nous verrons paroître fucceffivement, fur le même théâtre, toutes les paffions qui ont bouleverfé l'univers ; l'ambition & la foupleffe ; l'amour-propre & l'ignorance ; le défintéreffement & la friponnerie ; l'héroïfme & la crainte ; la hauteur & la baffeffe ; la tolérance & la perfécution ; la vertu & le crime ; l'erreur & la vérité. Toutes les facultés de l'homme feront en agitation & en mouvement ; & de ce choc violent fortiront quelquefois de grands événemens bien propres à nous inftruire. Si ce tableau effraie les belles ames par fa difformité, il ne doit pourtant pas paroître indifférent, foit à caufe de la variété touchante de fes couleurs, foit pour les grands exemples qu'il préfente à notre orgueil. Puiffent l'inftruction & la philofophie éteindre les guerres nationales & les divifions inteftines, régler les devoirs qui nous font prefcrits envers nos femblables ; ramener le calme, la paix & le bonheur dans le cœur des hommes, & dans leurs foyers ! *Traité des richeffes, difcours préliminaire.*

CÉRÉMONIES

CÉRÉMONIES

ET
COUTUMES RELIGIEUSES
DE TOUS LES PEUPLES DU MONDE.

RELIGION NATURELLE.

A S I E.

ARTICLE PREMIER.

Religion des Brames.

LA religion des Brames eſt l'une des plus anciennes de l'univers. S'il eſt vrai que la beauté du climat ait dû déterminer le créateur à placer dans l'Inde le berceau du genre humain, c'eſt des Brachmanes que ſont découlés la plupart des principes religieux qui guiderent long-tems les peuples du monde. Pour connoître la religion de ce peuple reſpectable , il eſt inutile de fouiller dans les archives de l'antiquité. Les Grecs & les Romains, qui ne voyoient par-tout que

Tome I.   D

les dieux qu'ils avoient fabriqués, ne débitoient que des visions lorsqu'ils parloient du culte des nations éloignées ; & la comparaison que l'on peut faire aujourd'hui entre la doctrine du Schasta & celle que les écrivains romains ont attribuée aux Brachmanes, suffiroit pour démontrer les erreurs sans nombre qui se sont glissées à ce sujet dans les fastes du genre humain.

Les Brames ne reconnoissent qu'un Dieu ; & cette doctrine la plus ancienne & la plus respectable de toutes celles qui ont agité l'imagination des hommes, est parfaitement développée dans leurs Livres sacrés : « Que faut-il penser de Dieu, lit-on dans le Schasta ? Étant » immatériel, il est au-dessus de toute conception ; étant invisible, » il ne peut avoir de forme : mais, d'après ce que nous voyons dans » ses œuvres, nous pouvons inférer qu'il est éternel, tout-puissant, » qu'il connoît toutes choses, & qu'il est présent par-tout ».

Dans l'Inde, comme dans toutes les contrées de l'univers, on remarque deux especes d'opinions religieuses. La premiere, qui est celle des Philosophes & des gens sensés, a la saine raison pour base ; la seconde, abandonnée au peuple, tire sa source de ces préjugés déplorables qui naquirent dès l'origine du monde dans le sein des infirmités auxquelles l'espece humaine est sujette. L'une ne reconnoît de dogmes, que ce que le créateur a gravé d'une main immortelle dans le cœur de tous les hommes ; l'autre, plus docile aux impulsions des sens qu'à celle de la raison, reçoit comme article de foi, toutes légendes pieuses, toutes allégories, transmises par la crédule antiquité. Par une suite du principe fondamental de la croyance des Indiens que Dieu est l'ame du monde, & en conséquence répandu par toute la nature, le vulgaire révere tous les élémens, & tous les grands objets naturels comme contenant une portion de la divinité ; & en effet, il est fort difficile à des esprits foibles & naturellement craintifs, de se représenter l'immensité de l'être suprême sans tomber dans cette erreur. C'est cette vénération absurde pour différens objets qui a donné naissance, parmi le peuple, à la croyance des intelligences subalternes ; mais les Bramines s'accordent tous à nier l'existence de ces divinités inférieures, & tous leurs Livres confirment ces sentimens.

Dieu est principalement adoré chez ces peuples sous la figure de Brama, personnage allégorique qui signifie la sagesse divine (*fig. a*). Cet attribut de la divinité est représenté par une figure emblématique, dont la tête a quatre visages, regardant les quatre coins du monde pour

faire entendre qu'il voit tout : fur fa tête eft une couronne , emblême
du pouvoir & de la fouveraineté. Brama a quatre mains , pour marquer
la toute-puiffance de la fageffe divine ; dans la premiere , il tient les
quatre bédas, fymbole de la fcience ; dans la feconde, un fceptre, qui
eft la marque de l'éternité ; & dans la troifieme , un anneau, ou un
cercle, qui défigne l'autorité. Brama n'a rien dans la quatrieme main,
pour exprimer que la fageffe de Dieu eft toujours prête à fecourir fes
créatures. Il eft repréfenté monté fur une oie, qui eft l'emblême de la
fimplicité chez les Indiens : cette derniere circonftance fait allufion à la
fimplicité des opérations de la nature, qui n'eft que la fageffe de a
divinité fous un autre nom. Les idoles Ixora, Quenevadi (*fg. 3*), Xékia
(*fg. 4*), Pulleyiar (*fg. 5*) & Wifnou fur lefquelles les Indiens débitent
tant de fables abfurdes & extravagantes, ont la même origine que Brama.

    Les métamorphofes de Wifnou forment, dit-on , l'un des plus im-
portans objets de la théologie des peuples de l'Inde. Si l'on en croit
les auteurs européens, les bramines difent que cette divinité a paru
dans le monde fous neuf formes différentes, & qu'elle doit y paroître
encore fous une nouvelle. L'hiftoire de ces métamorphofes eft pleine
d'abfurdités ; mais les Indiens prétendent que fous ces contes ridicules,
font cachés de profonds myfteres, qu'ils ne veulent pas découvrir aux
profanes. Voici, en deux mots , ce que l'on raconte des métamorphofes de Wifnou.

    Premiere métamorphofe (*fig. 6*). Le veidam, livre de la loi, ayant
été enlevé par un démon, Wifnou fe métamorphofa en poiffon, & fe
plongea au fond de la mer où le voleur s'étoit allé cacher, & rapporta
le livre facré.

    Seconde métamorphofe (*fig. 6*). Les génies, voulant manger d'un
beurre délicieux qui fe forme dans *la mer de lait*, ils apporterent fur fes
bords une montagne d'or, où eft affife une couleuvre d'une longueur
prodigieufe qui a cent têtes, fur lefquelles font appuyés les quatorze
mondes qui compofent l'univers. Ils fe fervirent de la queue de cette
couleuvre comme d'une corde pour attirer le beurre ; mais ils furent tra-
verfés dans leur entreprife par les géans qui tiroient auffi la couleuvre
de leur côté. Ce conflit penfa devenir funefte aux mondes que la couleuvre foutenoit ; il fut tellement ébranlé, qu'il eût été infailliblement ren-
verfé, fi Wifnou, prenant la forme d'une tortue, ne fe fût prompte-
ment mis deffous pour le foutenir ; mais la couleuvre répandit fur les
géans une liqueur venimeufe qui les obligea de lâcher prife.

Tome I.   D 2

Troisieme métamorphose. (*fig.* 6). Un énorme géant nommé Pa-
lafda, ayant roulé la terre comme une feuille de papier, l'emporta fur
fes épaules jufqu'au fond des enfers. Wifnou prit auffi-tôt la forme d'un
cochon, alla trouver le géant, le combattit ; &, après l'avoir vaincu,
rapporta la terre fur fon grouin , & la remit à fa premiere place.

Quatrieme métamorphofe (*fig.* 6). Un autre géant, nommé *Iranien*,
ayant reçu le privilege fingulier de ne pouvoir être tué, ni pendant
le jour , ni pendant la nuit, ni dehors de fa maifon, en conçut une fi
grande fierté , qu'il voulût fe faire adorer comme un Dieu. Il fit fouffrir les plus cruels tourmens à ceux qui refuferent de lui déférer les
honneurs divins : il n'épargna pas même fon fils, qui malgré fes ordres, s'obftinoit toujours à conferver le culte de fes peres. La piété du
jeune homme , & les maux qu'il fouffroit pour fa religion, toucherent
tellement le cœur du dieu Wifnou, qu'il réfolut, à quelque prix que
ce fût, d'exterminer le géant Iranien. Pour y parvenir, il faifit le moment du crépufcule, où , quoiqu'il ne faffe plus jour, il n'eft pas cependant encore nuit, & parut tout-à-coup fous la forme d'un monftre
moitié homme & moitié lion, devant le géant Iranien. Celui-ci étant
alors fur le feuil de fa porte, n'étoit ni dedans ni dehors de fa maifon;
& Wifnou, s'armant de tout fon pouvoir, le mit en pieces malgré fa
réfiftance.

Cinquieme métamorphofe (*fig.* 7). Un prince, nommé *Mavali* , faifoit gémir les hommes fous le poids du plus affreux defpotifme. Wifnou , touché des plaintes qu'on lui adreffoit de toutes parts , réfolut
de délivrer la terre d'un pareil monftre. Il prit la forme d'un bramine,
& alla trouver ce mauvais monarque, auquel il demanda trois pieds
de terre pour y bâtir une cabane. Le prince ne fit aucune difficulté de
lui accorder fa demande; & pour ratifier cette donation , il prit un peu
d'eau dans fa bouche, & fe difpofa à la rejetter dans la main du prétendu bramine. Telle étoit alors la maniere de ratifier les engagemens :
mais l'étoile du point du jour, qui étoit le principal confeiller du roi ,
foupçonnant quelque fupercherie dans la demande du bramine, trouva
le moyen d'entrer dans le gozier du Prince, & de le boucher tellement que l'eau ne pouvoit plus en fortir. Le roi, qui fe fentoit prefqu'étouffé fans favoir pourquoi, fe fit enfoncer un ftylet de fer dans
le gozier pour en ouvrir le paffage. L'étoile fut contrainte de déloger
après avoir eu un œil crevé : le roi répandit alors l'eau qu'il avoit dans
la bouche dans la main du faux bramine ; & celui-ci devint tout-à-coup

d'une grandeur si prodigieuse, qu'un de ses pieds occupoit toute
l'étendue de l'univers : il posa l'autre sur la tête du roi Mavali qu'il
précipita dans l'abîme.

Sixieme métamorphose (*fig.* 7). L'Inde étoit gouvernée par une mul-   7.
titude de despotes qui opprimoient les peuples, & commettoient
mille ravages. Wisnou résolut de punir ces brigands des crimes dont ils
affligeoient l'humanité : revêtu d'une forme humaine, il descendit sur
la terre, déclara la guerre aux tyrans, & les combattit sans relâche
jusqu'à ce qu'il les eut tous exterminés. Cette guerre, entreprise pour
le soulagement de l'humanité, dura vingt-une générations.

Septieme métamorphose (*fig.* 7). Un géant à mille bras désoloit la   7.
terre par ses brigandages & par ses violences. Wisnou, toujours atten-
tif à protéger les hommes, prit une seconde fois la forme humaine :
alors, armé du soc d'une charrue, il offrit le combat au géant, lui
donna la mort, & lui coupa ses mille bras : ensuite il entassa ses os les
uns sur les autres, & en forma une montagne appellée *baldous.*

Huitieme métamorphose (*fig.* 7). Un roi de l'Indouftan ayant appris,   7.
par la chiromancie, que sa sœur, mariée à un bramine, mettroit au
monde un fils qui lui raviroit le trône & la vie, ordonna qu'on mît à
mort tous ses neveux dès qu'ils seroient nés ; &, pour s'assurer de
l'exécution de ses ordres, il fit enfermer étroitement sa sœur sous une
garde sûre. Déjà six de ses enfans avoient été les déplorables victimes de
la cruauté du tyran. Le septieme paroissoit destiné au même sort ; mais
cet enfant étoit Wisnou lui-même qui avoit pris cette forme pour châtier le monarque. Il parla dès le moment de sa naissance, & s'échappa
de la prison avec son pere & sa mere, sans que les gardes s'en apper-
çussent : il opéra depuis des miracles sans nombre. Le roi envoya souvent des géants & des armées entieres pour le faire périr, mais Wisnou extermina tout ce qui osa lui opposer quelque résistance ; & il tua
enfin le monarque lui-même. Après cet exploit, Wisnou continua à
parcourir la terre, prodiguant les miracles, récompensant les bons,
châtiant les méchans ; & enfin il s'éleva dans les cieux, chargé de gloire
& de triomphes.

Neuvieme métamorphose (*fig.* 9). Dans cette derniere incarnation,   9.
Wisnou prit la forme de Budha. Les bramines assurent que ce personnage n'a ni pere ni mere. C'est un pur esprit qui ne se manifeste aux
hommes que par une faveur spéciale ; & alors il paroît avec quatre bras.
La mythologie indienne varie sur les motifs qui déterminerent Wisnou
à s'incarner sous le nom de Budha.

Wisnou doit encore s'incarner une dixieme fois. Il prendra alors la forme d'un cheval blanc qui a des aîles, & qui réside actuellement dans le ciel. Ce pégase indien ne se soutient que sur trois pieds : le quatrieme est toujours en l'air. Lorsqu'il le posera sur la terre, il la fera plonger dans l'abîme ; & c'est ainsi que le monde sera anéanti. Wisnou dort actuellement dans la mer de lait, sur une couleuvre décorée de cinq tètes. Telle est l'esquisse de ces rapsodies absurdes, dont il paroît que la populace indienne a défiguré sa croyance.

Goutam, philosophe indien, qui vivoit il y a environ quatre mille ans, pense que l'ame prend, après la mort, un corps de feu, d'air & d'akash, à moins que dans le corps charnel qu'elle habitoit, elle n'ait été entiérement purifiée par la piété & la vertu. En ce cas, elle est absorbée dans la grande ame de la nature pour ne plus animer la chair. « Telle sera, dit le Philosophe, la récompense de tous ceux » qui adorent Dieu par admiration & par amour pur, sans aucune vue » intéressée ». Quant à ceux qui l'adorent, dans l'espérance du bonheur à venir, leurs desirs seront satisfaits dans le ciel pendant un certain temps : mais il faudra qu'ils expient leurs crimes par des châtimens proportionnés. Après cette purification, leurs ames retourneront sur la terre chercher de nouvelles habitations, & seront unies au premier *purman* organisé que le hasard leur fera rencontrer en y arrivant. Elles n'auront alors aucun souvenir de leur état passé, à moins qu'il ne leur soit révélé par Dieu ; mais cette faveur n'est accordée qu'à un fort petit nombre de personnes privilégiées.

L'Auteur du *Néardirsen*, livre très-ancien chez les bramines, enseigne que les crimes des peres retomberont sur les enfans, & que, par une suite de ce principe, les vertus des enfans adouciront la punition des peres dans le nirik, & hâteront leur retour sur la terre. De tous les vices qui dégradent l'humanité, l'Auteur considere l'ingratitude comme le plus odieux. « Les ames coupables de ce crime affreux, dit-il, res- » teront en enfer tant que le soleil restera au ciel, ou jusqu'à la disso- » lution générale de toutes choses ».

On voit, par ce système, que la métempsycose est l'opinion favorite des Indiens. En effet, telle fut à ce sujet la maniere de penser des brachmanes ; telle est encore celle des bramines leurs descendans. Cette chimere dont s'entêterent la plupart des nations de l'antiquité, les porterent communément à faire représenter sur leurs tombeaux des figures d'éléphans, d'aigles, de lions, & d'autres animaux les plus nobles de leur efpece ; perfuadés qu'à l'aide de ces peintures , leur ame pafferoit dans le corps de quelques-uns de ces animaux. Quelquefois les dévots par une humilité mal-entendue , font peindre exprès fur leur cercueil les animaux les plus vils & les plus méprifables : par-là, ils reconnoiffent que leur ame n'eft pas digne d'habiter des corps plus nobles.

Les Banians font diftribués en plufieurs caftes ; & la religion défend à ces familles de fe mêler les unes avec les autres par des mariages. Leurs cérémonies nuptiales font fort fimples ; les nouveaux mariés fe jettent mutuellement trois poignées de riz fur la tête. Le pere de la mariée lave les pieds au marié , & la mere de la mariée verfe l'eau. Le pere met enfuite de l'eau dans la main de fa fille avec quelques pieces d'argent , & la préfente à fon époux , en lui difant qu'il l'abandonne déformais à fa conduite. L'époux attache alors le *tali* , ruban à l'extrêmité duquel pend une tête d'or , au cou de fa nouvelle époufe. Les réjouiffances nuptiales durent plufieurs jours. Le dernier jour , les nouveaux mariés fe promenent en triomphe par la ville dans un palanquin , efcortés de leurs parens & de leurs amis qui font montés fur des chevaux ou des éléphans.

La cérémonie de nommer les enfans chez les Indiens forme une fête très-importante. Les bramines obfervent fur-tout un ufage fort fingulier fur ce point.Ils commencent par laver leurs enfans dans l'eau ; puis un des parens , appliquant la pointe d'une plume fur le front du néophyte , récite une priere dans laquelle il demande à Dieu qu'il écrive des chofes favorables fur le front du jeune bramine. Toute l'affemblée fait le même fouhait , & répete en chœur la même priere. On donne enfuite un nom à l'enfant ; alors un bramine , pour l'initier à la fecte , l'oint au front avec un huile rouge , en prononçant ces paroles : « Sei-» gneur , nous t'offrons cet enfant iffu d'une tribu fainte , oint d'huile » & purifié avec de l'eau ». La cérémonie finit par une priere générale que tous les affiftans adreffent à Dieu , pour lui demander que l'enfant nouvellement initié , foit, pendant toute fa vie, fidele obfervateur de la loi des bramines. On tire enfuite l'horofcope de l'enfant , mais on ne divulgue le réfultat de cette opération que lorfque celui qui en eft l'objet fe marie.

Cette cérémonie eft beaucoup moins augufte chez les Banians des caftes ordinaires (*fig.* 10) ; elle fe fait communément dix jours après la naiffance de l'enfant. Un bramine étale alors fur une nappe une certaine quantité de riz fur lequel on met l'enfant. Une douzaine d'autres

enfans prennent chacun un bout de cette nappe, la fecouent de toutes
leurs forces, & font danfer en même temps l'enfant & le riz fur lequel
il eft placé. Après cette cérémonie ridicule, la fœur du nouveau né lui
donne le nom qu'elle juge à propos de choifir. Deux mois après, on
porte l'enfant au temple pour y être initié dans la religion de fes peres.
La cérémonie de l'initiation eft toute auffi puérile que cette derniere :
elle fe réduit à quelques morceaux de bois odoriférant, du camphre,
& des cloux de girofle qu'un bramine met fur la tête de l'enfant. Les
peuples voifins du Gange n'oublient pas de précipiter folemnellement
leurs enfans dans ce fleuve ; & cette cérémonie, à laquelle ils attachent la plus haute opinion, leur fert de baptême & d'initiation.

Lorfqu'un banian eft malade, tous ceux qui compofent fa famille
s'affemblent autour de lui, & lui offrent tous les fecours dont il peut
avoir befoin. Tombe-t-il dans un état qui fait préfumer fa mort pro-
11. chaine, on va chercher une vache (*fig.* 11), fur le dos de laquelle
on le place pour y rendre l'ame, la tête arrofée de l'urine jailliffante
de cet animal. Les perfonnes d'un certain rang, les caftes les plus diftinguées brûlent leurs morts, & répandent de l'encens fur le bûcher.
Quelques-uns jettent dans le Gange les corps de leurs amis, tandis que
d'autres les expofent fur les grands chemins pour fervir de pâture aux
vautours & aux bêtes féroces. Il y a une cafte dans le royaume de
Bengale, qui expofe inhumainement fes malades fur les bords du fleuve
pour les y laiffer mourir : quelquefois même on les étouffe dans la vafe
quand on les croit hors d'efpérance. Ce peuple, dit M. Dow, excufe
ce procédé barbare, en difant que la vie n'eft pas d'un prix capable de
compenfer les fouffrances d'une longue maladie.

On fait que les femmes de l'Inde furent long-temps dans le funefte
ufage de fe brûler, ou de fe faire enterrer toutes vives avec leurs maris
12. (*fig.* 12). M. Holwell affigne à cette coutume une origine propre à
faire connoître de quel dangereux exemple peut être la fuperftition.
Lorfque Brama, dit ce favant Anglois, abandonna fon exiftence mortelle, fes femmes furent fi inconfolables de cette perte, qu'elles ne voulurent pas lui furvivre, & fe brûlerent avec fon corps fur le même bûcher. Cet exemple fut fuivi par les veuves des principaux rajas & des
premiers officiers de l'état, qui ne voulurent point paroître avoir moins
d'attachement pour leurs maris. Les bramines, dont l'ordre avoit été
inftitué par Brama, déclarerent que ces héroïnes étoient purifiées par ce
facrifice, & feroient difpenfées de toute tranfmigration. Leurs veuves
voulurent

voulurent jouir du même privilege, & l'enthousiasme gagna jusqu'aux dernieres castes : la grandeur d'ame de deux ou trois femmes devint un usage général ; & les bramines y ajouterent le sceau de la religion, en prescrivant ce cérémonial qui devoit s'observer dans ces pieuses exécutions. A la faveur de quelques passages obscurs de leurs livres sacrés, ajoute M. Holwel, ils accréditerent l'opinion de l'efficacité de ces dévouemens ; & dès l'enfance, ils prennent le plus grand soin pour accoutumer les jeunes personnes à envisager cette catastrophe comme la plus glorieuse pour elles-mêmes, & comme une source de prospérités pour leurs enfans. Il n'est pourtant pas vrai, comme on l'a prétendu, que celles qui refusent de se brûler, soient notées d'infamie ni même dégradées de leur caste : elles en sont quittes pour être regardées comme plus attachées à la vie qu'à l'opinion publique, au salut de leurs ames, & à la prospérité de leur famille.

Il est d'usage dans l'Inde, qu'après la cérémonie des funérailles, le bramine lise les loix du deuil au fils ou au plus proche parent du défunt. Ces loix consistent à ne pas mâcher de betel, à ne point parfumer sa tête, ni changer d'habit pendant les dix premiers jours qui suivent les funérailles : elles ordonnent encore au fils, ou au plus proche parent du défunt, de faire un festin funebre chaque mois pendant le cours d'une année, & d'aller prier au pied du tombeau, ou sur le bord de la riviere où les cendres du mort ont été jettées. A la mort d'un prince indien, tous ses sujets se rasent la tête & le visage : c'est la plus grande marque de douleur qu'ils puissent donner.

Les peuples de l'Inde ont des pagodes, especes de temples qui sont assez élégamment construits (*fig.* 13). La liturgie des bramines prescrit 13. de très-grandes cérémonies à l'égard du terrein qu'on doit choisir pour élever ces bâtimens sacrés. On commence par environner le terrein d'une enceinte ; puis on attend que l'herbe y soit devenue grande : alors on y fait entrer une vache, qu'on y laisse paître à son gré, pendant un jour & une nuit tout entiers. Le lendemain on vient reconnoître l'endroit où l'herbe foulée témoigne que la vache y a couché : on creuse dans ce lieu, & l'on y enfonce une colonne de marbre qui s'élève encore au-dessus de la terre à une certaine hauteur, & sur laquelle on place l'idole à qui la pagode est destinée. Tout autour on construit l'édifice sacré. Telle est la vénération des indiens pour leurs pagodes, qu'ils se déchaussent toujours avant d'y entrer.

La danse fait chez les indiens une partie considérable du culte reli-

gieux. Chaque pagode a ſes danſeuſes en titre, qui ſont ordinairement des filles publiques (*fig.* 14). Les jours de fêtes, elles exécutent des danſes fort laſcives & très-indécentes. Les prêtres danſent
auſſi ſous le porche de leurs pagodes ; & alors ils n'ont pas d'autres
habillemens qu'un caleçon fort léger. Ils agitent, en danſant une épée
avec laquelle ils font pluſieurs tours d'adreſſe.

Les indiens, comme la plupart des autres peuples de la terre, ſe livrent
à diverſes mortifications très-gênantes, & fort propres à altérer leur ſanté
(*fig.* 15). Indépendamment des abſtinences journalieres auxquelles la
loi les aſſujettit, ils obſervent un carême qui dure, chaque année, l'eſpace de quarante-un jours : il commence le dernier jour d'octobre, &
finit au dix de décembre. Pendant tout cet eſpace de tems, le dévot
doit obſerver un jeûne rigoureux : du lait & des figues doivent faire ſa
ſeule nourriture ; &, ce qui eſt le plus mortifiant dans ces climats chauds,
il ne lui eſt pas même permis de jouir des plaiſirs du mariage. Le jeûne
eſt accompagné de pluſieurs pratiques extérieures de dévotion, dont la
principale conſiſte à tourner cent une fois, tous les matins, autour de
la pagode de Wiſnou, en prononçant tout bas un des noms de ce Dieu.
Ceux qui veulent ſe diſtinguer par une ferveur extraordinaire, tournent
juſqu'à mille & une fois autour de la pagode. Il faut pourtant obſerver
que, lorſqu'on a pratiqué réguliérement ce carême pendant douze ans,
on en eſt quitte pour le reſte de ſes jours.

Des quatre grandes tribus qui diviſent les indiens, celle des bramines eſt la premiere en rang & en dignité. Semblables aux lévites chez les
juifs, ils ont ſeuls le droit de remplir les fonctions éminentes du ſacerdoce : cette qualité importante ne les exclut pas du gouvernement,
du commerce ni de l'agriculture, quoique leur loi leur défende très-
expreſſément toute fonction ſervile. Ils tirent leurs noms, dit M. Dow,
de Brama, qui, dans leur maniere allégorique de s'exprimer, produi-
ſit les bramines de ſa tête, lorſqu'il créa le monde.

La marque diſtinctive de cet ordre eſt une petite ceinture compoſée
de trois cordons, dont chacun eſt de neuf fils de coton. Les bramines
le reçoivent ordinairement dès l'âge de cinq ans. Les cérémonies qu'on
obſerve en cette occaſion, & qui durent quatre jours, peuvent être
regardées comme leur initiation au miniſtere ſacerdotal. Ils allument
du feu avec un certain bois appellé *ravaziton*, & pour lequel ils ont la
plus grande vénération. Au-deſſus de ce feu, ils étendent leurs habits
ſur des pieux, & forment un petit toît ſous lequel ils ſe raſſemblent pour

réciter quelques prieres , pendant lefquelles ils jettent dans le feu du riz , du froment , du beurre , de l'encens & quelques autres drogues. Les bramines portent cette ceinture en bandouliere ; ils en changent tous les ans : & s'il arrivoit qu'elle vînt à fe rompre , ils ne pourroient manger qu'ils ne s'en fuffent procuré une autre. Ils ne vont jamais fans cette marque diftinctive de leur dignité , parce que fans elle , ils ne feroient pas reconnus pour bramines.

L'Inde eft inondée d'une fecte de philofophes mendians connus fous le nom de fakirs qui fignifie *pauvres gens.* Ces fainéans, prétendus dévots, s'affemblent quelquefois en armée de dix ou douze mille ; & , fous prétexte de faire des pélerinages à certains temples , ils mettent tout le pays à contribution. Ces nouveaux Diogenes ne font point vêtus : vigoureux pour la plupart , ils s'attachent à convertir autant à leur ufage qu'à leur religion , les femmes les moins fcrupuleufes. Ils reçoivent parmi eux tout homme qui a des talens ; & ils prennent grand foin d'inftruire leurs difciples dans tous les genres de connoiffances capables de donner à leur ordre du relief & de la confidération parmi le peuple.

Quand cette armée de vagabonds dirige fa marche vers un temple , les hommes des hameaux par lefquels ils paffent , peu raffurés par leur réputation de fainteté , fuient ordinairement devant eux: mais les femmes, plus confiantes & plus déterminées , non-feulement reftent dans leur logement , mais fouvent elles requierent les prieres de ces faints perfonnages toujours efficaces en cas de ftérilité.

Quand un fakir s'occupe à la priere avec la maîtreffe d'un logis , il laiffe à la porte fes fandales ou fon bâton. Si le mari furvient , le fpectacle de ce figne impofant l'épouvante , & il fe garde bien de troubler leur dévotion. S'il étoit affez mal-avifé pour n'y pas faire attention , une violente baftonade feroit infailliblement le prix de fon indifcrétion.

Pour augmenter encore le refpect que le peuple accorde ordinairement à la fuperftition , ces fanatiques s'infligent volontairement à euxmêmes des pénitences fort extraordinaires. Les uns tiennent un bras levé dans une pofition fixe jufqu'à ce qu'il s'y foit roidi , & ils demeurent dans cet état le refte de leur vie (*fig.* 16). D'autres tiennent leurs poings 16. fermés avec force , de maniere que leurs ongles entrent dans la chair & percent à travers leurs mains (*fig.* 17). Quelques-uns fe tournent le 17. vifage par-deffus une épaule derriere le dos , & reftent dans cette fituation jufqu'à ce qu'il leur foit impoffible de la quitter. Plufieurs fixent leurs regards à leurs nez , & parviennent à ne plus voir que dans cette feule direction (*fig.* 18). Enfin il y en a qui s'accouplent pour fe frapper réciproquement le front & fe faire mutuellement des contufions meurtrieres.

Souvent il arrive que le peuple prend part à ces extravagances. Pendant le jeûne dont on a parlé, il y a des gens parmi la multitude qui fe pendent avec des crochets de fer , pointés dans la chair fous l'os de l'épaule à un morceau de bois tournant fur un pivot à l'extrêmité d'une haute folive. Non-feulement ces enthoufiaftes paroiffent infenfibles à la douleur , mais fouvent, tandis qu'ils font pirouettés de la forte, avec la plus grande rapidité , ils fonnent de la trompette, & chantent à certains intervalles un cantique à la multitude qui les contemple avec étonnement , & prodigue fon admiration à ces efforts de courage & de piété. Cet ufage ridicule , fruit d'une imagination échauffée , fe pratique en mémoire des fouffrances d'un martyr qui fut fupplicié de cette maniere pour la foi.

On nomme ordinairement *bedas* les livres qui contiennent la religion & la philofophie des Indiens. Ils font au nombre de quatre ; & les bramines foutiennent, que ce font des loix divines données , au moment de la création du monde , par le tout-puiffant aux hommes pour leur inftruction. Les prêtres ont un fi grand refpect pour les bedas , quoiqu'ils penfent qu'ils aient été altérés par des efprits mal-faifans , que la lecture n'en eft pas permife à d'autre fecte qu'à la leur. Tel eft le pouvoir de la fuperftition & l'afcendant des prêtres fur les efprits , que l'on regarderoit comme un péché irrémiffible de fatisfaire fa curiofité fur ce point, quand même on en auroit la facilité. Les bramines euxmêmes font aftreints , par les nœuds de la religion les plus forts , à tenir ces écrits renfermés dans leur feul tribu ; & fi quelqu'un d'entre eux étoit convaincu de les avoir communiqués à d'autres, il feroit auffitôt excommunié. Cette punition chez eux , eft pire que la mort même. Non feulement le coupable eft précipité, de l'ordre le plus élevé, dans la cafte la plus abjecte , mais fa poftérité devient incapable d'être jamais réintégrée dans fon ancienne dignité.

De tems immémorial , dit l'abbé Raynal , les bramines , feuls dépofitaires des livres, des connoiffances & des réglemens, tant civils que religieux , en avoient fait un fecret, que la préfence de la mort , au milieu des fupplices , ne leur avoit point arraché. Il n'y avoit aucune forte de terreurs & de féductions auxquelles ils n'euffent réfifté , lorfque

M. Haſtings, gouverneur général des établiſſemens anglois au Bengale, & le plus éclairé des européens qui ſoient paſſés aux Indes, devint poſſeſſeur du code des indiens. Il corrompit quelques brames; il fit ſentir à d'autres le ridicule & les inconvéniens de leur myſtérieuſe réſerve. Les vieillards, que leur expérience & leurs études avoient élevés au-deſſus des préjugés de leur caſte, ſe prêterent à ſes vues, dans l'eſpérance d'obtenir un plus libre exercice de leur religion & de leurs loix. Ils étoient au nombre de onze, dont le plus âgé paſſoit quatre-vingts ans, & le plus jeune n'en avoit pas moins de trente-cinq. Ils compulſerent dix-huit auteurs originaux ſanskrets; & le recueil des ſentences qu'ils en tirerent, traduit en perſan, ſous les yeux des brames, le fut du perſan en anglois par M. Halhed.

Ce code, à quelques minuties près qui ſont l'apanage du caractere des orientaux, eſt peut-être auſſi parfait qu'il le ſeroit, s'il eût été publié en Europe, & dans le ſiecle même où nous vivons. En rapprochant les loix qu'il renferme ſur les ſucceſſions & le partage des propriétés, de celle des nations les mieux policées, il paroît que le bon ſens & la raiſon ont dicté les mêmes réglemens aux différentes extrêmités du globe, & chez des peuples qui ne ſe trouvoient pas à la même époque de leur civiliſation. Les diſpoſitions générales des loix des brames ſur cette matiere, ſont celles des loix romaines; & la conformité dans les détails eſt d'ailleurs ſi extraordinaire, qu'on ſeroit tenté de croire que Rome tira de l'inde cette partie de ſa juriſprudence.

Il eſt peu d'ouvrages qui inſpirent plus de vénération pour les ſouverains, & qui recommandent plus rigoureuſement à ceux-ci, la droiture, la ſageſſe & la circonſpection dans le gouvernement. « C'eſt la » providence, y lit-on, qui a créé le ſouverain pour la garde du peuple. » Le prince ne doit pas être regardé comme un homme, & lors » même qu'il eſt encore dans les entraves du berceau, il faut le conſidérer comme un Dieu, ou au moins comme l'image de la divinité » ſur la terre. Jamais le magiſtrat ne doit être mépriſé de ſes ſujets; & » ſi quelqu'un ſe livroit à des ſentimens ſi aviliſſans contre le trône, » que les biens de ce coupable ſoient auſſi-tôt diſſipés. Que celui qui » maltraite ou injurie le ſouverain, perde la vie; car la providence lui » a permis d'uſer des châtimens exprimés par la loi pour la conſerva-» tion de ſa perſonne. Si le ſouverain inflige ces peines ſelon le » ſchaſta, ſes ſujets ſe feront un devoir d'obéir ponctuellement à ſes » ordres; mais s'il ne punit pas ſelon ce code reſpectable, il ruinera ſon » royaume.

» Le souverain ne percevra pas le tribut sur ses sujets pendant quatre
» mois de l'année ; mais il leur permettra de disposer alors à leur gré,
» de leur travail ; & il les excitera à améliorer leurs terres. Durant les
» autres huit mois, il pourra percevoir le tribut fixé par le cadastre ; &
» il enverra dans toutes les parties de ses états des personnes intelli-
» gentes, pour voir à quoi s'occupe chaque individu. Il fera saisir ceux
» qui seront coupables de quelques crimes ; & aussi inéxorable que
» le roi des enfers, il les punira sans miséricorde. Que le souverain
» d'ailleurs fasse de bonnes œuvres ; qu'il parle au peuple en termes
» tendres & affectueux, afin qu'il soit heureux sous son regne, & qu'on
» loue son administration ; qu'il montre de l'indulgence & de la commi-
» sération , & qu'il partage avec bonté les afflictions de tous ses sujets.

» Que le souverain, prenant la sagesse pour base de ses actions, ne
» se livre jamais à la concupiscence, à la colere, à l'avarice, à l'ivrogne-
» rie, à l'orgueil & à l'emportement. Comment le prince qui ne pour-
» roit fouler à ses pieds ces passions fougueuses, pourroit-il gouverner
» un peuple entier ? Qu'il ne se laisse pas séduire par les plaisirs de la
» chasse ; qu'il ne s'adonne pas au jeu ; qu'il ne s'occupe que par forme
» de délassement, à danser, à chanter, à jouer des instrumens ; qu'il
» ne dorme pas pendant le jour, car tous ses momens appartiennent à
» son peuple ; qu'il n'inflige à personne des peines sans qu'il l'ait con-
» vaincu de quelque crime ; que l'adresse ou la supercherie ne se mon-
» tre pas dans ses jugemens ; qu'il respecte la propriété de ses sujets ;
» qu'il n'envie pas le mérite de ceux qui l'environnent ; qu'il soit ac-
» cessible au moindre individu qui aura besoin de sa justice ; enfin qu'il
» se rende formidable à tous ses ennemis , & qu'il soit toujours en état
» de faire respecter sa puissance ».

Les loix qui reglent les héritages dans l'Inde , sont à-peu-près les
mêmes que les nôtres. Lorsqu'un homme meurt, tous ses biens passent
à son fils, & s'il en a plusieurs, ils partagent par égales portions. Si le fils
est mort, cet héritage passe aux petits-fils , & si les petits-fils n'existent
pas , il est le partage des arriere-petits-fils. La représentation y a lieu
comme dans la plupart de nos coutumes de France.

Si le mari ne laisse ni fils, ni petits-fils, ni arriere-petits-fils, ses biens
passent à sa femme, pourvu qu'elle jouisse d'une bonne réputation. Si
le défunt avoit plusieurs femmes, elles partagent toutes par égales portions. Si la femme est morte avant son mari, la propriété des biens de
celui-ci passe à celles de ses filles qui ne sont point mariées : celles-ci en

mourant laiſſent leurs biens à leurs enfans mâles; mais ſi elles n'avoient que des filles, les biens paſſeroient aux héritiers collatéraux. Si une femme meurt ſans enfans, ſa propriété ne paſſe pas à ſon mari; mais elle retourne par égales portions à ſes ſœurs qui ont des enfans ou qui ſont capables d'en avoir.

La plupart des européens qui ont été dans l'Inde, aſſurent qu'il eſt peu de peuples chez leſquels la bonne foi ſoit plus reſpeſtée que chez les indiens; auſſi les loix puniſſent-elles rigoureuſement ceux qui ſont convaincus de vol ou d'infidélité. Il y a deux ſortes de vols, dit le code des Gentoux, le public & le caché. Un homme ſe rend coupable d'un vol public, lorſqu'il trompe dans le poids ou dans la qualité des choſes qu'il vend. Le vol caché conſiſte dans l'action que commet un homme, lorſqu'il dérobe à un autre, ſoit par violence ou par adreſſe, les effets qui lui appartiennent. L'amende eſt communément la peine du vol public. Ainſi, dit la loi, « quiconque n'étant pas verſé dans l'art de guérir, » fait prendre à quelqu'un une médecine, ou ſi, dans ſa profeſſion, il » ne donne pas au malade le remede qui lui convient, il doit être con- » damné à mille *puns* de cowris, ſi le malade étoit d'une caſte ſupé- » rieure; & à cinq cens *puns* de cowris, ſi l'homme étoit d'une caſte » inférieure ». Quant aux vols cachés, ils ſont preſque toujours punis par la mort du coupable, à moins que l'objet ne ſoit aſſez modique pour exiger que le magiſtrat s'en tienne à une amende. Quoique les bramines ſoient les auteurs de ces loix, ils ne ſont pas exempts, comme on l'a prétendu, des peines qu'elles prononcent. Le magiſtrat les condamne ſeulement, dans les cas où ils priveroient un autre de la vie, ou à la confiſcation des biens, ou à la priere, ou au banniſſement. Il exiſte dans ce code un réglement aſſez ſingulier, relatif à ces prêtres. « Si un » brame, y lit-on, d'un talent médiocre, qui n'eſt ni ſavant ni igno- » rant, commet un vol qui mérite la mort, le magiſtrat imprimera ſur » ſon front avec un fer chaud, la marque du *pudendum muliebre*, & il » le bannira du Royaume ».

Les loix preſcrites pour maintenir la chaſteté & protéger la pudeur, ſont plus rigoureuſes encore que celles qui ſont relatives aux voleurs. « Lorſque dans un endroit où il n'y a pas d'homme, dit ce code, quel- » qu'un, dans l'intention de commettre un adultere, entretient une » converſation avec une femme, & qu'ils emploient l'un & l'autre les » coups-d'œil, les galanteries & les ſourires, ou que l'homme & la » femme cauſent enſemble le matin ou le ſoir, ou pendant la nuit, ou

» à des heures indues ; ou, lorsqu'un homme badine avec les vêtemens
» d'une femme, ou qu'il lui envoie un émissaire ; ou que l'homme &
» la femme se trouvent ensemble dans un jardin, ou dans un lieu qui
» n'est pas fréquenté, ou dans tel autre endroit secret, ou se baignent
» ensemble ; ou lorsque l'homme & la femme se rencontrent en visite :
» voilà la premiere espece d'adultere & la moins grave.

» Lorsqu'un homme envoie à une femme, du bois de sandal, un
» collier, des fruits, des liqueurs, des vêtemens, de l'or ou des bijoux :
» c'est la moyenne espece d'adultere.

» Quand un homme & une femme couchent ensemble & jouent
» sous le même tapis, se baignent & s'embrassent dans quelques lieux
» retirés, & badinent avec les cheveux l'un de l'autre ; ou lorsque
» l'homme portant la femme, dans un endroit secret, celle-ci ne s'y
» oppose pas : c'est la troisieme espece d'adultere & la plus grave ».

Ces trois especes d'adulteres sont communément punis d'une amende, que le magistrat inflige au coupable selon ses facultés & la gravité des circonstances qui ont aggravé son crime. Ceux qui appartiennent à la caste inférieure, & qui commettent un adultere avec une femme d'une caste supérieure, sont punis beaucoup plus rigoureusement. Dans la premiere espece d'adultere, l'amende est de huit cens *puns* de cowris ; dans la seconde espece, le magistrat doit lui faire couper un membre, & dans la troisieme le coupable doit perdre la vie.

Quiconque fait violence à une femme d'une caste égale ou inférieure à la sienne, doit être puni de la confiscation de tous ses biens. Le magistrat lui fait de plus couper la partie coupable ; & après l'avoir ainsi mutilé, il le fait conduire, monté sur un âne, tout autour de la ville ou de la bourgade où le crime a été commis.

Quiconque fait violence à une fille d'une caste égale à la sienne, doit perdre la vie. La loi prononce la même peine contre celui qui se rend coupable de fornication avec une fille d'une caste supérieure, même avec le consentement de la fille.

Quiconque met par violence son doigt dans le *pudendum* d'une fille d'une caste égale à la sienne, doit être condamné à perdre deux doigts & à une amende de six cens *puns* de cowris ; si la fille est d'une caste supérieure au coupable, la loi prononce la peine de mort & la confiscation de tous ses biens : si une fille se rend coupable de la même indiscrétion envers une autre fille, elle doit être condamnée à deux cens *puns* de cowris & à dix coups de fouets. Si la coupable est une femme mariée,

le

le magiftrat lui fait couper les cheveux pour la premiere fois ; & pour la feconde , il ordonne qu'on lui coupe deux doigts , & que , montée fur un âne , on l'expofe dans toute la bourgade.

Les indiens , comme tous le autres orientaux , exigent que les femmes foient dans une dépendance continuelle de leurs maris. Elles ne doivent jamais avoir de volonté particuliere , car on eft perfuadé dans ces régions , qu'une femme, maîtreffe de fes actions, fe comporte toujours mal , quelle que foit l'éducation qu'elle ait reçue de fes parens. Auffi la loi veut-elle , qu'avant fon mariage, elle foit foumife à fon pere & à fa mere ; que pendant le temps de l'union conjugale , elle obéiffe aveuglément à fon mari ; & qu'après fon veuvage elle rende compte de fa conduite ou à fes parens collatéraux , ou au magiftrat, ou à fes propres enfans.

Salomon a dit quelque part qu'on ne pouvoit guere compter fur la chafteté d'une femme. Les indiens penfent fur ce fujet comme cet ancien roi des juifs ; & il n'eft pas de peuples au monde dont les maximes foient plus féveres à cet égard. « Une femme , dit leur code, n'eft jamais fatis-
» faite des approches d'un feul homme ; ainfi que le feu n'eft jamais fa-
» tisfait du bois qu'on lui donne à dévorer ; ou le grand océan, des
» fleuves qu'il reçoit dans fon fein ; ou l'empire de la mort, des hom-
» mes & des animaux qui s'y précipitent à chaque inftant. Il y auroit
» donc de l'imprudence à compter fur la chafteté des femmes.

» Six chofes, ajoute le code des Gentoux, caractérifent les femmes ;
» une paffion défordonnée pour les bijoux , les ajuftemens brillans , les
» habits magnifiques, les nourritures délicates ; une concupifcence im-
» modérée, une violente colere, un reffentiment profond ; car per-
» fonne ne connoît les fentimens cachés dans les replis profonds de leur
» cœur ; la jaloufie qui les dévore & qui fait paroître un mal à leurs
» yeux les bonnes actions des autres ; enfin leur penchant défordonné
» à commettre le mal ». Tel eft le portrait que les indiens font du caractere des femmes ; telle eft la défiance que leur jaloufie naturelle leur a infpirée pour le beau fexe. Les loix entrent dans beaucoup d'autres détails à ce fujet. Une femme, difent-elles , ne fortira jamais de la maifon fans le confentement de fon mari ; & elle aura toujours le fein couvert. Les jours de fêtes elle mettra fes habits les plus riches & fes bijoux ; jamais elle ne parlera à aucun étranger, fi ce n'eft un vieillard ou quelque bramine pénitent. Elle ne fortira jamais fans avoir le vifage couvert d'un voile. Elle témoignera toujours le refpect le plus profond

Tome I.   F

pour la divinité, pour fon mari, pour fon beau-pere, pour fon guide fpirituel & pour fes hôtes. Elle ne reftera jamais à la porte de fa maifon & ne regardera pas par la fenêtre. S'il arrive que fon mari foit abfent pour caufe de voyage, & qu'elle ait dépenfé tout l'argent qu'il lui avoit donné pour fa nourriture & fon entretien, elle en gagnera d'autre en travaillant ; & elle ne fe permettra, pendant cet efpace de temps, aucun efpece de divertiffement.

Il convient, ajoute la loi, qu'une femme fe brûle avec le cadavre de fon mari. Toute femme qui en agit ainfi, accompagnera fon époux dans le paradis, où ils refteront l'un & l'autre pendant l'éternité. Si elle n'a pas le courage de fe brûler, elle doit au moins conferver une chafteté inviolable.

Ce code ne prefcrit pas moins la politeffe & l'honnêteté dont les citoyens doivent ufer les uns envers les autres, que celui des Chinois. Quand deux perfonnes, dit-il, fe rencontrent fur le chemin, celle des deux à qui les réglemens du fchafta ordonnent de céder le pas, doit le faire avec la plus grande honnêteté. Voici l'ordre prefcrit fur cette matiere. Quand un homme eft aveugle, c'eft à celui qui a l'ufage de fes yeux à lui céder le pas. Une perfonne eft-elle fourde ; c'eft à celui qui entend bien à lui céder la préféance. Un homme cede le pas à une femme ; & celui qui ne porte rien, à un homme chargé d'un fardeau. Un fujet cede le pas à un magiftrat ; la pupille à fon guide fpirituel ; tout inférieur à fon fupérieur ; une cafte inférieure à la cafte fupérieure ; celui qui a le moins de connoiffances à la perfonne la plus inftruite ; l'homme en fanté à l'homme malade. La loi veut que tout le monde cede le pas à un brame ; & s'il arrivoit que quelqu'un contrevînt à ces regles, il doit être condamné à vingt *puns* de cowris.

IXORA, DIVINITÉ des Indes Orientales.

QUENEVADI, Fils D'IXORA.

IDOLE XEKIA.

Autre representation de XEKIA.

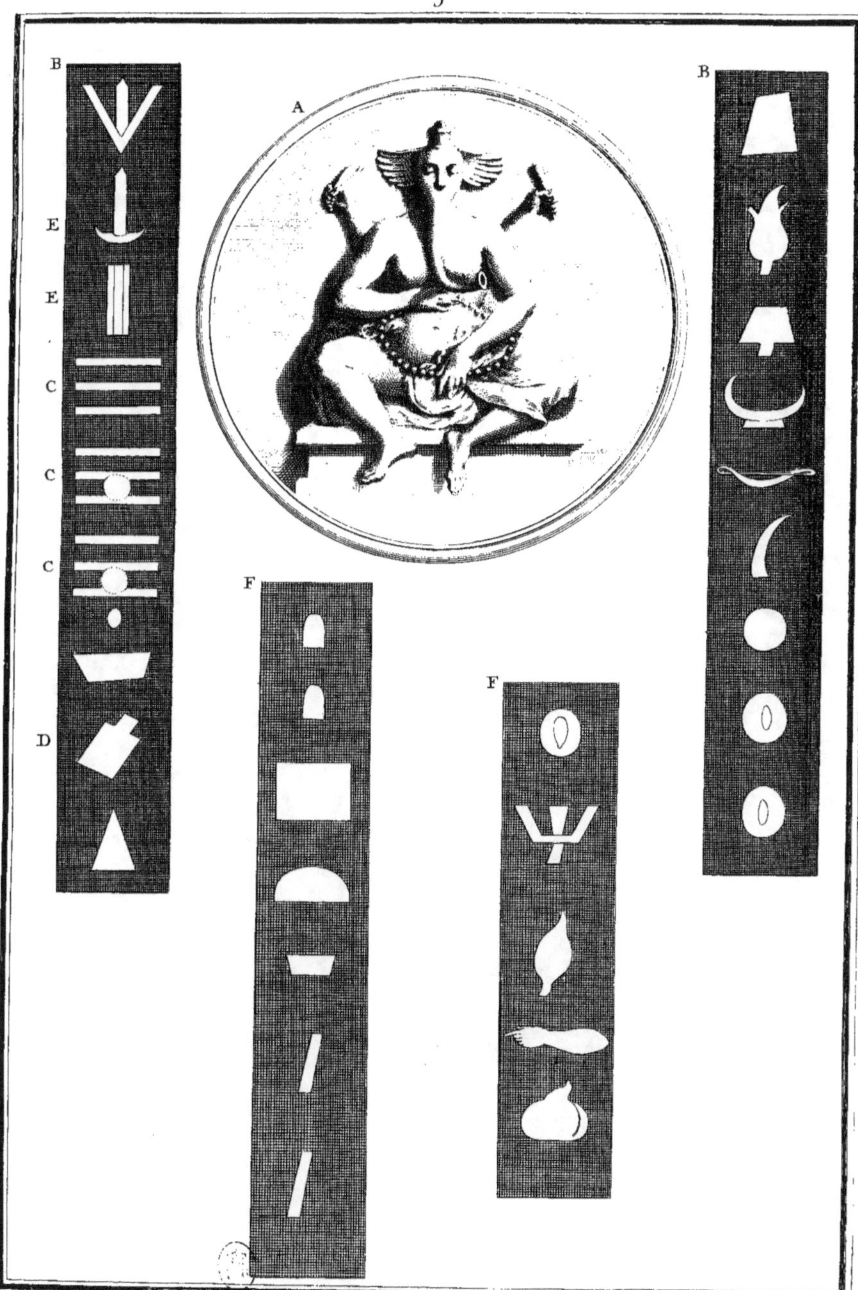

A. *Pulleyar*. B.B. *Signes Superstieux et marques prophanes avec leurs couleurs*. C.C.C. *Sur le né*
D. *Double Lingam*. E.E. *Lingam ou PHALLUS*. F.F. *Marques tolerées par les Missionnaires avec les couleurs*.

Premiere incarnation.

Seconde incarnation.

Troisieme incarnation.

Quatrieme incarnation.

Cinquieme Incarnation.

Sixieme Incarnation.

Septieme Incarnation.

Huitieme Incarnation.

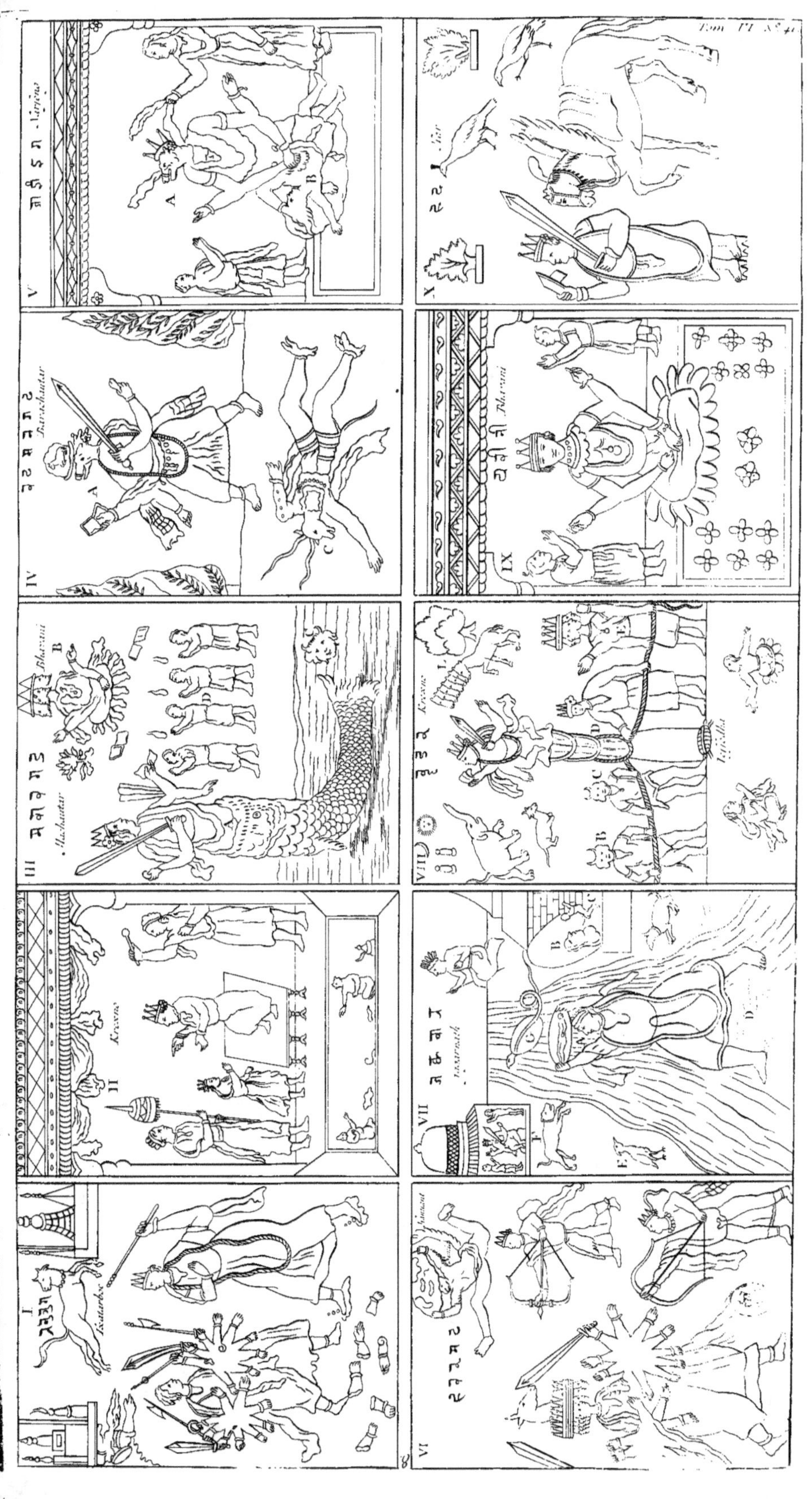

Neuvieme Incarnation.

Dixieme Incarnation.

IXORA sous le nom de MAHABEU.

CEREMONIE qui s'observe à la NAISSANCE des ENFANS chez les BANIANS.
A. la MERE presente le sein à L'ENFANT. B. L'ENFANT qui a refusé le sein est exposé. C. L'ENFANT continuant pendant 3 jours de refuser le sein, est jetté dans la GANGE.

CEREMONIE de donner le NOM à un ENFANT chez les BANIANS

MALADE que l'on presente à IXORA pour obtenir sa guerison.

MALADE. Agonisant qui reçoit sur son visage l'urine d'une Vache.

Maniere dont les **FEMMES** se **BRULENT** aux **INDES** apres la Mort de leurs **EPOUX**.

Maniere dont elles **S'ENTERRENT** ... Corps de leurs **EPOUX**.

La PAGODE de KAMAETSMA.

La PROCESSION de WITSNOU.

La *PROCESSION de GANGA*.

La *FÊTE de HULY*.

Autre PÉNITENTE assise dans une posture très-gênante, qu'il ne laissé pas permis de changer.

PÉNITENTE BRAMINE qui se tient toujours dans la même posture, une liste accompagnée de ses servantes, vont se recommander à ses prières.

PÈLERINE BRAMINE.

... PÉNITENT ... dans le puit le PÉNITENT ...

RELIGIEUX PENITENS de la Secte des JOGUIS. | Deux autres JOGUIS qui se font des INCISIONS.

JOGUI qui nourrit un PAON par dévotion . | BRAMINES qui nourrissent des OISEAUX par dévotion.

BRAMIN qui a fait vœu de porter un Colier de fer du poids de 24. liv. de 4. pies en quarré, jusqu'à ce qu'il eut amassé en aumônes une assez grande somme d'argent pour faire bâtir un Hôpital.

BRAMIN qui se balance par dévotion, pendant une demi-heure, en l'honneur du Dieu Esvara, au dessus d'un feu qu'il attise avec le bois qu'il a mis aux deux côtez.

BRAMIN qui s'est fait attacher au [illegible] de fer à la jambe, en résolution d'[illegible]

[illegible]

Diverses PAGODES et PENITENS

1. Le grand Arbre des Banians.
2. Pagode de l'idole Hanuman à un des cotez on marque au front avec du vermillon ceux qui y viennent faire leurs prieres; de l'autre coté un Bramin avec les chandes de riz &c.
3. Pagode de Ram.
4. Autre Pagode dediée à Ram.
5. Pagode où se retirent les faquirs Penitens.
6. Espece de fosse où se retire plusieurs fois l'Année un faquir lequel ne reçoit de jour que par une petite ouverture.
7. Faquir qui dort appuié sur une corde.
8.
9.
10.

...NCES des FAQUIRS.

...rs qui restent toute leur vies dans cette posture des femmes leur
...ent à manger par charité.
...eurs Bramins que des femmes invoquent et consultent comme des S.ts
...res postures dans lesquelles quelques faquirs se tiennent plusieurs
...es par jour.

11. Bramin qui a le nez et la bouche enveloppés craint d'avaler quelque petit
    insecte qu'il pourroit avaler en respirant, c'est pourquoi il balaye devant ses pieds
    écarter les vers ou autres insectes sur lesquels il pourroit marcher.
12. Faquirs qui se chantent.
13. Faquir qui nourrit des Animaux par charité.

ARTICLE II.

Religion des Peuples du Pégu.

La religion des peuples du Pégu est à peu-près la même que celle des indous : c'est le culte des bramines. La doctrine d'un seul être, créateur & tout-puissant, y est universellement reçue. Jamais cette nation ne le représente sous aucune forme ; & elle est persuadée qu'il n'y a que les prêtres qui puissent lui offrir des hommages. On voit cependant chez elle, comme ailleurs, des saints, des génies, dont les figures sont exposées dans les temples à la vénération du peuple.

Les temples du Pégu sont les mêmes que ceux qui se trouvent dans les autres parties de l'Inde. On ne voit également dans le culte, que fort peu de chose qui le distingue de celui des bramines de Benarés. Voici quelques traits qui sont particuliers au peuple du Pégu. On observe dans cette presqu'isle une fête nommée *sapan-giarche*, qui se célebre tous les ans, avec la plus grande solemnité, à douze lieues de la ville. Le roi, la reine & toute la cour s'y rendent en pompe, & accompagnés du plus brillant cortege. Le prince & la princesse sont montés sur un char de triomphe, attelé de huit chevaux blancs & tout éclatans de pierreries. L'objet de cette fête est de rendre à Dieu des actions de graces pour les faveurs dont il a comblé le royaume pendant l'année précédente (*fig.* 19).

19.

Les péguans célebrent encore une autre solemnité, qui, quoique moins tumultueuse, offre aussi l'image de la pompe & de la magnificence (*fig.* 20). Le roi se rend dans un palais hors de la ville, situé sur le bord de la riviere. Les courtisans, montés deux à deux sur l'une des barques, disputent a l'envi à qui abordera le premier à ce palais. Le roi, juge de ces jeux, donne pour prix une statue d'or à celui qui a devancé les autres. Celui qui vient immédiatement après, reçoit une statue d'argent. Les derniers sont exposés à la risée de toute la cour, & on les fait revêtir d'un habit de veuve. Cette fête, instituée par des motifs religieux qu'on ignore, dure un mois entier.

20.

Ces peuples observent une coutume qui peut équivaloir à la circoncision. Dès que les garçons ont atteint l'âge de quinze à seize ans, on leur attache de chaque côté des parties naturelles, un grelot ou une clochette, quelquefois une boule de la grosseur d'une noisette, d'un gland, même d'un œuf de poule. Ces boules font de divers métaux, d'or, d'argent, de cuivre ou de plomb, felon le rang & la qualité de celui qui les porte : ce font de vieilles femmes qui font métier de vendre ces fonnettes, & de les attacher. L'opération n'eft pas dangereufe ; & l'incifion qu'on eft obligé de faire, fe guérit dans l'efpace de cinq à fix jours. Tous les mâles, le roi lui-même, font obligés de fe foumettre à cette opération finguliere. Les filles font foumifes à une cérémonie beaucoup plus douloureufe & plus gênante. On leur coud les parties naturelles, de maniere qu'il ne refte qu'un paffage fort étroit pour les befoins de la nature. Quand les filles fe marient, un chirurgien rétablit les chofes dans leur état primitif. Un tel ufage paroît d'autant plus étonnant, qu'il appartient à un peuple extrêmement licentieux & diffolu.

20.
 Les funérailles des péguans font affez remarquables (*fig.* 20). Le défunt eft conduit au bûcher fur un brancard porté par quinze ou feize hommes, couvert de cannes dorées, & furmonté d'une efpece de tour. Les parens & les amis fuivent le convoi. Le cadavre, parvenu au lieu du bûcher, y eft confumé par les flammes : alors tout le cortege fe retire, & pendant deux jours la famille du défunt fait dans fa maifon une fête funebre. Ce terme expiré, la veuve, accompagnée de plufieurs de fes amis, fe rend à l'endroit où étoit placé le bûcher du défunt, & paffe quelque temps à pleurer. Enfin, s'il refte quelques os que le feu ait épargné, elle les enterre.

 Les funérailles du roi de Pégu font beaucoup plus pompeufes que celles que l'on célebre en pareil cas dans les autres parties de l'Inde. On conftruit deux barques, au-deffus defquelles on éleve un toît doré en forme de pyramide qui les couvre & les unit toutes deux. Au milieu de ces barques, on dreffe un échaffaud doré, fur lequel le corps eft dépofé. On l'environne de bois d'aloës, de fandal, de benjoin, de mufc & d'autres matieres odoriférantes & combuftibles : on y met alors le feu ; & quelques talapoins, prêtres du pays, qui font dans ces barques, les font voguer en defcendant la riviere du Pégu. Pendant que le corps brûle, ils récitent des prieres ; puis ils délaient les cendres avec du lait, & en forment une boule qu'ils jettent dans l'eau : ils ramaffent enfuite les os & les dépofent dans une chapelle que l'on conftruit pour cet ufage.

 Le deuil des péguans eft le même que celui des peuples placés en deçà du Gange. Ils fe font rafer la tête pour témoigner la douleur pro-

fonde dont ils font pénétrés. Ce facrifice eſt d'autant plus grand, qu'ils
n'ont rien de plus cher ni de plus précieux que leurs chevelures. Il ne
paroît pas que, dans ce royaume, les femmes aient jamais eu la folie
de ſe précipiter dans les flammes avec le cadavre de leur mari.

ARTICLE III.

Religion de Siam.

L E culte reçu dans les états de Siam , comme celui du Pégu , reſ-
ſemblent beaucoup à la religion des bramines. Un Dieu, une ame immortelle, & les conféquences qui réfultent de ces deux principes, voilà
à peu-près la religion de ce peuple indien. La fucceſſion des temps a
cependant ajouté au culte primitif celui d'un célebre légiſlateur, connu
ſous le nom de *Sommona-Codom* (*fig.* 21). L'hiſtoire de ce perſonna-
ge eſt enveloppée de tant de fables & d'abſurdités , qu'il eſt impoſſible
aujourd'hui d'approfondir ſa véritable origine, ni d'expliquer ce qui lui
a valu l'apothéoſe. Il eſt vraiſemblable qu'il fut ou un prince, ou un
philoſophe cher à ſa patrie, & que ſes bienfaits déterminerent les ſiamois
à le placer au rang des ſaints. Peut-être eſt-ce la divinité même ou
quelques-uns de ſes attributs que les ſiamois adorent ainſi ſous le nom
de *Sommona-Codom.*

21.

Si l'on en croit le pere Tachart, ces peuples donnent pour mere à
Sommona-Codom, une vierge qui devint enceinte par la vertu du ſoleil. Confuſe de l'état où elle ſe trouvoit, cette vierge alla cacher ſa
honte dans une épaiſſe forêt. Etant ſur le bord du lac , elle mit au
monde un enfant d'une beauté raviſſante, ſans avoir éprouvé les douleurs qui accompagnent l'enfantement. Ne pouvant nourrir ſon enfant
faute de lait , & ne voulant pas avoir la douleur de le voir expirer
ſous ſes yeux, elle s'avança dans le lac & le plaça ſur le bouton d'une
fleur qui s'épanouit auſſi-tôt pour le recevoir. Cet enfant extraordinaire
reçut en naiſſant la ſcience infuſe ; & il poſſéda au plus haut degré,
non-ſeulement toutes les connoiſſances humaines, mais encore pluſieurs autres qui font l'apanage de la divinité.

Ces peuples, au rapport du même pere Tachart, reconnoiſſent des
anges mâles & femelles , dont la ſubſtance eſt compoſée d'une matiere plus ſubtile & plus délicate que celle des corps humains. Ils croient

que Dieu leur a confié le gouvernement de l'univers, & le soin de veiller sur les hommes. Ils les distribuent en sept hiérarchies, dont chacune habite un ciel particulier : chaque partie du monde a un ange qui s'occupe de tout ce qui s'y passe. De cette doctrine naît naturellement celle de l'existence du diable ; aussi regardent-ils ce génie malfaisant comme l'auteur de tous les maux qui leur arrivent : ils le craignent beaucoup ; & c'est par cette raison qu'ils lui font une multitude d'offrandes. C'est à lui qu'ils ont recours dans leurs maladies. Pour appaiser sa colere ils élevent un échafaud, sur lequel ils placent une grande quantité de mets. Ce festin, destiné pour le diable, est accompagné d'illuminations & de musique. La cérémonie est dirigée par un vieux sorcier, qu'un long commerce avec l'esprit infernal a rendu habile dans tout ce qui concerne la nécromancie, & que, pour cette raison, on appelle le *pere du diable*.

Les siamois sont fort livrés à la science des préfages ; les hurlemens des bêtes sauvages ; les cris des cerfs & des singes, sont des préfages sinistres pour ces peuples superstitieux. S'ils rencontrent un serpent qui leur barre le chemin, c'est pour eux une raison suffisante de s'en retourner sur leurs pas, persuadés que l'affaire pour laquelle ils sont sortis ne peut pas réussir. La chûte de quelques meubles, que le hasard renverse, celle de la foudre, est aussi pour eux d'un très-mauvais augure.

La plupart d'entr'eux, tout aussi superstitieux & aussi extravagans que le fut autrefois le peuple de la Grece & de Rome, prennent pour regle de leur conduite les premieres paroles qui échappent à un passant.

Ces peuples ajoutent aussi beaucoup de foi aux astrologues ; & telle est l'opinion qu'ils ont de la certitude de leur art, que, lorsque leurs prédictions sont démenties par l'événement, ils sont rigoureusement punis, non pas à cause de leurs fourberies, mais à cause de leur ignorance. Le roi de Siam ne sort jamais de son palais qu'il n'ait pris l'avis de ses astrologues ; & jamais il n'y rentre sans leur permission. Les almanachs sont autant de livres divins qui sont tous aussi respectés que ceux qui contiennent leur religion.

Jamais religion, dit le pere Tachart, n'enseigna rien de plus parfait ni de plus sublime sur les mœurs & sur la conduite de la vie, que ce que celle des siamois preferit sur ces deux objets : elle leur ordonne de faire le bien ; &, ce qu'il y a de plus important, elle ne leur défend pas seulement les actions mauvaises, mais encore tout desir, toute pensée & toute intention criminelle. Telle est la sévérité qui caractérise cette loi, que toute action qu'elle défend est toujours un péché, & ne peut jamais être excufée, ni par la néceffité, ni par l'intention, ni par le hafard, ni par aucune autre circonftance.

Laloubere la renferme en cinq commandemens principaux. Le premier défend de détruire quelque chofe que ce foit qui ait vie : on comprend dans ce précepte, non-feulement tous les êtres vivans, mais encore les plantes auxquelles les fiamois donnent une ame. Le fecond condamne le vol. Le troifieme interdit toutes fortes d'impuretés ; &, felon la doctrine des talapoins, ce commandement s'applique non-feulement à la fornication & à l'adultere, mais encore au mariage, qui, felon eux, eft un état de péché. Le quatrieme commandement enjoint de ne point mentir ; & le cinquieme, de ne boire aucune liqueur qui puiffe troubler la raifon. A ces commandemens, on en ajoute trois autres, qui ordonnent d'adorer Dieu, de jeûner les jours de fêtes, & d'interrompre pendant ces jours-là les travaux ordinaires.

On trouve un fort grand nombre de temples dans le royaume de Siam (*fig.* 22). Souvent près d'eux eft un vivier deftiné à recevoir le poiffon vivant que le peuple offre quelquefois à la divinité. Chaque temple a une fête particuliere qui figure affez avec la dédicace périodique des nôtres, & pendant laquelle les fiamois fe diftinguent par de nombreufes aumônes.

Les prêtres de ce peuple s'appellent *talapoins*. On les diftingue en deux claffes, dont les uns vivent dans les villes, & les autres dans les forêts. Les premiers rempliffent toutes les fonctions du facerdoce ; & les autres, purement livrés à la vie contemplative, repréfentent les moines des chrétiens. Il eft permis à tout fiamois d'embraffer la profeffion de talapoin. Celui qui fe fent difpofé à y entrer, va trouver le fupérieur d'une communauté, & lui demande s'il veut le recevoir ; lorfqu'il a obtenu fon confentement, il s'adreffe à un fancrat, efpece d'évêque talapoin, qui lui donne l'habit de l'ordre.

Les talapoins, quelle que foit la claffe à laquelle ils appartiennent, font habillés de jaune : cette couleur eft la plus noble dans ce pays ; c'eft celle des rois de Siam. Quatre pieces différentes compofent leur habillement : ils portent fur l'épaule gauche une bandouliere de toile jaune, qu'ils attachent fur la hanche droite avec un bouton : ils ont par-deffus une efpece de fcapulaire qui traîne prefque jufqu'à terre par-devant & par derriere ; il ne leur couvre que l'épaule gauche & revient à la hanche droite, de maniere qu'ils ont l'épaule droite & les deux bras entiérement libres : ils se couvrent encore l'épaule gauche d'une autre toile en forme de chaperon, qui descend jusqu'au nombril, par-devant comme par-derriere, & qu'on nomme *papat*. Les supérieurs & les anciens talapoins portent quelquefois le papat de couleur rouge. Une écharpe qui leur environne le corps, sert à assujettir ces diverses bandes de toiles, & forme la quatrieme piece de l'habillement des talapoins.

La sévérité des maximes qui composent la morale des talapoins est vraiment effrayante. Il leur est expressément défendu d'uriner dans l'eau, sur le feu ou sur la terre. Ils ne peuvent faire aucun creux sur la terre ; &, s'ils en font un, il faut qu'ils le remplissent. Ils doivent avoir une extrême vénération pour tous les êtres, animés ou non, qui composent la nature. La modestie est l'une des vertus que la loi leur commande le plus strictement ; ils doivent marcher les yeux baissés, & éviter surtout les regards des femmes. Ils ne peuvent rien employer de recherché dans leur habillement, rien qui ressente la mollesse & l'affectation. L'usage des parfums & des fleurs leur est absolument interdit. Un seul vêtement doit leur suffire.

Ces religieux asiatiques sont dans l'usage de se confesser à leurs supérieurs. Ils jeûnent pendant tout le tems que dure le débordement annuel de la principale riviere du pays. Leur maniere de jeûner n'est pas la même que celle des chrétiens ; elle consiste à ne rien manger depuis midi jusqu'au lendemain matin : on leur permet seulement de mâcher du bétel.

Le même pays nourrit aussi des religieuses nommées *talapoines* : leur habit est blanc comme celui des domestiques des talapoins dont elles suivent l'institut. Elles peuvent le recevoir d'un simple supérieur. Elles font vœu d'observer rigoureusement les loix du célibat ; mais les fautes qu'elles commettent contre la chasteté, ne sont pas si sévérement punies que celles des talapoins que l'on brûle sans miséricorde en pareil cas. Les talapoins de l'un & de l'autre sexe demeurent dans des couvens d'une vaste étendue (*fig.* 23), & qui, depuis plusieurs siecles, ont été enrichis des libéralités des dévots siamois (*fig.* 24).

Les peuples de cette nation se marient sans l'intervention des talapoins, & la religion n'entre pour rien dans cette solemnité. Les fonctions de ces prêtres se bornent en pareil cas à venir quelques jours après que le mariage est consommé, rendre visite aux nouveaux époux, leur souhaiter la paix & la concorde, & consacrer leur maison par l'aspersion d'une eau bénite & par quelques prieres qu'ils récitent. Les

siamois

fiamois peuvent époufer leurs coufines germaines ; mais toute union leur eft défendue dans un degré plus prochain de parenté. Cette défenfe ne regarde point le monarque qui n'époufe jamais que fes plus proches parentes , fouvent même fa propre fœur. Ces peuples peuvent époufer fucceffivement les deux fœurs. La loi leur permet le divorce ; mais il n'eft guere en ufage que parmi la multitude. On reftitue alors la dot à la femme que l'on répudie ; & fi on a eu d'elle des enfans , on les partage.

Quoique la loi défende expreffément aux fiamois de rien tuer , ils ont la barbarie de croire n'être pas compris eux-mêmes dans ce précepte. Ils penfent qu'ils font maîtres de leur vie , & qu'ils peuvent en difpofer à leur gré. Ils fe donnent même la mort dans l'opinion où ils font qu'ils font en cela une très-bonne œuvre. Auffi les voyageurs affurent-ils qu'il n'eft pas rare de voir à Siam des gens fe rendre coupables du fuicide. Plufieurs fe pendent par dévotion à un certain arbre que l'on a coutume de planter devant les pagodes , & dont le bois fert à faire les ftatues de Sommona-Codom.

Laloubere affure qu'autrefois les rois labouroient les premiers la terre au renouvellement de chaque année. Cette cérémonie , qui reffemble affez à celle de l'agriculture , établie à la Chine , eft aujourd'hui remplie par un des grands officiers de la couronne de Siam. Cet officier eft un roi imaginaire que l'on crée exprès tous les ans : il monte fur un bœuf , fuivi d'un cortege d'officiers qui lui obéiffent avec la plus grande foumiffion , & s'en va faire l'ouverture des terres pour le roi. Dans cette cérémonie , moitié civile & moitié religieufe , on adreffe des prieres à tous les efprits qui peuvent fervir ou nuire aux biens de la terre.

Les livres qui contiennent la religion des fiamois , font compofés dans une langue qu'on appelle *balie* , langue favante & que le peuple n'entend pas : il n'y a guere que les talapoins qui la fachent. Les fiamois ont un refpect très-profond pour ces livres ; ils font compofés de feuilles d'arbres enfilées par un bout , & leur texte n'eft , dit-on , qu'un tiffu d'extravagances & d'abfurdités.

ARTICLE IV.

Religion des Parses.

LES parses ou guebres ne font pas originaires de la prefqu'ifle de l'Inde. Ces peuples, triftes débris de la puiffance des anciens perfes, ont été tranfportés dans ce pays par l'ifnamifme. Mahomet avoit à peine foumis les arabes au joug de l'alcoran, qu'il méditoit déjà la converfion de tous les peuples de la domination perfane ; mais la mort étant venue interrompre un fi beau projet, fon fucceffeur Omar fe chargea de le mettre à exécution. Les circonftances ne pouvoient être plus favorables. Les guerres civiles qui déchiroient ce miférable empire, laiffoient le chemin du trône ouvert à quiconque penfoit à l'ufurper ; & le Roi *Iezdegerd III*, prince foible, borné, & dont la timidité naturelle avoit été augmentée par l'image des maffacres & des cruautés qui avoient fi fouvent enfanglanté fon berceau, n'avoit pas affez de courage & de fermeté pour oppofer des barrieres aux incurfions des fougueux mufulmans. Le calife, inftruit de l'état des chofes, envoya une armée en Perfe, fous les ordres de *Saed*, pour détruire dans une bataille les forces d'*Iezdeger*, où régnoient le défordre & le découragement. Cette conduite eut bientôt tout le fuccès qu'il s'en étoit promis. *Saed* ayant forcé *Ferokhad*, premier miniftre & général de Perfe, de livrer combat dans la plaine de *kadefcia*, extermina totalement l'armée d'*Iezdegerd* pendant trois jours & trois nuits qu'il s'attacha à la pourfuivre. La funefte iffue de cette bataille fut auffi-tôt fuivie de la perte de *Maden*, capitale de l'empire, & de tous les tréfors accumulés par Chofroës & fes fucceffeurs, qu'Elmafen fait monter à trois mille millions d'or monnoyé, fans y comprendre les vafes d'or & d'argent, les meubles précieux, & un tréfor particulier qui fut découvert dans le pillage du palais royal. Après cela Iezdegerd fe retira dans le Choraffan, & perdit, dans les dix années fuivantes, le refte de fes états, à l'exception des provinces de Kerman & de Sijeftan, qu'il conferva pendant le refte de fa vie, & où il fixa le fiege de fon empire & de fa religion. Après la mort de ce prince, arrivée vers l'an 652, les malheureux débris de la nation perfane, continuellement outragés par leur vainqueur, qui leur faifoit un crime de leur religion, & ne trouvant dans aucun prince de la famille d'Iezdegerd affez de courage pour les mettre à l'abri de cette perfécution, conçurent le deffein de paffer dans le Koheftan, où ils demeurerent cent ans. Ils defcendirent enfuite à Ormus, ville alors la plus floriffante du golfe perfique; & après y avoir paffé quinze ans, ils firent voile pour l'Inde. Ils ont toujours demeuré depuis dans cette région; méprifés par les mufulmans qui fe difpenfent quelquefois d'imiter leur franchife & leur droiture, profeffant invariablement la même doctrine, reçue dans leur nation depuis plufieurs milliers de fiecles, & confervant toujours la hiérarchie réglée par Zoroaftre, malgré l'ignorance prefque générale qu'on reproche au clergé.

Ces peuples n'adorent qu'un Dieu. Ils ont une horreur extrême pour tout ce qu'on appelle *idolâtrie*, quoique chez les mahométans ils paffent pour les plus grands idolâtres du monde. Tous leurs livres religieux, & fpécialement ceux que nous tenons de M. Anquetil, ne varient pas fur cette doctrine importante : on fait qu'ils ont une vénération finguliere pour le feu. Chacun de leurs temples ou pyrées, contient un foyer facré, où brûle un feu continuel à l'honneur de la divinité. S'il arrive qu'il s'éteigne, on emploie pour le rallumer deux morceaux de bois durs que l'on frotte l'un contre l'autre; ou bien on frappe une pierre avec un morceau d'acier pour en faire fortir des étincelles. Si on étoit forcé d'employer à cet ufage le feu ordinaire, il faudroit prendre garde qu'il fût bien pur; mais la maniere la plus noble de ranimer le feu facré, confifte à recevoir les rayons du foleil fur un verre ardent. Le bois que les parfes emploient pour nourrir le feu facré, eft le plus net & le plus propre qu'ils peuvent trouver, & il ne doit pas avoir d'écorce : ce feroit un crime d'y toucher avec un couteau ou avec une épée. La loi leur défend auffi expreffément de le fouffler, foit de la bouche, foit avec des foufflets, parce qu'un tel fouffle feroit capable de le fouiller. Cette manie religieufe que les parfes ont pour le feu, leur eft commune avec la plupart des peuples de l'antiquité. Les égyptiens, les grecs, les romains & les peuples du Pérou furent toujours fort attachés au culte de cet élément; mais telle étoit leur opinion à cet égard, qu'on pouvoit tout au plus les accufer de foibleffe & non d'idolâtrie.

Les prêtres des parfes, fucceffeurs des mages des anciens perfes, s'appellent *deftours*. Ces miniftres, qui forment entr'eux une hiérarchie très-finguliere, ont un habillement propre à leur ordre. Ils ne fe rafent que les joues, & portent leur barbe fort longue au menton : ils n'ont prefque point de mouftache. Leur tête eft couverte d'un grand bonnet qui a la forme d'un cône, & qui leur defcend jufque fur les épaules : ils confervent ordinairement les cheveux fort longs, & ils ne les coupent jamais que lorfqu'ils portent le deuil. Autrefois leurs bonnets fe croi-foient par-devant fur la bouche ; ils fe la couvrent aujourd'hui avec un morceau d'étoffe quarrée (*fig.* 25).

Le facerdoce eft héréditaire dans une famille, telle qu'étoit celle des lévites chez les juifs. Ainfi, non-feulement ceux qui compofent cet ordre, peuvent fe marier, mais la loi & l'intérêt des familles leur en impofent l'obligation expreffe. Ils jouiffent même à cet égard d'un privilege qui leur eft particulier ; c'eft que, fi la femme qu'un deftour a époufée eft ftérile, il a le droit de la répudier, pourvu qu'elle confente au divorce. Cet ufage a fort multiplié les familles facerdotales, dont les membres font répandus dans les différens temples ou pyrées qui appartiennent à la nation.

Le peuple parfe témoigne la vénération la plus profonde pour fes deftours. Tous les livres de cette nation en contiennent des préceptes pofitifs. Le fad-der fur-tout s'exprime fur ce point d'une maniere très-énergique. « Il eft inconteftable, dit l'auteur de cet ouvrage, que Dieu » nous ordonne de reconnoître la fouveraine autorité dont jouiffent nos » miniftres, & de ne jamais leur défobéir, parce qu'ils font l'ornement » & la gloire de notre religion. Le nombre de tes mérites pût-il égaler » celui des feuilles des arbres, des fables de la mer, des gouttes d'eau » qui tombent du ciel, ou des étoiles qui brillent dans le firmament, » fi le grand prêtre ne les approuve pas, tu n'en retireras aucun avan-» tage. Sache, que, fi le deftour n'eft pas content de toi, tu ne jouiras » d'aucune fatisfaction dans ce monde ; c'eft pourquoi, mon cher fils, » de tous les biens que tu poffedes, foit en terre, foit en argent mon-» noyé, n'oublie pas d'en donner la dîme au deftour ; car c'eft un per-» fonnage refpectable, & qui marche dans les fentiers de la vertu. » Cette libéralité de ta part eft le feul moyen d'atteindre à ce fouve-» rain degré de félicité, qui fait le plus puiffant objet de ton efpérance. » Si le deftour eft content de toi, fache que ta place eft déjà fixée dans » le paradis ». On voit par-là combien eft étendue l'autorité des prê-tres parfes fur les peuples de leur fecte. Cependant, il ne faut pas croire qu'ils aient, comme ailleurs, le droit funefte de donner des loix à la nation, fans être obligés de rendre compte de leur con-duite à perfonne. Si le deftour a droit de reprendre le fidele quand il peche, le fimple particulier a auffi celui de faire fes repréfentations à

ce miniftre, quand il prévarique. « Celui qui eft fans péché, lit-on
» dans un des Iefchets - Sadés, corrigera celui qui a commis le
» péché ; le deftour corrigera le fimple parfe, & le fimple parfe le
» deftour ».

L'ordre facerdotal des parfes eft préfidé par un fouverain pontife,
appellé chez les écrivains grecs *archi-mage*, & qui exerce une autorité
très-étendue fur tous les fideles de fa fecte. Ce grand-prêtre qui, dans
le zend-avefta, porte le titre de deftouran-deftour, fait fa réfidence
dans le Kirman, province de la Perfe ; fa dignité lui impofe des obli-
gations très-gênantes, & auxquelles il ne peut fe fouftraire fans s'ex-
pofer à perdre fon crédit. Les profanes ne peuvent l'approcher fans
crime ; & il contracteroit une fouillure légale, s'il touchoit un laïque,
fur-tout d'une religion différente du magianifme. La loi qui oblige tous
les parfes au travail, lui défend expreffément de refter dans une indolente oifiveté : il faut qu'il travaille de fes mains, & prépare lui-même
les chofes néceffaires à fa fubfiftance & à fon entretien. Si fes biens
vont au-delà de fon néceffaire, il eft obligé de diftribuer aux pauvres
fon fuperflu : fa vie doit être une priere continuelle ; & les deftours
prévaricateurs doivent trouver en lui un cenfeur inflexible : il eft fpécialement chargé de l'entretien du feu facré.

Les temples des parfes s'appellent *pyrées* ou fanctuaires du feu facré 26.
(*fig.* 26). Long-temps les perfes, attachés à l'ancienne fimplicité, fe
refuferent à la conftruction des temples, malgré l'ufage où étoient toutes
les nations qui les environnoient, d'immoler leurs victimes dans des
lieux facrés. Les guerres qu'ils firent aux grecs & aux égyptiens, leur
firent changer d'opinion fur ce point, & ils éleverent des fanctuaires magnifiques à la divinité. On voit dans l'hiftoire eccléfiaftique qu'il y en
avoit chez eux un fort grand nombre, lorfque la religion chrétienne
s'y établit. Les mufulmans y en trouverent auffi plufieurs qu'ils conver-
tirent fucceffivement en mofquées ; & dans toutes les contrés où s'établirent les parfes, après la défaite d'Iezdegerd, ils ne négligerent pas de
faire conftruire des pyrées. Le plus célebre de ces temples fut celui
qu'un docteur guebre fit ériger dans la ville de Balck, fur les confins
de la Perfe & des Indes. Balck devint alors le centre de la religion des
perfes ; & cette ville étoit pour eux, ce qu'eft la Mecque pour les mufulmans, & Rome pour les catholiques. La difperfion des parfes dans
toute la prefqu'ifle, les a forcés d'y multiplier leurs pyrées ; & on
y en voit aujourd'hui plufieurs centaines deffervies par un nom-

breux college de prêtres , & qui jouiffent d'un revenu fort confidérable.

La population a toujours fait un objet très-important dans la religion
des perfes. Bien loin de prêcher le célibat , les mages le flétriffoient par-
tout où ils le rencontroient avec autant d'inflexibilité que le faifoient
les anciens germains. Hérodote & Strabon nous apprennent que les rois
de Perfe étoient dans l'ufage de faire tous les ans des préfens à ceux
de leurs fujets qui avoient un plus grand nombre d'enfans ; coutume
admirable , politique exquife , qui fert à expliquer ce qu'ont dit les anciens écrivains de cette multitude prodigieufe & prefqu'incroyable de
combattans , que ces princes , fur-tout ceux de la maifon d'Hyftapes,
conduifoient à leur fuite , lorfqu'ils portoient la guerre chez leurs voifins.
Les parfes modernes ont toujours la même opinion de l'excellence du
mariage. Tous leurs livres faints , tous les deftours , leur ordonnent
de fe marier de bonne heure , & d'éviter avec attention les vices qui
s'oppofent à la multiplication de l'efpece humaine , afin qu'ils puiffent
paffer librement le pont tchinavar. Lorfque le mobed donne aux jeunes
époux la bénédiction nuptiale , il leur parle ainfi : « Qu'Ormufd ,
» jufte juge , vous accorde beaucoup d'enfans , des mâles , une nourri-
» ture abondante , l'amitié du cœur , des enfans beaux de vifage , qui
» vivent long-tems , & de pere en fils , cent cinquante ans , comme les
» habitans de l'Iram-Vedi ». Ce fyftème des perfes fe trouve parfai-
ment développé dans ce que dit le trifmégifte dans le pimandre : « C'eft
» la plus grande des impiétés , dit-il , & le dernier des malheurs , de
» fortir de ce monde fans y laiffer d'enfans. Les démons font fouffrir à
» ces gens-là les peines les plus cruelles après leur mort. C'eft pour-
» quoi , continue-t-il , mon cher efculape , n'ayez aucun commerce avec
» eux ; mais que cela n'empêche pas d'avoir compaffion de leur mifere ,
» fachant les fupplices affreux qui leur font deftinés ». La loi parfe permet
d'ailleurs le divorce pour trois motifs : 1°. lorfque la femme a été convaincue d'adultere : 2°. lorfqu'elle a eu l'imprudence de ne pas avertir fon mari
de fes indifpofitions périodiques , & qu'elle l'a reçu en cet état dans
fon lit : 3°. lorfqu'il eft connu publiquement qu'elle fe livre à la magie.

Lorfqu'une femme enceinte eft fur le point d'accoucher , on la couche fur un lit de fer , parce que les métaux fouillés fe lavent & qu'un
lit de bois ne pourroit plus fervir. Il doit y avoir dix femmes ou au
moins cinq dans fa chambre. Leur office , felon le ravact du recueil
pehlvi , eft de préparer ce qui eft néceffaire pour l'enfant , de fecourir

la mere , & de faire les fonctions de sage-femme. Pendant trois jours & trois nuits, on allume, dans cette chambre, un grand feu pour éloigner les démons corrupteurs ; on doit aussi empêcher les pécheurs d'en approcher. Lorsqu'une femme est en travail, le mobed prie pour elle ; & dès qu'elle est délivrée, on lui présente, ainsi qu'à l'enfant , le perahom ; ensuite elle se lave. Lorsqu'elle ne se sent plus de l'infirmité de ses couches, elle s'acquitte de trente ablutions prescrites par la loi. Elle passe ainsi quarante jours séparée du commerce des hommes, & son mari ne peut la voir qu'au bout de quarante autres jours.

La XXVI porte du sad-der exige que l'on donne le baptême à l'enfant nouveau né. Beaucoup de voyageurs parlent de cette espece de sacrement des parses sans nous donner aucun détail sur ce point. Henri Lord est le seul qui se soit un peu étendu sur les cérémonies qu'ils observent dans ces circonstances. Voici ce qu'il en rapporte. Aussi-tôt que l'enfant est venu au monde, un destour , que l'on fait avertir , vient à la maison des parens ; & après avoir observé, avec toute l'exactitude dont il est capable, l'heure & le moment de sa naissance, il fait son horoscope. Après cela, il confere avec le pere & la mere sur le nom qu'il doit donner à l'enfant. Quand on est d'accord sur ce point, la mere, en présence de toute l'assemblée, nomme son enfant sans aucune autre cérémonie. Après cette opération, le pere & la mere prennent leur fils , & suivent le destour jusqu'au temple (*fg.* 27). Là ce ministre prend de l'eau nette qu'il verse dans une écorce d'un certain arbre qui croît communément à Iezd en Perse, & qu'ils appellent *hom*. Il prend ensuite de cette eau avec la main, & en la jettant sur l'enfant, il prie Dieu qu'il daigne le nettoyer des souillures de son pere & des pollutions menstruelles de sa mere. Après cela chacun se retire , & l'enfant est inscrit sur le catalogue des vrais croyans.

Lorsque cet enfant a atteint l'âge de sept à huit ans, on le juge digne d'entrer dans la société des fideles. Les parens le conduisent devant le destour qui l'interroge sur les dogmes de la religion, & lui apprend les prieres qui sont nécessaires à savoir. L'enfant les répete devant le feu ; mais auparavant on a la précaution de lui couvrir la bouche & les narines. Les prieres étant finies, le prêtre fait boire de l'eau à l'enfant , & lui fait mâcher l'écorce d'une grenade. Il le baigne ensuite dans une cuve pleine d'eau, & le revêt de la robbe virile , & de la ceinture à laquelle la loi assujettit tous les parses, sous les peines les plus séveres.

Le fad-der enjoint à tous les fideles de repaffer fouvent dans leur efprit les fautes dont ils ont pu fe rendre coupables, & de s'en accufer
humblement à un deftour. Cette confeffion auriculaire eft de rigueur ;
& fi un parfe n'avoit pas la commodité de le faire à un prêtre, la loi
veut qu'il s'adreffe à quelque laïque recommandable par fa piété, ou
à Dieu en préfence du foleil.

De toutes les religions connues, dit judicieufement M. Anquetil,
celle des parfes eft peut-être la feule dans laquelle le jeûne ne foit ni
méritoire, ni même ordonné. Le parfe, au contraire, croit honorer la
divinité en fe nourriffant bien ; parce que le corps frais & vigoureux
rend l'ame plus forte contre les tentations des mauvais génies ; parce
que l'homme fentant moins de befoin, lit la parole avec plus d'attention, a plus de courage à faire de bonnes œuvres : « Donne-toi bien
» de garde de jeûner, dit l'auteur du fad-der ; car ne rien manger de-
» puis le matin jufqu'au foir, n'eft pas un mérite dans notre religion.
» Le jeûne qui nous eft prefcrit en toutes les faifons, confifte à ne nous
» fouiller jamais du moindre péché. Ceux qui font accoutumés à cette
» fuperftition, fe paffent tout au plus de déjeûner ; au lieu de cela,
» nous faifons tous nos efforts pour ne contracter aucune tache qui
» puiffe caufer quelque dommage à notre ame. Mon avis eft que celui
» qui veut conferver fon innocence, feroit beaucoup mieux de fe pré-
» ferver de tout péché, & de repouffer jufqu'au plus petit mouvement
» de concupifcence, que de s'abftenir de manger quand il en a befoin ».

On a dit que les parfes avoient une vénération finguliere pour le feu.
Ces peuples n'ont pas moins de déférence pour l'eau ; & l'on voit dans
Hérodote que ces deux chefs de fuperftition remontent à la plus haute
antiquité. Le fad-der leur recommande bien expreffément de n'employer
l'eau à aucun ufage pendant la nuit, ou, s'ils ne pouvoient s'en difpenfer, de s'en fervir avec de grands ménagemens. Le même livre leur
enjoint de ne jamais mettre fur le feu un pot entiérement plein d'eau,
de peur que, lorfque l'eau viendra à bouillir, il n'en tombe une partie
dans le feu.

Les parfes obfervent une foule d'autres fuperftitions, dont on pourra
voir le détail dans la traduction françoife du fad-der que je fuis fur le
point de publier avec des notes hiftoriques. Lorfqu'ils éternuent, par
exemple, la loi veut qu'ils aient recours à la priere, parce que dans
ce moment critique le démon redouble fes efforts pour les féduire.
« Quand tu auras befoin de lâcher de l'eau chez toi, dit la LX porte
                                                                    » de

» de cet ouvrage, n'en laiſſe pas tomber ſur ton pied, car ce ſeroit un
» crime énorme. Ne te place pas auprès de ta porte pour ſatisfaire ce
» beſoin. Retire-toi un peu plus loin : car on lit dans le vendid-zend
» que ce péché équivaut à douze cents direm ». Les formalités que le
magianiſme exige de celui qui veut ſe couper les ongles, paroîtroit
incroyable ſi elles ne ſe trouvoient dans les livres ſacrés des parſes que
nous avons ſous les yeux. Un parſe qui ſait ſa religion, ſe coupe les ongles des doigts en commençant par l'annulaire ; il rogne enſuite, avec
un couteau uniquement deſtiné à cet uſage, l'ongle de l'index, & celui du pouce. Après cela, il partage en deux chaque morceau d'ongle
avec le même couteau, en adreſſant à Dieu certaines prieres conſacrées
à cette opération. On poſe enſuite ſur une terre bien ſeche, ou ſur
une pierre dure, ces morceaux d'ongles enveloppés dans du papier,
tournant au nord l'extrêmité oppoſée à l'endroit où la diviſion a été
faite, & l'on dit certaines prieres indiquées dans le zend-aveſta.

Les parſes ont quatre jours dans le mois conſacrés au ſervice divin,
& qui ont du rapport à notre dimanche. Ils ont encore pluſieurs autres
fêtes qu'ils célebrent avec la plus grande ſolemnité. La plus remarquable eſt celle qu'ils chomment au commencement de chaque année, &
qui fut inſtituée, dit-on, par le roi Giemſchid. On voit dans M. Hide,
qu'elle ſe célébroit autrefois réguliérement en Perſe pendant les ſix premiers jours de l'année. Voici l'ordre qu'on y obſervoit, & que la deſtruction du gouvernement n'a pas permis que l'on retînt ſous la domination mahométane. Le premier jour étoit marqué par l'élargiſſement de
quelques priſonniers & par divers témoignages de clémence & de bonté
que le roi donnoit à ſon peuple, en lui faiſant des préſens & en mo-
dérant les impôts. Le lendemain étoit deſtiné à faire des libéralités aux
ſages & aux ſavans du royaume. Les prêtres & les conſeillers-privés pré-
ſentoient leurs requêtes le troiſieme jour. Le quatrieme étoit conſacré
à recevoir celles de la nobleſſe & des parens du roi. Le jour ſuivant
les enfans de ce monarque demandoient quelques grâces ; & le ſixieme
enfin il le réſervoit pour lui-même. Le ſoir du cinquieme jour, on pla-
çoit à la porte de l'appartement du roi un jeune homme beau & bien
fait, qui y paſſoit la nuit. A la pointe du jour, il entroit dans la chambre
du roi ſans cérémonie. Le prince alors lui demandoit, d'un air de fami-
liarité, d'où il venoit, où il alloit, quel deſſein l'amenoit, comment
il s'appelloit, & ce qu'il apportoit. Le jeune homme répondoit à ces
queſtions : je ſuis *al-manſur*, c'eſt-à-dire, *auguſte :* mon nom eſt *Al-*

Tome I.   H

Mobareck, c'eft-à-dire *le Bénit. Je viens ici de la part de Dieu apportant la nouvelle année.* En achevant ces paroles, il alloit s'affeoir, & immédiatement après entroient ceux qui compofoient le corps de la nobleffe, chacun portant un vafe d'argent où il y avoit du froment, de l'avoine, des pois, des feves, une canne de fucre, & deux pieces d'or récemment frappées. D'abord le premier miniftre, enfuite le tréforier, puis tous les autres feigneurs, fuivant le rang de leur naiffance & de leur dignité, offroient chacun leur vafe d'argent au roi. Vers la fin de la cérémonie, on mettoit un grand pain fait de différentes fortes de grains devant le roi, qui, après en avoir goûté, invitoient ceux qui étoient préfens à fuivre fon exemple, en leur adreffant ces mots : *C'eft ici un nouveau jour d'un nouveau mois, le commencement d'une nouvelle année; ainfi il eft jufte que nous renouvellions les liens qui nous uniffent les uns aux autres.* Enfuite, revêtu du manteau royal, il béniffoit folemnellement les affiftans ; & cette bénédiction étoit fuivie de plufieurs riches préfens. Les parfes appelloient le foir de cet heureux jour *phriftaph*, & le confacroient uniquement à la joie, qu'excitoit en eux l'efpérance de voir une belle année.

Les livres facrés des parfes font compris dans une efpece de bible que l'on appelle *zend-avefta.* Ce code religieux eut, dit-on, pour auteur un favant nommé *Zoroaftre*, qui publia l'avoir reçu du ciel, conduite que bien d'autres impofteurs ont imitée. Le zend-avefta étoit autrefois divifé en vingt-une parties, dont fept traitoient du premier principe, de l'origine des airs, de l'hiftoire du genre humain ; & fept rouloient fur la morale & les devoirs civils & religieux ; & les fept derniers avoient pour objet la médecine & l'aftronomie. Les livres pehlvis & quelques ouvrages perfans font mention de trois autres parties qui doivent comp4etter l'avefta à la fin du monde. Ce qui en eft échappé aux injures des tems, fe récite fur deux ou trois notes comme notre pfalmodie. Celle de l'avefta étoit autrefois accompagnée du fon des inftrumens, & plus chantante qu'à préfent. On voit dans un patet des jefcht-fadés que c'eft un grand péché de ne pas réciter tous les jours quelque chofe de cet ouvrage. « Quand quelqu'un lit l'avefta, dit l'auteur du fad-der, il doit pro-
» noncer diftinctement chaque mot de ce divin livre. Qu'il récite len-
» tement & avec dignité, & non pas précipitamment & fans attention ;
» c'eft le moyen d'enflammer fon ame de la lumiere divine qu'il con-
» tient. Un homme plein de piété s'exprime ainfi à ce fujet : celui qui
» oublie le livre avefta, après l'avoir appris par cœur, aura la dou-

» leur de voir le Dieu juste & puissant ne lui tenir aucun compte de
» ses bonnes œuvres , & cet être jaloux de son culte l'éloigner pour
» jamais du paradis ».

On apprend de Henri Lord, que les parses ont deux principaux
cimetieres , ou tombeaux bâtis en rond assez élevés de terre, raisonna-
blement larges, pavés de pierres par-dedans, & escarpés (*fig.* 28). Au
milieu de ces tombeaux est un puits fort profond, destiné à recevoir les
ossemens des morts à mesure qu'ils se séparent du tronc. A l'entour des
murailles sont suspendus & exposés à l'air les cadavres des hommes
& des femmes. De ces deux cimetieres , l'un, appellé le *cimetiere blanc*,
est destiné à ceux qui ont mené une vie exemplaire ; l'autre sert à cacher ceux dont la vie a été scandaleuse. Si l'on en croit quelques voyageurs, ces peuples ont une singuliere maniere de distinguer les élus
des réprouvés. Ils exposent pendant quatre jours le corps de ceux dont
la vie a été un problême. Si , après cet intervalle , on trouve que les
vautours aient commencé à lui béquetter l'œil droit, ils le regardent
comme un élu & le portent aussi-tôt au cimetiere blanc ; s'il arrive au
contraire que l'œil gauche ait été endommagé le premier , le mort est
réputé damné & porté au cimetiere noir. Il faut d'ailleurs observer que
la loi défend expressément d'ensévelir personne dans un cercueil neuf ,
ou qui ait reçu quelques souillures ; tel est le précepte de Zoroastre, dit
ridiculement l'auteur du sad-der : » Que le suaire dont on doit l'enve-
» lopper, ajoute cet écrivain , soit vieux , usé , bien lavé : écoute, dit-
» il encore, ce qu'on lit dans le zend-vendid, à ce sujet : si une femme,
» tirant de son fuseau un fil de la longueur d'un empan , le place dans
» le linceul , elle sentira comme un serpent & une vipere qui ronge-
» ront éternellement ses entrailles. Gherutaman ne jettera pas un re-
» gard de bonté sur elle, & toutes les puissances de l'univers s'arme-
» ront pour la tourmenter. L'ange exterminateur , la prenant par le
» bord de sa robe, la précipitera dans l'enfer. Si le suaire dont on en-
» veloppera mon corps , est neuf, les tristes débris de mon individu
» deviendront la proie des ânes & des mules. Je ne goûterai aucun
» repos, aucune tranquillité ; la honte & la misere seront mon partage ».

Quelques-uns ont dit que le paradis des parses, semblable à celui de
Mahomet, receloit toutes les voluptés dont la source impure semble
avoir souillé ce monde. C'est une erreur. La description qu'on en trouve
dans le zend-avesta , ne ressemble en rien à ces peintures lascives &
indécentes que les sectateurs de l'alcoran se forment de ce lieu de

délices. Une joie pure émanée de la divinité même, dont la présence réjouit les bienheureux, est la seule espérance des parses dans l'autre monde. Ils admettent, comme nous, un enfer où les méchans sont la proie d'un feu dévorant, qui les brûle sans jamais les consumer. Un des tourmens de ce triste séjour consiste dans l'odeur contagieuse qu'exhalent les ames des damnés. Leurs livres sacrés contiennent des peintures effrayantes des supplices qu'on éprouve dans cet affreux manoir. Les uns habitent de sombres cachots où ils sont étouffés par une épaisse fumée, & dévorés par les morsures d'un nombre prodigieux d'insectes & de reptiles venimeux. Le tourment des autres consiste à être plongés jusqu'au col dans les flots noirs & glacés d'un fleuve. Ceux-ci sont environnés de diables furieux & acharnés, qui les déchirent continuellement, sans leur permettre de respirer. Ceux-là sont suspendus par les pieds, &, dans cet état, on les perce dans tous les endroits du corps avec un poignard. Au milieu de ce tableau terrible, on voit celui d'une femme, qui, pour expier sa désobéissance & les querelles éternelles dont elle importunoit son mari, est suspendue par les pieds, tandis que la langue lui sort par la nuque du col.

La XIII porte du sad-der veut que, dans un mois, ou au plus tard un an, après la mort de ses pere & mere, on ne manque pas de leur préparer le festin funebre, appellé *aphrinagan.* Cela doit aussi se faire, dit le même auteur, lorsqu'on est de retour chez soi après un long voyage. Un tel festin, auquel doivent être invités les amis du défunt, a pour objet de procurer du repos ou de la joie aux ames des parens de ceux qui habitent la maison. « Chacun doit croire, ajoute le sad-der,
» qu'en honorant ainsi la mémoire de ses ancêtres, on donne à son
» ame toute la tranquillité dont elle est susceptible. Et ceux qui les
» oublient, doivent être comparés à ces insensés qui courent avec pré-
» cipitation au-devant de la fleche qui vient leur percer le cœur. Les
» parens de ces ingrats diront dans l'amertume de leurs ames : O Dieu
» tout-puissant ! pourquoi nos enfans négligent-ils donc de remplir ce
» qu'ils nous doivent ? Ne savent-ils pas que leur tour viendra, de se ren-
» dre ici pour habiter le lieu que nous occupons ? Ignorent-ils donc que
» chacun doit porter ses vues vers ce séjour éternel, puisque tu n'as
» pas voulu qu'aucune créature pût toujours rester dans le monde ! S'ils
» eussent rendu à notre mémoire ce que la piété exigeoit d'eux, ils n'au-
» roient pas connu les maux qui les accablent. Nous avons besoin, à
» la vérité, de leurs secours ; mais l'heureuse sérénité de l'ame n'est-

» elle pas le prix dont tu paie leur attention, comme la plus affreuse
» misere est la punition de leur négligence? Ainsi parleront à Dieu les
» ames des parens, pleines de tristesse & d'amertume , n'étant pas satis-
» faites de leur postérité. Elles maudiront à jamais la maison de ceux
» qui les auront oubliées, & n'y laisseront personne qui n'ait ressenti
» le poids de leur vengeance ».

ARTICLE V.

Religion du Thibet.

LA religion du Thibet, qui, après l'isnamisme, est la plus répandue
qu'il y ait sur la terre, n'est encore que fort peu connue en Europe.
Quelques missionnaires, frappés de la ressemblance qu'ils ont cru appercevoir entre ce culte & celui des chrétiens, ont pensé qu'il retraçoit
par-tout l'image de la doctrine que prêcherent autrefois les apôtres dans
cette région. Je crains beaucoup que mes lecteurs ne soient pas de leur avis;
cependant le P. Gerbillon remarque avec étonnement que les lamas du
Thibet, ont l'usage de l'eau-bénite, le chant dans le service ecclésiaf-
tique & la priere pour les morts ; que leurs habits ressemblent à celui
sous lequel on représente les apôtres ; qu'ils portent la mitre comme
nos évêques. Enfin que le grand lama tient à peu-près parmi eux le
même rang que les souverains pontifes dans l'église romaine. Grueber,
tout aussi bon juge que Gerbillon, va beaucoup plus loin encore. Il
assure que leur religion s'accorde sur tous les points essentiels avec la
religion romaine : ils célebrent un sacrifice avec du pain & du vin :
ils donnent l'extrême-onction : ils bénissent les mariages : ils adressent
à Dieu des prieres pour les malades ; ils font des processions ; ils hono-
rent les reliques de leurs saints ; ils ont des couvens d'hommes & de
filles ; ils chantent dans leurs temples comme les moines chrétiens ; ils
observent divers jeûnes dans le cours de l'année ; ils se mortifient le
corps, sur-tout par l'usage de la discipline ; ils consacrent leurs évêques ; ils envoient des missionnaires qui vivent dans une extrême pauvreté, & qui voyagent pieds nuds jusqu'à la Chine. Enfin , ajoute
Horace de l'Apenna, ils croient un seul Dieu, une trinité, un paradis,
un enfer & un purgatoire.

Sans nous arrêter à toutes ces allégations, & à une foule d'autres qui ont été rapportées par les miſſionnaires chrétiens , nous dirons qu'il eſt vrai que la religion du Thibet préſente quelque eſpece de reſſemblance avec celle de la nouvelle Rome. Mais ces rapports que la crédulité a ſi ſinguliérement groſſis, ne nous permettent pas même de ſoupçonner que l'un de ces cultes ſoit émané de l'autre. Les thibetins , & tous ceux qui ſont attachés à la doctrine du pontife de Laſſa , n'adorent qu'un Dieu, croient l'immortalité de l'ame, & des peines & des récompenſes dans une autre vie. Cette théologie , en la rapprochant de toutes les religions , n'indique d'autre ſource que celle de la nature.

A cette croyance ſublime, les lamas ajoutent quelques ſuperſtitions dont la plupart leur ſont auſſi communes avec tous les peuples qui couvrent la terre. Ils rendent , par exemple, une eſpece de culte à un ſaint du pays nommé *La*, & qui naquit , dit-on, mille vingt-ſix ans avant notre ere. La fut un prince dont la puiſſance s'étendoit ſur une partie de l'Inde dont on ignore la véritable poſition : les bienfaits dont il avoit comblé l'eſpece humaine, pendant le cours de ſon regne, déterminerent vraiſemblablement ſes ſujets à célébrer ſon apothéoſe après ſa mort. Le tems & la ſuperſtition qui ſont en poſſeſſion de tout dénaturer, publierent dans la ſuite que La n'étoit autre choſe qu'une eſpece de divinité qui avoit bien voulu deſcendre ſur la terre pour éclairer le genre humain. On publia qu'il n'avoit diſparu que pour un tems , & qu'il reparoîtroit bientôt avec une nouvelle ſplendeur. Ses diſciples penſent , dit-on, qu'il reparut en effet au jour marqué ; & cette tradition , qui a paſſé de ſiecle en ſiecle , ſe trouve confirmée par les anciens écrits de leurs auteurs. L'impoſture eſt renouvellée dans toutes les occaſions où elle demande d'être ſoutenue ; & comme la perſonne du grand lama eſt l'aſyle que cette divinité eſt cenſée choiſir , on la conſidere comme habitant toujours ſur la terre. Les lamas, fourbes auſſi adroits que le ſont communément ceux de leur ordre , expliquent cette multitude d'incarnations par la doctrine de la tranſmigration des ames , dont ils croient que La fut l'inventeur.

C'eſt par le même principe que ces prêtres rendent compte de l'origine de la nature de quelques autres ſaints qui ſont l'objet de leurs vœux. Parmi ces divinités du ſecond ordre, on en remarque une connue 29. ſous le nom de *Manipa* (*fig.* 29). Les uns donnent à cette idole trois têtes de différentes formes ; & les autres, comme Grueber, lui attribuent neuf têtes, placées de maniere qu'elles ſe terminent en cônes d'une monftrueufe hauteur. C'eft devant ce Manipa, que le peuple obferve fes rites facrés avec quantité de mouvemens convulfifs & de danfes ridicules. On met fouvent diverfes fortes de mets devant l'image, pour appaifer la colere d'un fi puiffant génie.

Grueber rapporte un ufage barbare, qui s'eft introduit dans le royaume de Tangut & de Barantola, en l'honneur de Manipa. En le rapportant d'après ce miffionnaire, nous ne prétendons point en garantir l'authenticité. Nous le croyons même d'autant plus fufpeƈt, que ce bon pere ne montre dans fa relation qu'un efprit exagérateur & peu éclairé, & qu'il fait tous fes efforts pour obfcurcir la religion des lamas dont il paroît avoir ignoré les principes. Voici le fait. On choifit tous les ans un jeune homme vigoureux, à qui l'on accorde, pour certains jours de l'année, la liberté de tuer fans diftinƈtion toutes les perfonnes qu'il rencontre, dans l'opinion où l'on eft que tous ceux qui meurent de fa main, font autant de viƈtimes confacrées à Manipa & qui obtiennent immédiatement le bonheur éternel. Ce jeune homme porte le nom de *trait* qui fignifie *celui qui tue*. Il eft vêtu d'un habit fort gai avec quantité de petites bannieres pour ornement. Ses armes font l'épée, l'arc & les fleches. Il fort comme un furibond de fa maifon au jour marqué, poffédé, dit Grueber, du démon auquel il eft confacré; & courant dans toutes les rues, il fait main-baffe fur le peuple, fans que perfonne entreprenne de lui réfifter. Je ne dois pas oublier de dire que Grueber affure avoir vu cette déplorable viƈtime de la fuperftition du Thibet.

Le grand-prêtre du Thibet porte le nom de *Dalay lama*. Ce pontife, qui paffe dans le pays pour le dieu La incarné, eft le chef de la religion lamique, qui eft répandue dans toutes les Indes, à la Chine, & dans la Tartarie occidentale. On affure que les peuples foumis au lama, font perfuadés qu'il eft immortel; que lorfqu'il paroît mourir, il ne fait que changer d'habitation; qu'il renaît dans un corps entier; & que le lieu fortuné de fa réfidence eft défigné par certains prodiges qui annoncent aux lamas, quel eft l'enfant qui doit remplacer le pontife défunt. En effet, le college de ces prêtres cherche dans tout le royaume quelqu'un dont la figure ait beaucoup de reffemblance avec celle du mort, & l'appelle à fa fucceffion. Par cette méthode, La s'eft incarné plufieurs fois depuis fa premiere apparition dans le monde.

Bernier raconte un peu différemment la maniere avec laquelle on donne un fucceffeur au grand lama. Lorfque le grand pontife, dit-il, eft dans une vieilleffe avancée & qu'il fe croit près de fa mort , il affemble fon confeil pour déclarer qu'il doit paffer dans le corps de tel enfant nouvellement né. Cet enfant eft élevé avec beaucoup de foin jufqu'à l'âge de fix ou fept ans. Alors, par une efpece d'épreuve, on fait apporter quelques meubles du mort qu'on mêle avec les fiens ; & s'il eft capable de les diftinguer , c'eft une preuve manifefte de la tranf-migration. Il eft étonnant qu'aucuns des voyageurs qui, depuis Bernier , ont paffé dans l'Inde , ne nous aient pas mis à portée de juger du mérite de tant d'hiftoriettes que l'on a répandues fur les pratiques religieufes obfervées au Thibet.

Le grand lama fait fa réfidence au pied de la montagne du Putda. Là , dit-on, habite plus de vingt mille lamas qui environnent cette montagne en demi-cercle, à différens degrés de proximité, fuivant que leur rang ou leurs dignités les rendent plus ou moins dignes de s'approcher de leur fouverain pontife.

Si l'on en croit Grueber, dont le récit, dit-il lui-même, n'eft fondé que fur le témoignage de quelques habitans de Barantola, le grand lama fe tient ordinairement affis dans un profond appartement de fon palais, orné d'or & d'argent, illuminé d'un grand nombre de lampes, fur une efpece de lit, couvert d'une précieufe tapifferie. En approchant de lui, fes adorateurs fe profternent , baiffant la tête jufqu'à terre, & ils lui baifent les pieds avec une vénération incroyable. Il a toujours le vifage couvert , & il ne fe laiffe voir qu'à fes principaux confidens. Il eft fans ceffe environné de lamas qui le fervent avec beaucoup de zele, & qui prennent foin d'expliquer les oracles qui fortent de fa bouche. Une multitude prodigieufe d'étrangers viennent de toutes parts pour lui offrir fes hommages & recevoir fa bénédiction. Il en vient de l'Inde & de la plupart des autres parties de l'Afie. Mais , après les habitans du Thibet, les tartares font ceux dont on vante le plus la dévotion. Ils fe rendent à Laffa des pays les plus éloignés.

Les princes , fectateurs de la religion lamique, font traités par ce pontife avec une hauteur dédaigneufe, lorfqu'ils viennent lui rendre leurs devoirs. Jamais il ne fe déplace pour les recevoir , il ne leur rend pas même leurs faluts. La feule faveur qu'il daigne accorder aux perfonnes de la plus haute diftinction, eft de mettre fa main fur leurs têtes ; & ils font perfuadés que cette cérémonie les lave de tous les péchés qu'ils ont pu commettre.

On a publié en Europe , d'après Grueber, que les grands du Thibet

fe

fe procurent avec beaucoup d'empreffement quelques parties des excré-
mens du grand lama, pour les porter autour du col en forme de reliques. Les lamas, ajoute-t-on, tirent un profit confidérable de cette dif-
tribution indécente. Nous n'ofons répondre d'une telle affertion, imaginée peut-être par le miffionnaire européen, dans l'intention de tourner en ridicule le grand-prêtre de Laffa. Cependant, telle eft la force de
la fuperftition; tels font les préjugés, dont, en tous les tems, les hommes
fe font rendus coupables, qu'il ne feroit pas étonnant qu'un ufage auffi
ridicule fubfiftât chez des peuples que la lumiere de la philofophie n'a pas
encore éclairés.

On éleve des trophées au fommet des montagnes à l'honneur du
grand lama, pour la confervation des hommes & des beftiaux. Tous les
rois qui font profeffion de fon culte, ne négligent jamais, en montant fur le trône, de lui envoyer des ambaffadeurs chargés de riches
préfens pour demander fa bénédiction, qu'ils croient néceffaire à la
profpérité de leur regne. Long-tems la puiffance de ce grand-prêtre fe
borna au fpirituel; mais il eft devenu fucceffivement prince temporel,
fur-tout depuis la conquête des Eluths, dont le kham l'a mis en poffeffion d'un riche patrimoine. Cependant, telle eft fa modération, qu'il
ne fe mêle pas du gouvernement civil de fes propres domaines, & qu'il
ne fouffre pas que fes lamas y prennent la moindre part. Il abandonne
toutes fes affaires féculieres à l'adminiftration de deux khams des Eluths;
& ces officiers font chargés de lui fournir tout ce qui eft néceffaire à
l'entretien de fa maifon. Lorfqu'il fe trouve engagé dans quelques dif-
férends politiques, il choifit un miniftre intelligent & éclairé, auquel il
donne de pleins pouvoirs d'agir en fon nom, dans tout ce qui fait l'objet de la conteftation.

On a déjà dit que la religion lamique étoit fort étendue. Pour gouverner un fi vafte domaine, le grand lama établit dans les provinces
des fubftituts qu'il choifit parmi fes principaux difciples. Le nombre de
ces miniftres n'excede jamais deux cens. On ne les affujetit pas à habiter
un lieu plutôt qu'un autre; c'eft à eux qu'appartient de faire le
choix de leur réfidence. Rarement ils paffent plus de dix ans dans les
provinces: telle eft l'abondance des offrandes qu'ils y reçoivent des
libéralités du peuple, que ce tems fuffit pour les enrichir, & leur permettre de revenir dans leur patrie y mener une vie oifive & voluptueufe.

Le nombre des lamas eft très-confidérable. Il y a peu de familles au
Thibet qui n'ait donné un lama à la religion, foit par piété, foit dans

l'efpérance de s'avancer au fervice du grand pontife. La continence &
la chafteté font les principales vertus auxquelles la loi les affujettit. La
difcipline exige auffi qu'ils prient continuellement ; c'eft pourquoi on
les voit fans ceffe rouler entre leurs doigts les grains de leur chapelet.
Leur doctrine a pour bafe trois préceptes bien importans : ils confiftent
à honorer Dieu , à n'offenfer perfonne , & à rendre à chacun ce qui
lui appartient. Le jaune eft leur couleur favorite. Leurs chapeaux , leurs
robes , leurs ceintures , jufqu'à leurs chapelets , tout eft jaune. Ils fe rafent le vifage & la tête. La couleur du grand lama eft le rouge.

A en croire les miffionnaires qui parlent du Thibet , on y voit une
efpece de hiérarchie eccléfiaftique établie pour le maintien de la difcipline & du bon ordre. Elle eft compofée de divers officiers qui répondent à nos archevêques , à nos évêques & à nos prêtres : on y trouve
auffi des abbés & des abbeffes , & une multitude d'autres fupérieurs
dans les mêmes degrés pour maintenir la difcipline que le culte exige.
Les lamas , qui ont la conduite des temples dans toute l'étendue du royaume , font tirés du college des difciples. Les fimples lamas font les
fonctions d'affiftans , dans les temples & les monafteres , ou font chargés
des miffions dans les pays étrangers.

Regis affure que les lamas croupiffent dans la plus profonde ignorance. Horace de Lapenna , au contraire , prétend qu'il y a au Thibet
des univerfités & des colleges où ces prêtres enfeignent tout ce qui
peut être relatif à la morale & à la religion. Ces deux opinions paroiffent également exagérées. Quoi qu'il en foit la dignité de lama eft très-
refpectée parmi tous les peuples qui profeffent la doctrine de Laffa.
Les princes , les feigneurs , en un mot , tous les perfonnages les plus
diftingués du Thibet , fe font honneur de porter l'habit des lamas. Ils
prennent même le titre des principaux officiers du grand lama ; & fouvent ils en abufent pour vivre dans une efpece d'indépendance. La
dignité de lama n'eft pas limitée aux feuls habitans du Thibet. Les chinois & les tartares , également avides de cet honneur , font le voyage
de Laffa pour le folliciter.

ARTICLE VI.

De la Religion des Peuples de l'Isle de Ceilan.

CEILAN est une grande isle des Indes, d'environ cent lieues de longueur sur cinquante de large. Les peuples qui l'habitent s'appellent
chingulais. Leur religion, quoique mêlée d'une foule de pratiques su-
perstitieuses, approche beaucoup de celle de la nature. Ils croient un
Dieu ; & cette théologie, comme on ne sauroit trop le répéter, est
celle de tous les peuples du monde. Ils admettent également l'immortalité de l'ame : eh ! quelle fut jamais la nation qui méconnut ce dogme
important ? Ces insulaires, par une tournure d'esprit qui leur est particuliere, pensent que les ames des méchans acquierent dans l'autre monde
un nouveau degré de méchanceté, &, par la même raison, que les
ames des bons parviennent à un nouveau degré de mérite & de bonté.
Ils sont persuadés que les uns & les autres seront punis ou récompen-
sés d'une maniere proportionnée aux actions qu'ils auront commises
dans ce monde. On croit dans cette isle que ceux qui se sont distingués
par une sainteté particuliere, seront élevés fort au-dessus du reste des
mortels, & placés presque à côté de la divinité.

C'est dans cette opinion que les chingulais ont célébré l'apothéose d'un
homme illustre par ses austérités & par ses vertus, & auquel ils rendent
des hommages sous la forme d'un géant (*fig.* 30). On croit que cette 30.
espece de saint, appellé *Buddu*, florissoit vers l'an 40 de l'ere chrétienne ; ce qui a donné lieu à l'ignorance européenne de soupçonner que
ces insulaires auroient bien pu le confondre avec saint Thomas, qui ne
vit vraisemblablement jamais l'Inde ni l'isle de Ceilan. Les écrivains les
plus sensés pensent que ce Buddu n'est autre chose qu'un philosophe du
pays, dont les lumieres & les bienfaits lui mériterent la vénération de
ses compatriotes. Telle est en général l'origine de cette multitude d'apo-
théoses qui décorent les fastes de tous les peuples de la terre.

Quoi qu'il en soit, les chingulais croient bonnement que l'un des
principaux emplois de Buddu est de soulager les ames qui souffrent,
& de leur procurer une situation plus heureuse. Ce personnage s'est
aussi rendu fort célebre par des miracles. Long-tems les insulaires conser-
verent l'une de ses dents, qui opéroit chaque jour de nouveaux prodiges.

Figures.

Mais en 1560, les portugais ayant jugé à propos de la brûler, pour y substituer celle de saint Chrystophe, les prêtres publierent qu'elle s'étoit dérobée miraculeusement d'entre les mains sacrileges des européens, & qu'elle avoit choisi une rose pour asyle.

Il est de la piété dans l'isle de Ceilan que les femmes aillent quêter pour le grand Buddu. Elles portent avec elles une petite statue de ce philosophe, enveloppée d'un linge blanc, & vont mendier de porte en porte, en disant qu'elles demandent de quoi faire un sacrifice au protecteur de la patrie. La religion ne permet pas qu'on refuse ces quêteuses, & les aumônes qu'on leur fait, consistent en argent, en huile, en riz, en coton. Les femmes d'un rang distingué se dispensent d'aller ainsi mendier en personne : elles donnent cette commission à des personnes de confiance auxquelles elles prêtent, pour cet objet, leurs plus riches parures.

Le diable a un pouvoir très-étendu dans l'isle de Ceilan. C'est surtout dans leur maladie que les insulaires craignent la puissance de cet esprit mal-faisant. Ici, comme chez les habitans des Maldives, on ne néglige, ni offrandes ni festins, ni prieres pour se rendre le diable favorable. Souvent ils immolent en son honneur des coqs & des poulets.

L'isle de Ceilan est gouvernée par des prêtres semblables à ceux que l'on voit aux Maldives & dans la plupart des autres contrées de l'Inde. On y trouve aussi une multitude presqu'innombrables de temples : la plupart sont d'une magnifique sculpture & décorés de plusieurs riches ornemens : on y remarque sur-tout un grand nombre de figures hiéroglyphiques qui représentent des monstres & des animaux. Sur les murs de plusieurs de ces temples, on a peint des bâtons, des fleches, des épées, des hallebardes. Il n'y a que ceux consacrés à Buddu qui ne soient pas chargés de semblables images : on n'y voit que des figures d'hommes vêtus à la maniere des prêtres du pays. Ces temples sont communément fort riches & possedent des terres immenses qu'ils tiennent de la pieuse libéralité des fideles ; & l'on assure que les revenus de tous les temples de l'isle surpassent ceux des domaines du gouvernement. L'entrée de ces sanctuaires est interdite aux femmes, lorsqu'elles ont leurs indispositions périodiques; & les hommes même n'y peuvent entrer, lorsqu'ils sortent d'un endroit où se trouvent des femmes qui ont cette incommodité.

Les mercredis & les samedis sont les jours auxquels les temples publics s'ouvrent à la dévotion du peuple. Les chingulais célebrent encore plufieurs autres fêtes pendant le cours de l'année, dont la plus importante eft celle que l'on chomme tous les ans dans la pleine lune de novembre. La nuit eft le tems que l'on choifit pour cette cérémonie: on plante alors des mais autour des temples, & on les illumine de lampes depuis le haut jufqu'en bas.

Ces infulaires, auffi fuperftitieux que le furent autrefois les égyptiens, ont une vénération finguliere pour une efpece de ferpent fort commune dans leur pays. Ils penfent que, fi quelqu'un étoit affez impie pour en tuer un, les autres ferpens, de la même efpece extermineroient le meurtrier avec toute fa famille. Si cependant l'un de ces reptiles a mordu quelqu'un ou caufé quelques dégàts, la perfonne léfée peut aller porter fa plainte aux forciers du pays, qui, par la force de leurs charmes, contraignent, dit-on, le ferpent coupable de comparoître à leur tribunal, & lui font de vives menaces, s'il retombe en pareille faute.

Ces fortes d'enchanteurs ne font pas rares dans l'ifle de Ceilan. En effet, chez des peuples auffi barbares & auffi ignorans que le font les chingulais, la magie doit être fort accréditée. L'envie d'en impofer au public & de fe rendre néceffaire à leurs compatriotes, les a portés à étudier la propriété des plantes du pays avec lefquelles ils operent plufieurs guérifons. Ils ont, par exemple, des fecrets infaillibles pour guérir la morfure des ferpens. Les crocodiles ne peuvent tenir contre la force de leurs enchantemens; &, lorfque quelqu'un veut aller fe baigner dans la riviere, il va confulter les magiciens, & achete une recette propre à endormir ces dangereux reptiles. Ces impofteurs fe mêlent auffi de guérir certaines coliques violentes & dangereufes auxquelles les habitans du pays font très-fujets: c'eft auffi à eux qu'on s'adreffe lorfqu'on a été volé; car ils fe vantent de pouvoir connoître quel eft celui qui a commis le crime. Pour y parvenir, dit le voyageur Knox, ils prononcent quelques mots fur une noix de coco; puis ils l'enfilent dans un bâton qu'ils mettent à la porte ou au trou par où le voleur eft forti. Quelqu'un tient le bâton au bout duquel eft la noix & fuit la trace du voleur: les autres fuivent celui qui tient le bâton & obfervent de répéter toujours des paroles myftérieufes. Le bâton les conduit enfin au lieu où le voleur s'eft retiré, & tombe même fur fes pieds. Quelquefois la noix qui dirige le bâton, tourne de côté & d'autre, ou s'arrête; alors on recommence les charmes & l'on jette des fleurs de cocos, ce qui fait aller la noix de coco & le bâton. Cela ne fuffit point encore pour convaincre le voleur: il faut pour le déclarer coupable, que celui qui a fait le charme, jure que c'eſt lui ; & c'eſt ce qu'il fait ſouvent par la confiance qu'il a en ſon charme : en ce cas-là , le voleur eſt obligé de jurer le contraire. S'il s'agit d'intérêts d'une autre eſpece, à l'occaſion deſquels il y ait conteſtation où l'on ne puiſſe produire des témoins, on a recours à l'épreuve de l'eau bouillante.

Ces peuples ont l'uſage du chapelet, tel qu'il eſt reçu parmi la plu-part des nations de l'Inde ; & chez les catholiques romains. Jamais ils n'abandonnent ces marques caractériſtiques de leur piété. On les voit dans les rues, dans les temples , chez eux ou en voyage, tenant en main leur chapelet & récitant quelques prieres , tandis qu'ils en font paſſer les grains entre leurs doigts. Ces inſulaires ſe rendent d'ailleurs recommandables par la charité qu'ils exercent, non-ſeulement envers leurs compatriotes , mais encore envers les étrangers. Ils ont dans leur maiſon un endroit deſtiné à recevoir les proviſions qui ſont conſacrées pour les pauvres; & , lorſqu'il en vient quelques-uns mendier à leur porte, ils ne les renvoient jamais ſans les ſoulager.

Dans cette iſle, un homme qui prend une femme ne la poſſede pas lui ſeul ; il eſt obligé de la partager entre ſes freres comme un bien de famille. Le ſeul avantage qu'on lui laiſſe , eſt celui de jouir des premieres faveurs de ſon épouſe. D'ailleurs tout eſt commun entre les freres ; ils apportent tous à la maiſon ce qu'ils gagnent. Les enfans ne ſont pas plus au mari qu'à ſes freres ; auſſi les enfans les appellent tous leurs peres.

Les cérémonies que ces inſulaires obſervent dans leur mariage ſont fort ſimples. Les nouveaux époux mangent enſemble dans le même plat; ce qui déſigne l'égalité de leur condition. Quelquefois ils ſe lient les pouces enſemble, ſymbole de l'union qui doit régner entre eux. Souvent le mari & la femme s'enveloppent tous deux de la même toile dont ils tiennent en main chacun un bout : dans cet état, on leur répand ſur la tête de l'eau qui leur arroſe tout le corps. D'ailleurs les mariages des chingulais ne ſont que momentanés ; & chez eux le plus petit motif autoriſe le divorce.

Les cérémonies funebres ſont beaucoup plus longues que celles du mariage. Après la mort d'une perſonne , ſes parens appellent un prêtre, qui récite des prieres pour le repos de l'ame du défunt. On prépare enſuite un bon repas pour le miniſtre de la divinité : on le comble de préſens, & on lui demande s'il y a lieu d'eſpérer que le mort jouiſſe d'un état heureux. Conſolés communément par la réponſe du prêtre,

les parens procedent aux funérailles. Si le mort eft une perfonne de
qualité, on commence par laver fon cadavre ; enfuite on l'embaume ;
on le remplit de poivre, & on l'enferme dans un cercueil formé d'un
tronc d'arbre creufé. Enfin, après avoir reçu l'ordre du roi, on porte
le tout au bûcher pour y être confumé dans les flammes. Les gens du
commun font enterrés fans aucune cérémonie : on enveloppe feulement
leur corps avec une natte. Tous les meubles du défunt font enterrés
avec lui ; & fes héritiers ne gardent que les inftrumens néceffaires
pour labourer la terre.

Ce font ordinairement les femmes que l'on charge, en ces occafions, de témoigner la douleur que reffent la famille du défunt. Lorfqu'elles commencent leurs lamentations auprès d'un cadavre, elles
ôtent le cordon qui retient leurs cheveux attachés, elles les étendent
de maniere qu'ils leur couvrent les épaules ; puis elles mettent leurs
mains derriere la tête ; & dans cette attitude, elle entonnent leur chant
lugubre, qui ne font ordinairement que des éloges des vertus du défunt.

ARTICLE VII.

Religion des habitans des Ifles Moluques.

L ES Moluques font des ifles de la mer des Indes, fituées fous la ligne. On en compte un fort grand nombre, dont les principales font
Ternare, Tidor, Machian, Motir & Bachian. Tous les peuples qui les
habitent, ont à-peu-près la même religion, les mêmes mœurs & les
mêmes ufages. Le mahométifme, qui s'y eft gliffé depuis plufieurs fiecles, en a cependant altéré les conftitutions primitives. Mais, comme
ces changemens font arrivés dans toutes ces ifles, ce que l'on pourroit
dire à cet égard de l'une, conviendroit parfaitement à l'autre.

On accufe tous ceux de ces infulaires qui ne profeffent pas l'alcoran,
de croupir dans l'idolatrie la plus criminelle. Cette imputation odieufe
dont, depuis tant de fiecles, on furcharge gratuitement la plupart des
peuples de la terre, ne mérite que le plus profond mépris. Ce qu'il
y a de certain, c'eft que les moluquois croient un Dieu auteur &
confervateur de tous les êtres. On a publié qu'ils rendoient des hommages au ferpent ; & cette opinion eft fondée fur l'ufage où ils font

Figures.
31.

de se décorer de certains ornemens où se trouve la figure de ce reptile
(*fig. 31*). Mais cette espece de culte qui déshonore, en effet, quelques-uns de leurs voisins, ne paroît pas avoir jamais été admise chez eux. L'immortalité de l'ame est également un dogme dont ils ne se sont jamais départis. Ils sont persuadés que les premiers jours qui suivent la séparation de ces substances d'avec le corps, elles reviennent souvent visiter la maison qu'elles habitoient pendant la vie, non pas par un motif d'affection pour leur ancienne demeure, mais pour satisfaire leur humeur mal-faisante, & sur-tout pour nuire aux petits enfans à qui elles en veulent particulierement. Selon eux, ces ames, jalouses des devoirs qu'elles ont lieu d'attendre de la part de leurs parens, viennent sur la terre s'informer des égards que leur famille conserve pour elles; &, si elles s'apperçoivent qu'on les ait déjà oubliées, elles se vengent de cet outrage d'une maniere éclatante. C'est dans cette opinion que, pendant quelques jours, ils traitent les morts avec autant de soin que s'ils étoient vivans; ils préparent leurs lits, leur présentent à boire & à manger, & poussent l'attention jusqu'à mettre à côté d'eux de la lumiere pour les éclairer.

Ces peuples croient aussi à l'existence du diable; car quelle fut jamais la nation assez sage pour méconnoître ce génie mal-faisant! Comme la petite vérole est l'un des plus dangereux maux dont les moluquois soient affligés, ils croient bonnement qu'ils doivent cette maladie funeste à des démons qui s'introduisent clandestinement dans leurs maisons. Pour prévenir ce malheur, ils placent à l'ouverture par où ces génies doivent passer des petites statues de bois, dont les magiciens du pays se servent pour opérer leurs sortileges, & ces divins symboles de la piété moluquoise, servent d'épouvantail à Lucifer. C'est sur-tout pendant la nuit que les esprits malins infestent les moluques; c'est pourquoi les insulaires, lorsqu'ils sortent pendant les ténebres, ont toujours la précaution de porter sur eux un oignon ou une gousse d'ail avec un couteau & quelques morceaux de bois. Lorsque les meres mettent leurs enfans au lit, elles n'oublient jamais de placer sous leurs têtes de pareils préservatifs.

Les prêtres de ces isles ne font autre chose que des charlatans qui exercent la magie & la médecine. Le sacerdoce, concentré dans un certain nombre de familles, ne peut passer à celui qui n'a pas le droit d'y prétendre par sa naissance. Les enchantemens qui font le principal objet de leur ministere, leur donnent une considération très-distinguée parmi leurs compatriotes. Ils se servent dans ces sortes d'opérations magiques

giques de certaines ftatues de bois qui repréfentent, felon leurs capri-
ces, la perfonne à laquelle ils veulent nuire : ils frappent cette ftatue ;
& ils perfuadent à leurs dévots que ceux qui font l'objet de leur colere, reffentent les coups dont ils accablent ces êtres inanimés. Les
peuples d'Amboine font fur-tout livrés à la plus exceffive crédulité ;
& telle eft leur fuperftition à cet égard, qu'ils penfent que les guerriers intrepides & courageux ont des fecrets qui les rendent invulné-
rables.

Ces peuples ont un foin particulier de leur chevelure ; & nouveaux
Samfons, ils penfent que cette décoration leur communique une force
invincible. Il n'y a pas de dangers qui les épouvantent, point de tourmens qu'ils ne bravent, tant qu'ils confervent leurs longs cheveux. Ils
ont une opinion tout auffi ridicule au fujet des femmes qui meurent en
couche : ils croient qu'après leur mort elles errent dans la campagne
fous la forme de fantomes pour effrayer les paffans. Ils mettent en
ufage un moyen affez fingulier pour éviter cet inconvénient. Avant de
porter la défunte au lieu de fa fépulture, on lui met un œuf fous chaque aiffelle ; on lui enfonce enfuite des épingles dans les doigts des
pieds qu'on enveloppe de coton ; & fous la plante des pieds on lui
met du fafran des Indes en forme de croix. S'il arrive qu'un corbeau,
qu'ils confiderent comme un oifeau finiftre, vient à fe percher fur leur
maifon, ils prononcent contre lui mille imprécations. Lorfqu'une perfonne eft malade, ils mettent fous le chevet de fon lit de l'ail, & certaines autres herbes auxquelles ils attribuent le pouvoir de guérir les
maladies. Ils ne négligent point non plus de placer un bâton au côté
droit du malade, afin qu'il s'en ferve pour éloigner les mauvais génies
s'ils viennent l'attaquer.

Les moluquois font très-braves ; ce fentiment qu'ils tiennent de la nature, fe fortifie encore par l'éducation qu'on a foin de donner à la jeuneffe. Dans toutes ces ifles, les jeunes gens ne peuvent endoffer aucuns vêtemens, ni demeurer fous un toit, fans avoir apporté au moins
deux têtes de leurs ennemis. On place ces têtes, en forme de trophées,
fur une pierre facrée & deftinée à cet ufage. Lorfque ces peuples veulent terminer la guerre par un traité, ou s'engager inviolablement pour
tout autre objet, ils mettent de l'or, de la terre & une balle de plomb
dans une écuelle remplie d'eau. Ils boivent de cette liqueur, après y avoir
trempé la pointe d'une épée ou d'une fleche. Telle eft la forme du ferment le plus folemnel qui foit connu chez les moluquois.

Tome I.   K

La mufique des Moluques eft, dit-on, affez intéreffante. Les deux principaux inftrumens qu'ils connoiffent s'appellent *tifa* & *rabana*. Ce font des tambours au fon defquels ces peuples danfent dans leurs ré- jouiffances & dans les folemnités religieufes (*fig.* 32). Le rabana eft un tambour dont les jeunes moluquoifes jouent lorfqu'elles chantent les exploits de leurs guerriers. Lorfqu'elles chantent, elles s'accompa- gnent de ce rabana. Elles vont au-devant des guerriers en danfant au fon de cet inftrument : c'eft en enflammant ainfi leur courage, que l'on porte les jeunes héros à des actions de valeur & d'intrépidité.

Jamais peuple ne fit plus de tintamare aux funérailles que ne le font ceux des Moluques à la mort de leurs parens. Les habitans de Banda fe diftinguent fur-tout par les cris épouvantables qu'ils jettent en cette occafion. Perfuadés que l'ame d'un mort peut être rappellée à la vie à force de plaintes & de gémiffemens, ils font retentir la maifon de hur- lemens effroyables auffi-tôt que le malade a rendu le dernier foupir. Ces cris lugubres, qui peignent plus la manie que la douleur, durent envi- ron cinq à fix heures. Lorfqu'on s'apperçoit que toute agitation eft inu- tile, & que celui qu'on pleure eft en effet paffé dans l'autre monde, on dépofe le cadavre dans un cercueil couvert de toile blanche, & des amis du défunt le portent au cimetiere fur leurs épaules. Après la céré- monie de l'enterrement, on dreffe fur la foffe une petite hute fous la- quelle on allume une lampe pendant la nuit qui fuit immédiatement les funérailles. Il étoit autrefois d'ufage qu'après la mort d'un fouverain d'une des ifles Moluques, les autres ifles envoyaffent des ambaffadeurs pour affifter aux funérailles du monarque ; mais, depuis l'arrivée des européens dans ces parages, la concorde a ceffé de régner parmi tous ces princes, & ils n'entretiennent plus aujourd'hui entr'eux qu'une très-foible correfpondance.

ARTICLE VIII.

Religion de l'Ifle de Java.

L a grande ifle de Java eft fort connue par le commerce immenfe qu'y font les hollandois, dans leur comptoir de Batavia. Les peuples qui l'habitent, comme ceux de la plupart des ifles dont la mer de l'Inde eft parfemée, profeffent ou la religion naturelle, ou le mahométifme. On a publié que les premiers reconnoiffoient un être fuprême fans l'honorer. Cette imputation odieufe ne mérite pas de fixer notre attention. Il ne fut jamais un peuple fur la terre qui doutât de la néceffité de rendre des hommages à fon créateur ; & c'eft à cette opinion que l'on doit cette foule d'inftitutions religieufes établies dans toutes les contrées de l'univers. On prétend encore que les javans adorent le foleil & la lune, les objets même les plus vils qui s'offrent les premiers à leurs yeux lorfqu'ils fortent le matin. Cette propofition, abfolument contradictoire avec la premiere, n'eft pas plus vraifemblable. Peut-être honorent-ils le foleil, les étoiles, & quelques autres objets moins importans : mais ce culte, tout inconféquent qu'il foit, n'eft pas moins fubordonné à celui qu'ils rendent au tout-puiffant.

Ils admettent l'immortalité de l'ame avec tout autant de bon fens que le font les mahométans leurs voifins. Ils ont des prêtres qui font, comme ailleurs, leurs magiciens & leurs empiriques. On voit chez eux des efpeces de temples, dont la ftructure eft fi groffiere & les ornemens fi grotefques, qu'on ne les diftingue qu'avec peine de la cabane du plus vil des habitans de l'ifle.

On apprend des premiers voyageurs, auxquels nous fommes redevables de la découverte des Indes, que l'on célébroit à Java la cérémonie des noces de la maniere fuivante (*fig.* 33). La proceffion nuptiale marchoit vers la maifon de la mariée au bruit du tambour & des baffins de cuivre : elle étoit compofée de parens, d'amis, de voifins. Les uns portoient des queues de cheval en forme d'étendards, les autres étoient armés, & faifoient entr'eux pendant la marche une efpece de combat ; des filles & des femmes portoient à la mariée les préfens denoces, confiftans en divers uftenfiles de ménage. Le marié étoit à cheval : arrivé au logis de la mariée, il defcendoit de cheval. Celle-ci, qui l'attendoit à la porte avec une cuve pleine d'eau, s'avançoit aussi-tôt & lui lavoit les pieds : ils entroient ensuite l'un & l'autre dans la maison & n'y restoient qu'un instant. Ils alloient alors rejoindre la procession & marchoient tous ensemble dans le même ordre vers la maison de l'époux. L'usage exigeoit seulement qu'il marchât à pied tenant sa mariée par la main , & qu'on menât après eux le cheval sur lequel il étoit monté auparavant. De cette maniere l'époux la conduisoit chez lui & s'y mettoit en devoir de consommer le mariage. On ne faisoit les noces qu'après l'accomplissement de cette auguste opération.

On assure qu'il régnoit autrefois dans l'isle de Java une coutume aussi superstitieuse que barbare. Lorsqu'une personne étoit malade , on appelloit un magicien, auquel on demandoit s'il y avoit à craindre pour la vie du malade. Si le charlatan décidoit que la maladie étoit mortelle, on se hâtoit de terminer les souffrances du malade en avançant l'exécution de son arrêt. En conséquence , on l'étrangloit, dans l'intention de l'obliger ; puis on cachoit le cadavre fort avant dans la terre pour le dérober aux insultes des bêtes féroces. D'autres ajoutent que dans quelques cantons de la même isle , on livroit les vieillards & les infirmes à des antropophages qui les dévoroient ; mais cette assertion destituée de preuves , choque absolument la vraisemblance.

ARTICLE IX.

Religion du Tonquin.

LES peuples du Tonquin , comme ceux de la Chine & du Japon, sont distribués en plusieurs sectes, qui toutes s'accordent à reconnoître un Dieu & l'immortalité de cette précieuse substance qui nous anime. La principale de ces sectes est celle qui tire son origine d'un nommé *Thic-ka*, philosophe asiatique, dont les tonquinois célébrerent autrefois l'apothéose. Les voyageurs européens croient que cet homme célebre est le même que le Xaca des japonois & le Fo des chinois, mais cette opinion n'est fondée sur aucune preuve. Quoi qu'il en soit ; la secte de Thic-ka est spécialement répandue parmi le peuple : ceux qui y sont attachés ne cessent de prêcher une obéissance aveugle aux préceptes de ce philosophe ; & ils prétendent que les ames de ceux qui auront négligé fa morale , feront tranfportées au fortir du corps , en dix lieux différens, où elles fouffriront, pendant un tems déterminé, les fupplices les plus cruels. Eprouvées ainfi par de longs tourmens, elles reviendront fur la terre, où elles feront condamnées à une vie indigente & malheureufe; &, lorfqu'elles fortiront de ces nouveaux corps, elles retourneront encore dans les enfers, où elles feront tourmentées par des fupplices encore plus affreux que les premiers. Ces ames pécherefles pafferont ainfi fucceffivement, pendant toute l'éternité, de la mort à l'enfer, & de l'enfer à la mort. Ceux qui auront accompli fidélement les préceptes de Thic-ka , jouiront d'une félicité auffi grande que les tourmens de ces derniers feront rigoureux. Ils éprouveront un certain nombre de tranfmigrations toujours plus avantageufes les unes que les autres, & dans lefquelles ils fe purgeront graduellement des petites fouillures qu'ils auront pu contracter pendant la vie. Après avoir été ainfi entiérement purifiés, ils feront placés dans un féjour de délices où ils jouiront d'un bonheur inexprimable.

Les prêtres du Tonquin, comme ceux des chinois, s'appellent *bonzes* dans les journaux de nos voyageurs. Ces miniftres, qui font diftribués en clergé féculier & régulier, portent un bonnet rond, de la hauteur de trois pouces, derriere lequel pend un morceau de la même étoffe qui leur defcend jufque fur les épaules. Quelques-uns font revêtus d'un pourpoint, fur lequel font attachés plufieurs grains de verre de différentes couleurs. Une efpece de collier femblable à un chapelet, & compofé de cent grains, leur environne le col. Leur croffe eft un bâton au haut duquel eft un petit oifeau de bois. Ces prêtres font communément fort pauvres ; & telle eft la philofophie qui regne au Tonquin, que les peuples ne les eftime, qu'autant qu'ils paroiffent mériter de la déférence par leur droiture & par leurs vertus. Auffi, tous les voyageurs affurent-ils que le facerdoce forme, au Tonquin, la claffe la plus vertueufe & la plus refpectable de l'état. Malgré la pauvreté de cet ordre, ceux qui le compofent trouvent encore les moyens de foulager les veuves & les orphelins du fuperflu des aumônes que le peuple leur diftribue ; ils établiffent même fur les grands chemins des aufpices où les voyageurs trouvent gratuitement tous les rafraîchiffemens dont ils peuvent avoir befoin ; & telle eft la confiance que l'adminiftration a dans leur probité, qu'elle leur abandonne le foin des ponts & de divers autres ouvrages publics : le clergé tonquinois n'eft pas d'ailleurs condamné à la loi gênante du célibat. Tous les miniftres de la religion quelle que foit la claffe à laquelle ils appartiennent, ont le droit de fe marier comme tous ceux qui compofent les autres ordres de l'état. Ils habitent au milieu de leur famille, dans des huttes fort mal conftruites & négligemment ornées, auprès des temples dont le miniftere leur eft confié.

On trouve auffi dans ce royaume des religieufes ou bonzefes qui fe confacrent entiérement au culte de la religion. J'ignore fi la loi les affujettit au célibat. Mais, en réfléchiffant fur ce que l'on vient de dire des prêtres à ce fujet, il paroîtra vraifemblable, qu'on n'a pas affujetti les femmes à des réglemens plus gênans que ceux qui les gouvernent eux-mêmes. On les diftingue par une coeffure qui leur eft particuliere : c'eft une efpece de tiare fur laquelle font attachés plufieurs grains de verre de differentes couleurs & de la groffeur d'une balle de moufquet.

Les temples du Tonquin font tout auffi nombreux qu'à la Chine. On leur donne ordinairement une forme oblongue, & l'on y pratique une ouverture des quatre côtés. Ces fanctuaires, conftruits avec la plus grande fimplicité, font dépourvus de tout ornement : on les prendroit plutôt pour des cabanes de laboureur que pour des afyles deftinés à recevoir la divinité. Une planche mal affermie fert d'autel; & fouvent le pavé du temple n'eft autre chofe que de la terre négligemment battue.

Ce mépris affecté qu'on a au Tonquin pour le culte extérieur de la religion, fait que les perfonnes de qualité n'entrent jamais dans les temples & ne font que très-peu de cas des bonzes. Ils pratiquent dans leur maifon même les cérémonies religieufes; & ils entretiennent chez eux un chapelain deftiné pour cet office. Le maître de la maifon a-t-il quelque demande à faire à la divinité, il fe profterne au milieu de la cour, puis il lit à haute voix la fupplique : il la met enfuite dans un encenfoir, & la brûle avec l'encens; après quoi ils jettent encore dans l'encenfoir quelques petits paquets de papier doré. La cérémonie eft couronnée par un feftin deftiné à régaler le clerc & les autres domeftiques de la maifon.

Les tonquinois adorent la divinité dans les quatre points cardinaux, qu'ils diftinguent par des couleurs différentes. Le noir eft la couleur affectée au feptentrion. Lorfque les tonquinois rendent, de ce côté-là, leurs hommages à l'éternel, ils s'habillent de noir. Ce jour-là, leur maifon, leur table, tout ce qui fert à leur ufage eft revêtu de noir.

La couleur rouge eft pour le fanctuaire du midi : ils fe mettent en verd lorfqu'ils fe profternent vers l'orient ; & prennent le blanc lorfqu'ils adorent Dieu dans l'occident.

Ces peuples ont plufieurs fêtes qu'ils célebrent avec toute la piété dont les afiatiques font fufceptibles. Le premier & le quinzieme jour de chaque lune, par exemple, ils en ont une, pendant laquelle ils font obligés de dire fix fois leur chapelet : mais l'une des plus folemnelles eft celle qu'ils célebrent au commencement de l'année. Le premier jour, chacun, craignant de ne voir quelqu'objet, ou d'entendre quelques paroles de mauvais augure, fe tient fcrupuleufement renfermé dans fa maifon, fans ofer ouvrir ni les portes ni les fenêtres. Les jours fuivans on fe dédommage bien de cette contrainte fuperftitieufe. Tous les citoyens fe rendent des vifites mutuelles, & ne fongent qu'à lier enfemble des parties de plaifir. Les villes & les campagnes retentiffent des cris de joie que fait éclater l'efpérance d'une heureufe année. Les places publiques font couvertes de théâtres, où l'on repréfente des farces propres à amufer les paffans. Les femmes, communément fort gênées au Tonquin, participent, en cette occafion, à la joie publique & fe confondent dans la foule. Les tonquinois paffent ainfi ordinairement douze jours dans les bals, les feftins, les fpectacles & dans tous les amufemens en ufage dans ce pays. Pendant tout cet intervalle de tems, le grand fceau de l'état refte enfermé dans une boîte. On ne rend la juftice dans aucun endroit du royaume, & tous le travaux font interrompus.

Les peuples du Tonquin, tout auffi fuperftitieux que les chinois & les autres nations de l'Afie, ajoutent beaucoup de foi aux charlataneries des devins, & n'entreprennent aucune affaire importante fans confulter ces impofteurs. Tout leur art confifte à s'inftruire de ce qui fe paffe dans les familles, afin d'être mieux à portée de donner quelqu'apparence de jufteffe à leurs oracles, lorfqu'on vient les confulter. Ils ont un livre rempli de cercles magiques, de caracteres indéchifrables & de figures grotefques, dans lequel ils prétendent trouver la connoiffance du paffé & de l'avenir. Ils commencent par demander à celui qui les confulte, quel âge il a ; puis ils jettent en l'air deux ou trois petites pieces de cuivre, fur un côté defquelles il y a des lettres tracées. Si ces pieces de cuivre tombent fur le côté où fe trouvent les lettres, c'eft un très-mauvais augure ; fi elles viennent à tomber fur le côté vuide, c'eft le meilleur préfage. Ce jeu d'enfant ridicule eft cependant ce qui regle la conduite de tous les tonquinois , celle même du roi & de toute la cour.

Il n'y a pas jufqu'à la fecte des lettrés qui ne donne tête baiffée dans ces extravagances. Ils prétendent avoir le fecret de pénétrer l'avenir par le moyen d'un miroir ; & les oracles qu'ils publient de cette maniere leur font fort lucratifs ; perfuadés qu'ils peuvent fe rendre les mânes des morts favorables par des libations , ils répandent de l'eau-de-vie fur leurs tombeaux. Au premier jour de chaque année ils tracent fur les portes des maifons des figures de forme triangulaire , dont l'objet eft d'en écarter les génies mal-faifans. Ils obfervent avec la plus grande attention la maniere dont marchent les poules & celle dont un homme éternue. Chaque fois qu'ils rencontrent une perfonne difforme ou contrefaite , ils fe croient menacés des plus grands malheurs. Enfin , jamais Rome dans fon enfance n'imagina de puérilité plus ridicule que celle qui fouille aujourd'hui la philofophie dont les lettrés tonquinois font profeffion.

Le mariage des tonquinois fe contracte avec des formalités affez femblables à celles que tous les afiatiques obfervent en pareil cas. Lorfqu'un mari eft dégoûté de fa femme , il peut s'en débarraffer quand bon lui femble : mais , par une loi vraiment injufte, la femme ne jouit pas du même privilege. Ce qui rend le mari plus circonfpect à cet égard, c'eft l'obligation où il eft de rendre à la femme qu'il répudie , tout ce qu'elle a apporté dans le ménage & de lui laiffer tous les préfens qu'il lui a faits. Il eft auffi tenu de garder tous les enfans qu'il a eus d'elle. La cérémonie qui opere le divorce chez ces peuples eft affez finguliere. Le mari brife les petits bâtons dont fa femme & lui fe fervoient pour manger en forme de fourchettes : il en renferme les morceaux dans deux petits facs , dont il donne un à fa femme & réferve l'autre pour lui. Il y ajoute un billet figné de fa main, par lequel il déclare qu'il lui abandonne la pleine & entiere difpofition d'elle même & qu'il ne prétend plus exercer aucune autorité fur elle.

Lorfqu'un tonquinois tombe malade , on eft dans l'ufage d'attacher fa robe , au bout d'une longue perche , dans le milieu d'un carefour. Les parens offrent enfuite un facrifice à la divinité pour le rétabliffement de la fanté de celui qui eft l'objet de la cérémonie. Ce facrifice , qui fe fait dans le carefour même & en plein air , confifte en fept boules de riz dont on fait hommage à la divinité. Les voyageurs difent que ces boules font au nombre de fept , parce que les tonquinois

comptent

comptent fept efprits vitaux dans le corps humain. Ce qu'il y a de certain, c'eft qu'ils font perfuadés que ces boules prifes par le malade, font en état de lui redonner la fanté. Ce genre de fuperftition n'eft pas propre aux tonquinois ; il eft peu de peuples fur la terre qui n'ait à fe le reprocher.

Les peuples du Tonquin ne font pas moins magnifiques dans leurs funérailles que les chinois, dont ils ont imité la plupart des ufages, & fpécialement ce qui concerne le culte des morts. Ce qu'il y a de particulier dans leurs cérémonies funebres, c'eft que pendant le convoi, le plus proche parent du défunt s'étend par terre & fe laiffe fouler aux pieds de ceux qui portent le cadavre. Lorfqu'il fe releve, il pouffe le cercueil des deux mains en arriere, comme s'il vouloit engager le mort à retourner au féjour des vivans. Cette cérémonie bizarre fe répcte plufieurs fois pendant la marche. Tout ce que le mort avoit de plus précieux & de plus magnifique eft prodigué dans ces occafions ; & l'on ne néglige jamais d'enfermer dans les tombeaux, des vivres, de l'or, de l'argent, des étoffes précieufes, & tout ce qui peut contribuer à donner dans l'autre monde de l'aifance au défunt & les richeffes dont il a joui dans celui-ci. S'il arrive qu'une perfonne meure dans un pays éloigné, & que les parens ne puiffent découvrir fon corps, ils tracent fon nom fur une planche, & rendent à ce morceau de bois les mêmes honneurs qu'ils auroient rendus au corps même du défunt.

La magnificence que ce peuple afiatique met dans les funérailles de fes rois, furpaffe tout ce qui fe pratique, en pareil cas, chez tous les peuples du monde (*fig.* 34). On commence par embaumer le corps du monarque avec les plus précieux parfums : on le couvre enfuite de fes plus magnifiques habits ; &, dans cet état, il refte expofé fur un lit de parade pendant foixante-cinq jours. Les principaux feigneurs, les magiftrats, le peuple même s'empreffent de venir lui rendre leurs hommages. On dreffe devant lui des tables magnifiquement fervies ; & les mets après avoir été deffervis, font diftribués aux prêtres & aux indigens. Le nouveau roi, revêtu d'un habit violet d'une toile de coton fort groffiere, accompagné des princes habillés comme lui, & des princeffes revêtues de robes de foie blanche, vient chaque jour fe profterner devant le corps de fon prédéceffeur, & fait brûler des parfums en fon honneur.

34.

Les foixante-cinq jours écoulés, on fe difpofe à conduire le corps au lieu de la fépulture. De la capitale au lieu où on enfévelit les rois

Tome I.   L du Tonquin, il y a, dit-on, feize jours de marche. Tous les chemins par où paffe le convoi font couverts d'une groffe toile de coton violet. Le roi, les princes & princeffes de fon fang, & tous les feigneurs de la cour font le voyage à pied. A la tête du convoi, dit Tavernier, dont nous fuivrons ici la narration, marchent deux huiffiers de la chambre du roi, qui vont criant le nom du monarque décédé. Chacun d'eux porte une efpece de maffe d'armes dont la boule eft pleine de feu d'artifice. Douze officiers des galeres traînent le maufolée fur lequel eft écrit le nom de ce prince. Après eux marchent le grand écuyer à cheval, fuivi de deux pages. Enfuite paroiffent douze chevaux de main, marchant deux à deux, tous à bride d'or, avec des houffes & des felles brodées, des franges d'or, &c. Douze éléphans viennent après : quatre de ces animaux font montés chacun d'un homme qui tient un étendard ; quatre autres font chargés de tours qui portent des foldats armés de moufquets ou de lances. Les quatre derniers portent des cages, dont l'une eft garnie de glaces par le devant & les deux côtés, & l'autre eft faite en jaloufie. Ces éléphans font ceux que le roi montoit à la guerre. On voit auffi un chariot qui porte le maufolée où repofe le corps du roi : ce chariot eft traîné par huit cerfs, dont chacun eft conduit par un capitaine des gardes du corps. Le nouveau roi & tous les princes du fang, la tête couverte d'un bonnet de paille, fuivent immédiatement le chariot. Les princes & les princeffes qui les fuivent font environnés de quelques joueurs d'inftrumens. Les princeffes, qui font accompagnées chacune de deux dames d'honneur, portent à boire & à manger pour le défunt. Après ces dames, viennent les quatre gouverneurs des quatre principales provinces du royaume ; ces officiers portent chacun fur l'épaule un bâton d'où pend un fac plein d'or & de différens parfums : ce font les préfens que les autres provinces font au prince mort, & qui lui doivent fervir dans l'autre vie. Les deux chariots à huit chevaux que l'on voit à la fuite des quatre gouverneurs, portent des coffres pleins de lingots d'or, de barres d'argent, & d'habits d'étoffe d'or & de foie. Telles font les richeffes immenfes dont on enrichit le tombeau des rois. Enfin une foule de nobles & d'officiers de tous rangs, les uns à pied, les autres à cheval, fait la clôture de cette pompe funebre. Le convoi arrive dans cet ordre fur le bord de la riviere : on embarque alors le corps du roi fur la galere royale, qui le dépofe dans un pays défert & inhabité. Ce cadavre eft enterré dans l'endroit le plus fecret & le plus reculé du défert par fix des principaux

eunuques de la cour. Ces officiers font les feuls qui fachent le lieu de la
fépulture du prince ; & ils s’engagent par ferment à ne dévoiler ce
fecret à perfonne. On affure qu’autrefois on étoit dans l’ufage d’enterrer
avec le corps du monarque les perfonnes des deux fexes les plus diftinguées de la cour ; mais cette coutume, qui retrace l’image de la barbarie la plus fombre & de la fuperftition la plus fanguinaire, n’y fubfifte
plus depuis plufieurs fiecles.

Le blanc eft, chez les tonquinois, la couleur du deuil. Pendant tout
ce tems d’amertume, les habillemens de foie font interdits. Les enfans
le portent pour leur pere & mere deux ans & trois mois ; les femmes,
trois ans pour leur mari. Les maris font libres de le porter pour leurs
femmes autant qu’ils veulent. Le deuil entre freres & fœurs eft d’un an.
Toute la nation le porte pour le roi ; les mandarins, pendant trois ans ;
les officiers de fa maifon, pendant neuf mois ; les nobles, pendant fix ; &
le peuple, pendant trois. Le nouveau roi porte lui-même le deuil de fon
prédéceffeur : tant qu’il dure, il n’eft fervi que dans de la vaiffelle vernif-
fée de noir. Il fe fait rafer la tête, qu’il couvre d’un bonnet de paille ; &
en cela il eft imité par tous les mandarins & les officiers de fon palais.

Ici, comme à la Chine, on rend les plus grands honneurs à la mémoire des morts. La piété paternelle exige fur-tout des enfans, qu’ils
célebrent, pendant tout le tems de leur vie, l’anniverfaire de leur pere &
mere. On y folemnife tous les ans un autre anniverfaire pour ceux qui
font morts en combattant pour la patrie, & qui fe font diftingués par
leurs exploits militaires ; &, ce qu’il y a d’étonnant, on affocie alors à
ces héros ceux qui fe font rendus célebres par les féditions & les révol-
tes qu’ils ont excitées dans l’état. On éleve à leur honneur des autels,
fur lefquels font placées leurs images avec leurs noms gravés au bas. Ces
autels, glorieux trophées érigés à la vertu guerriere, font environnés de
quarante mille foldats ; &, pour rendre la fête plus brillante, le roi y
affifte accompagné de toute fa cour : on y brûle de l’encens & des parfums, & l’on récite certaines prieres confacrées à cet ufage. Après cela
le roi s’incline profondément à quatre reprifes différentes devant les trophées érigés à l’honneur des héros de la patrie ; mais il décoche cinq fleches contre les images de ceux qui n’ont d’autre gloire que celle d’avoir
bouleverfé l’état : tous fes courtifans imitent fon exemple. Après la cérémonie, on fait une décharge générale de l’artillerie, & l’on réduit en
cendres les autels avec tous leurs ornemens. L’affemblée fe retire enfuite,
en pouffant des hurlemens affreux.

Tome I.   L 2

Le couronnement des rois du Tonquin eſt accompagné d'un grand nombre de cérémonies religieuſes, & ſur-tout d'une multitude conſidérable de ſacrifices, dans leſquels on immole, dit-on, plus de cent mille victimes. Le nouveau roi fait des préſens magnifiques aux égliſes & aux prêtres qui les deſſervent. Il y a plus ; l'uſage exige qu'il faſſe une retraite d'un mois dans un monaſtere de bonzes. Les actes de piété qu'il exerce dans cette maiſon religieuſe, ne ſont cependant pas fort rigoureux. Le premier quart du mois eſt employé à diverſes pratiques de dévotion aſſez faciles. Le monarque paſſe le reſte en feſtins, en réjouiſſances, & à préparer les moyens qu'il doit employer à l'adminiſtration des affaires.

La fête de l'agriculture, dont on verra bientôt la deſcription à l'article de la Chine, eſt paſſée de cet empire au Tonquin : on l'y nomme *Can-ja*. Le roi, accompagné de ſes principaux courtiſans, ſuivi de pluſieurs corps de troupes & d'une multitude de peuple, donne majeſtueuſement ſa bénédiction aux fruits de la terre : mais, ce qu'il y a de plus important dans cette fête, le monarque lui-même trace divers ſillons dans la terre avec une charrue préparée exprès. Cette cérémonie eſt couronnée par un repas champêtre que le roi donne à toute ſa cour, & par des diſtributions qu'il fait faire au peuple.

FÊTE SOLENNELLE de PEGU à la SAPIN GLACCHI.

La **FÊTE** *des* **EAUX** *des* **PEGUANS**.

CEREMONIES FUNÈBRES *que les* **PEGUANS** *pratiquent pour leur* **ROI DEFUNT**.

SOMMONACODOM.

Autre repreſentation de cette IDOLE.

AUTRE.

TALAPAT, paraſol des TALAPOINS.

[illegible]

SOMMONACODOM environné d'IDOLES, qui représentent ses Disciples.

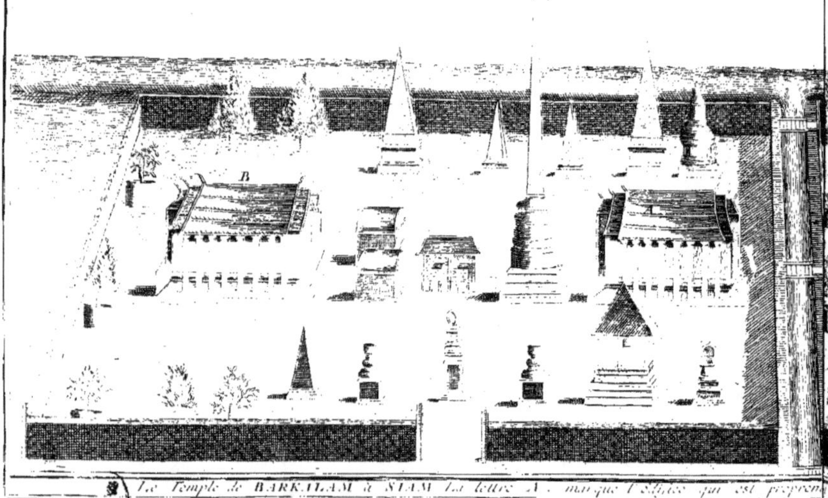

Le Temple de BARKALAM à SIAM. La lettre A. marque l'Edifice qui est princip[al]

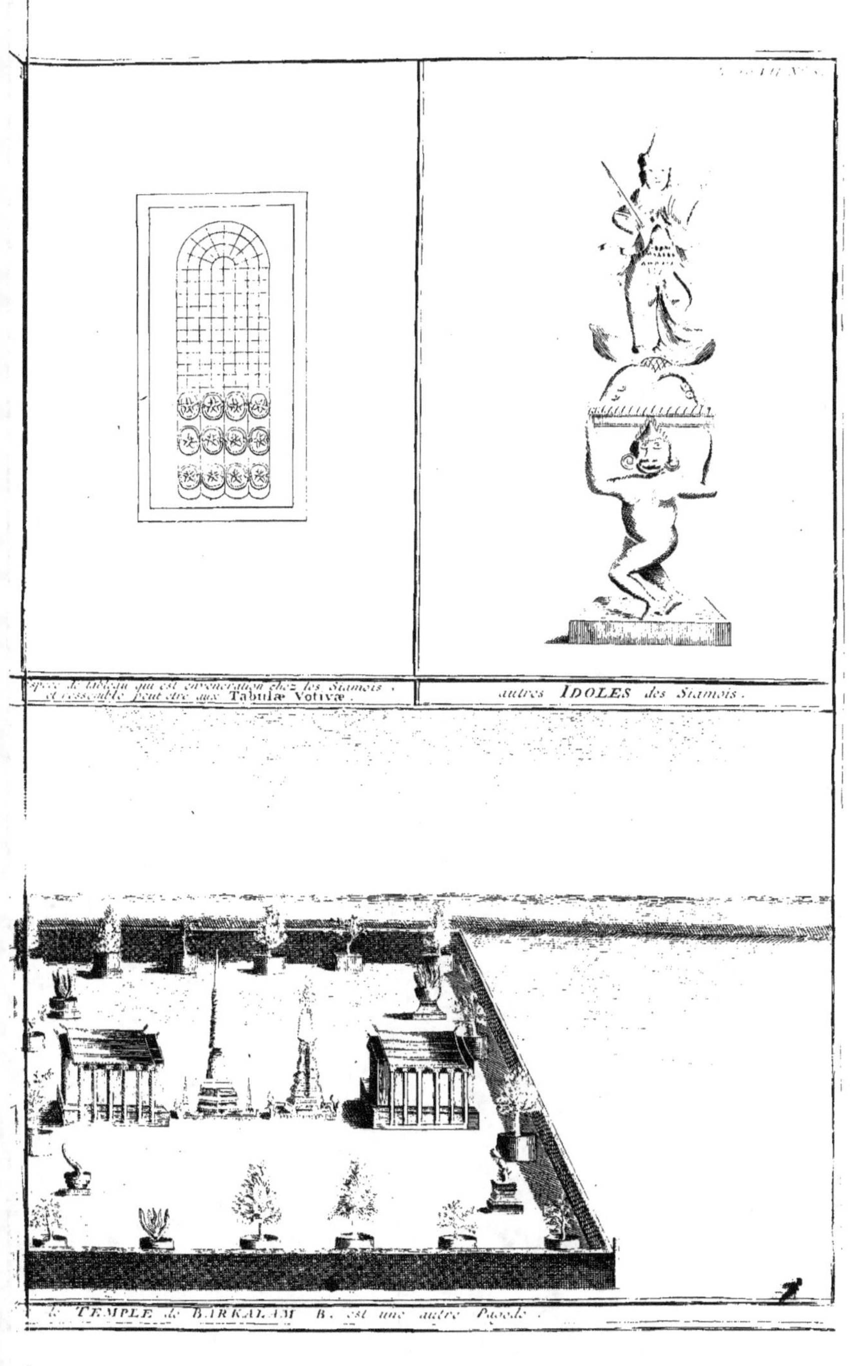

espèce de tableau qui est en veneration chez les Siamois, et ressemble peut etre aux **Tabulæ Votivæ**.

autres **IDOLES** des Siamois.

le **TEMPLE** de **BARKALAM**. B. est une autre Pagode.

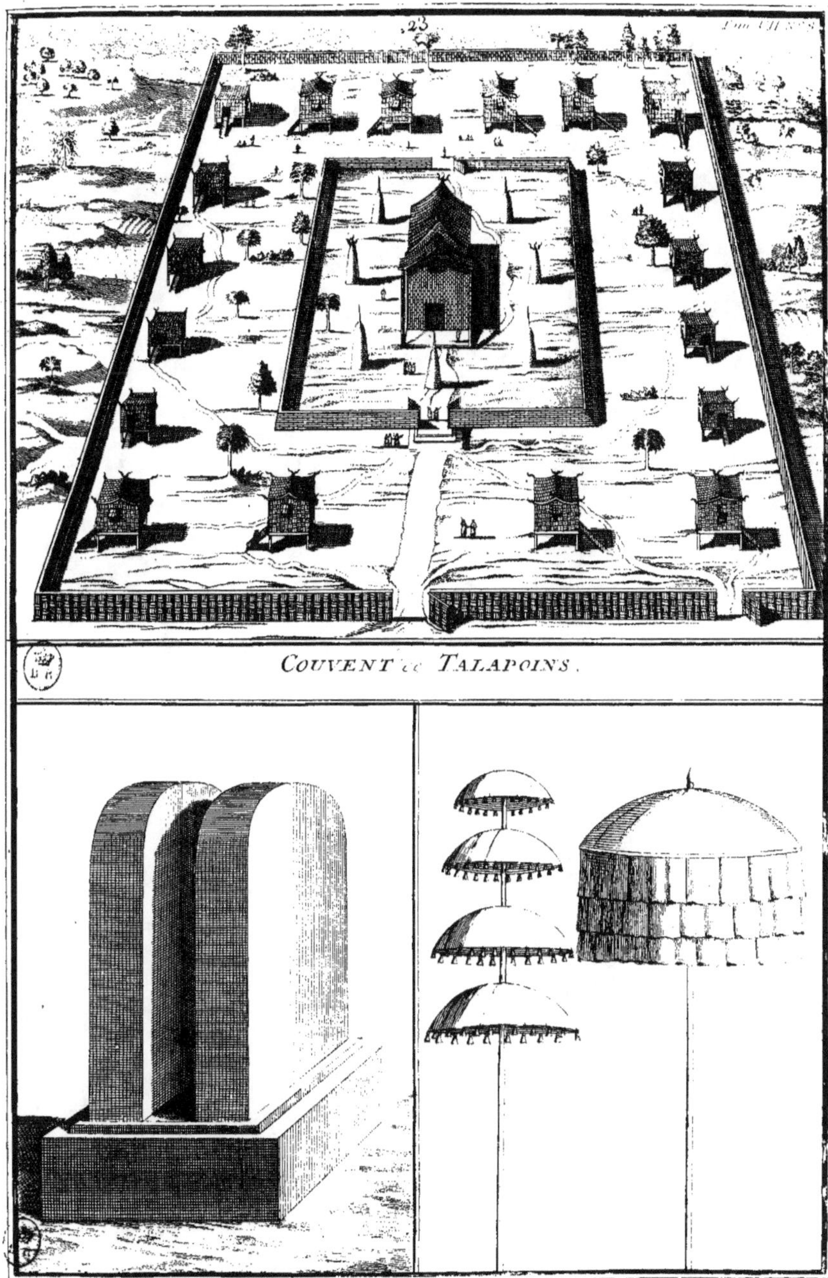

COUVENT de TALAPOINS.

PIERRES en forme de MITRE qu'on voit auprès des PAGODES.

PARASOLS d'HONNEUR que le Roi ...

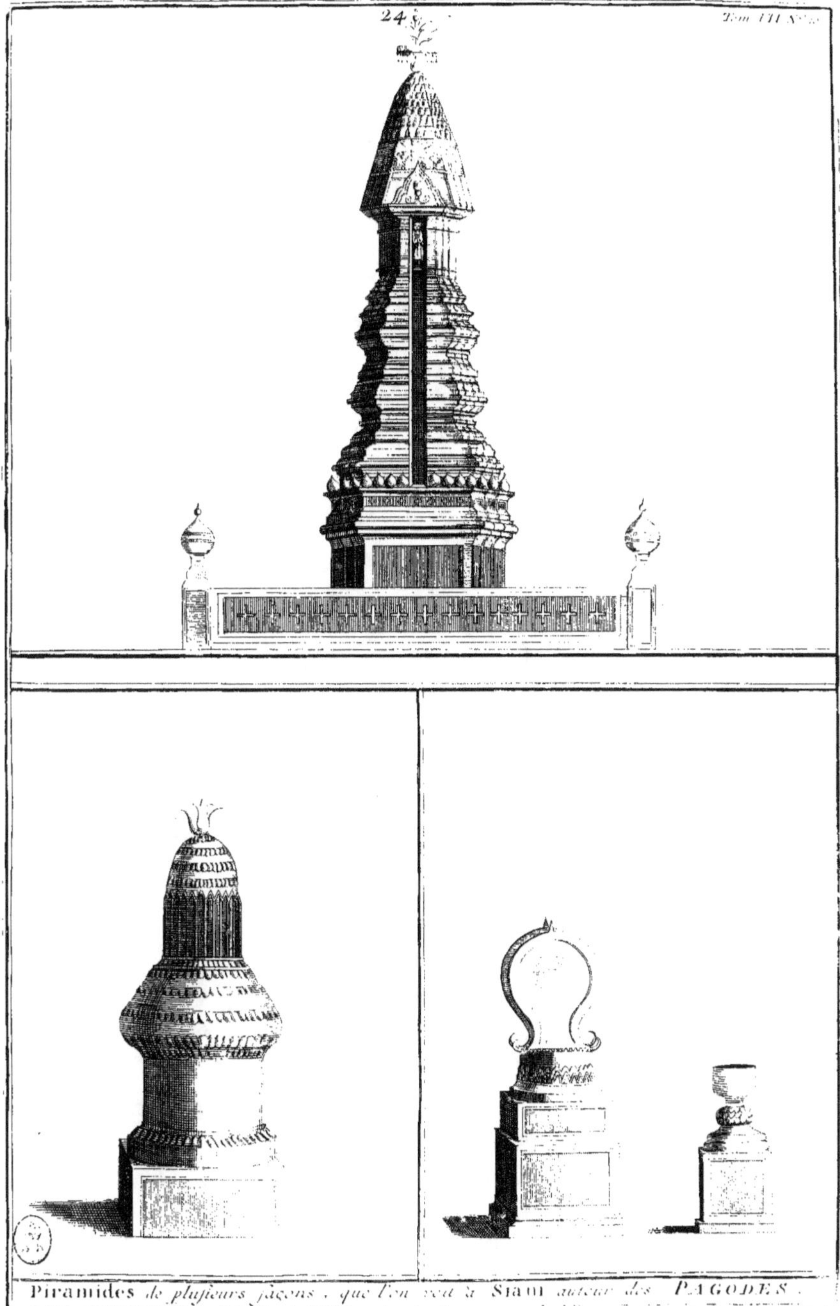

Piramides *de plusieurs façons, que l'on voit à* Siam *autour des* PAGODES.

Grand *PRETRE* des *GAURES* ou *PERSES* devant le *FEU* ayant a la main son
RITUEL

Trois differentes *TÊTES de PRÊTRES GAURES* avec la *MITRE* et la bouche couverte

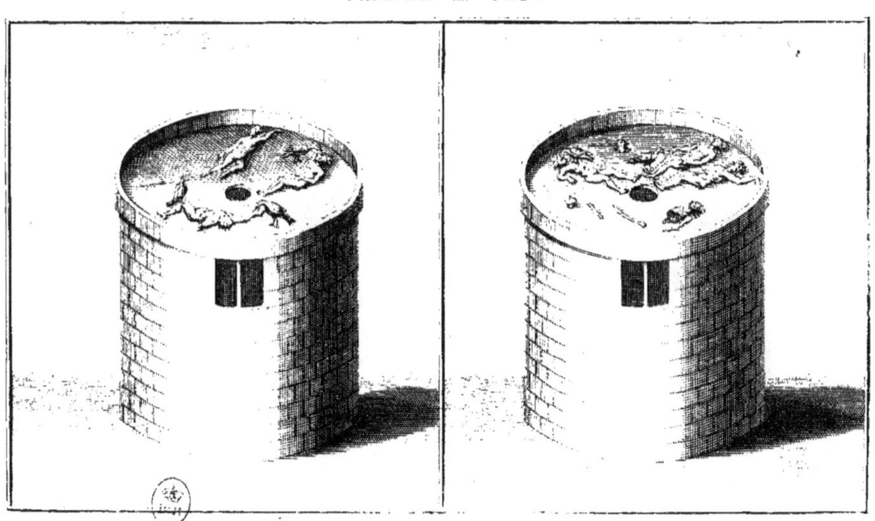

TEMPLE du FEU.

SEPULCHRES des GAURES.

Ceremonie *NUPTIALE* des *PARSIS* ou *GAURES*.

BAPTÊME par le *FEU* des *GAURES*.

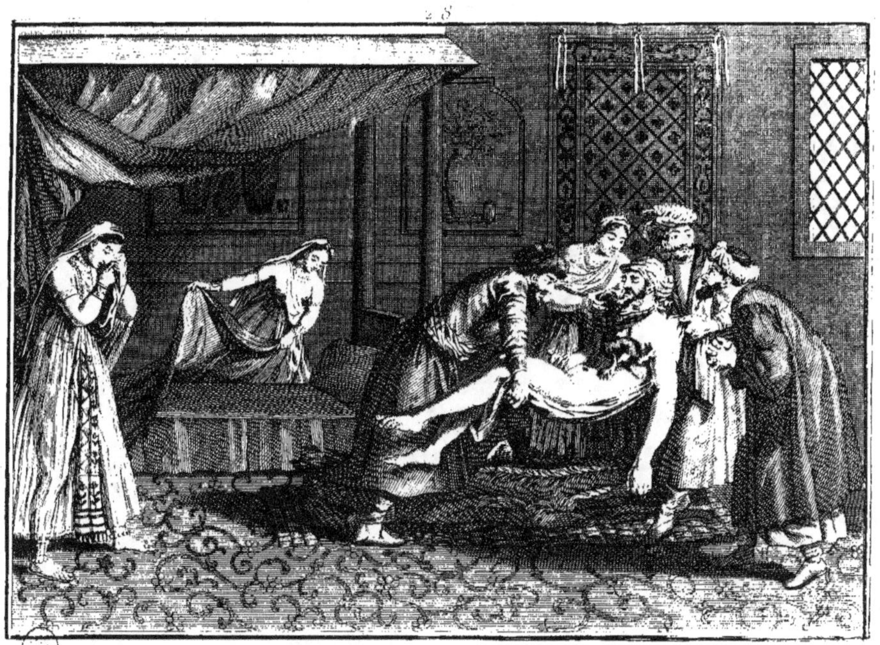

PARSIS ou GUEBRE AGONISANT, dont l'AME est reçûe par un CHIEN.

FUNERAILLES de PARSIS

BUTH; c'est un JEUNE HOMME Furieux qui tuë tous ceux qu'il rencontre.

MANIPA IDOLE, ou DIVINITÉ de LASSA, à laquelle ... ... par BUTH ...

La **DIVINITÉ** qui selon les **CHINGULAIS**, donne la Sagesse, la Santé & les biens &c.

Le DIEU TUTELAIRE de l'Isle de CEYLAN.

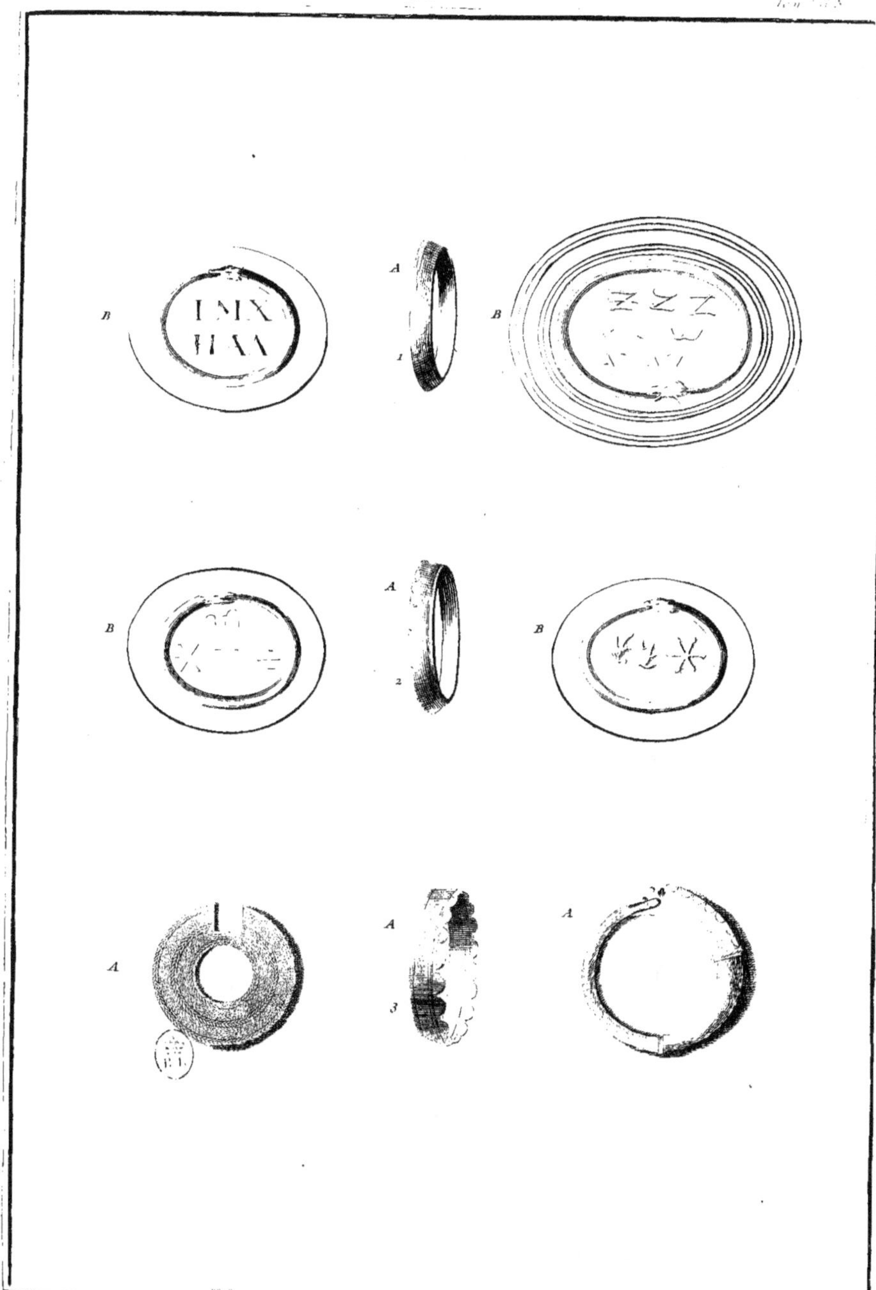

ORNEMENS HIEROGLYPHIQUES des Insulaires des MOLUQUES. — 1. ARRAS des Brasiliens semblables à ces
ORNEMENS. 1, 2, 3. MANACLES ou BRACELETS qui ont du rapport aux COLLIERS de CANADA.

MOLUQUOIS *jouant du* RABANA.

Divers Instrumens de MUSIQUE MOLUQUOIS.

Premiere **CEREMONIE NUPTIALE**, *des* **PEUPLES** *de* **JAVA**. *Le* **MARIÉ** *va chercher la* **MARIÉE**.

Seconde **CEREMONIE NUPTIALE** *des* **PEUPLES** *de* **JAVA**. *La* **MARIÉ** *conduit la* **MARIÉE** *chez lui*.

ARTICLE X.

Religion des Chinois.

On accusa long-tems les chinois d'être une société d'athées. Cette inculpation, qui tiroit sa source de l'ignorance des missionnaires chargés de convertir ce peuple asiatique, ne parut pas même vraisemblable aux gens éclairés. Aussi personne ne doute aujourd'hui que cette nation, bien loin d'être athée, n'adore un être unique, un Dieu suprême, maître & gouverneur de l'univers, à qui elle offre ses prieres & ses vœux. Quelques docteurs européens, par une suite de l'erreur que leur avoient occasionnée les relations infidelles des voyageurs, s'étant divisés sur le sens qu'on devoit donner aux mots *Tien* & *Chang-ti*, dont se servent ces peuples pour désigner le souverain des êtres, l'empereur Can-hi voulut bien en déterminer la signification. Ce prince, dont l'amour pour les sciences européennes lui faisoit tolérer quelques moines descendus dans ses états pour y prêcher le christianisme, fit publier, pour les satisfaire, en 1710, un édit qui fut inséré dans les archives de l'empire, & imprimé dans toutes les gazettes. L'empereur, qui n'étoit alors que l'organe de toutes les classes des lettrés chinois, s'exprimoit ainsi dans cette ordonnance : « Nous » confessons que ce n'est pas au ciel visible & matériel, que les chi- » nois offrent des sacrifices ; mais uniquement au seigneur & au maître » du ciel, de la terre & de toutes choses. Tel est le sens que l'on doit » donner à l'inscription *Chang-ti*, qu'on lit sur les tablettes, devant » lesquelles on offre ces sacrifices. Ce n'est que par un juste sentiment de » respect, que nous n'osons donner au souverain seigneur le nom qui » lui convient. C'est pourquoi nous sommes dans l'usage de l'invoquer » sous les titres de *ciel suprême*, de *bonté suprême du ciel*, de *ciel uni-* » *versel*. De même, en parlant respectueusement de l'empereur, aulieu » de l'appeller par son propre nom, on emploie ceux de *marche du* » *trône*, & de *cour suprême de son palais*. Enfin, quelque différens que » soient ces termes, ils sont, en effet, les mêmes dans leur signification ».

D'ailleurs ceux qui élevoient de pareilles difficultés, avoient sous les yeux de quoi terminer facilement la question. Le pere Gozani, jésuite, ayant eu occasion d'entretenir les juifs établis, depuis plusieurs siecles,

dans la ville de Kay-fong-fu, capitale de la province de Ho-nan ,
trouva qu'ils adoroient le Dieu suprême, le Dieu d'Abraham & de Jacob,
sous les noms communs de *Tien* & de *Chang-ti*. En falloit-il donc
davantage, pour persuader aux européens que les chinois, qui donnoient
les mêmes noms à leur Dieu, n'adoroient pas d'autre divinité que celle
des Juifs , qui avoient dû apprendre toute la force des termes de la
langue , après un si long séjour dans le pays ?

Je ne prétends pourtant pas dissimuler ici le culte extraordinaire que
les chinois rendent aux esprits dont ils animent toute la nature. Le
pere de Sainte-Marie rapporte quelques textes de Confucius, dans lesquels ce philosophe , avouant qu'il ne conçoit pas comment ces esprits
sont si intimément unis à nous, ajoute néanmoins qu'on ne peut
témoigner trop d'empressement à les honorer, à les servir, & à leur
offrir des sacrifices. « O les rares vertus & les grandes perfections ,
» s'écrie-t-il , dont ces esprits célestes sont décorés ! y a-til quelques
» vertus supérieures à la leur ? On ne les voit pas ; mais ce qu'ils font
» les manifeste. On ne les entend pas ; mais les merveilles qu'ils ne
» cessent d'opérer parlent assez en leur faveur ».

M. Leibnitz , qui rapporte ce passage du philosophe chinois ,
d'après le docteur franciscain , croit que ces expressions, si conformes
à la croyance des juifs, n'ont pu parvenir aux chinois que par la
tradition des anciens patriarches. Mais ce savant homme pouvoit-il ignorer que cette théologie s'est trouvée établie chez tous les peuples de
la terre ; que la plus grande partie des religions qui ont partagé le
monde , ont admis ces intelligences heureuses & actives, fort infériu-
res néanmoins en puissance au Dieu dont elles étoient les ministres &
les agens ? La plus grande partie de la mithologie des égyptiens, des
grecs & des romains , étoit-elle autre chose que cette pneumathologie
des chinois ? Chaque république , chaque ville, chaque particulier avoit
un génie tutélaire de cette espece. Le respect que l'on portoit aux lacs,
aux arbres , aux fontaines, aux pierres même, n'avoit pas d'autre origine
que cette croyance. On étoit persuadé que chaque homme venant au
monde , y apportoit un de ces génies, dont la fonction étoit de l'accompagner, de l'aider dans les dangers, de le soutenir dans l'adversité, &
de le fortifier dans la vertu. Ce qu'il y avoit de plus singulier , c'est
qu'on faisoit tirer au sort ces anges tutélaires; & la personne qui étoit
assez heureuse pour en avoir un vigoureux & capable de tenir tête à
ceux des autres hommes , étoit assuré de triompher de tous les obstacles

qui s'oppofoient à fes deffeins. Le génie de Marc-Antoine, par exemple, étoit, au rapport de Plutarque, fi foible & fi pufillanime, qu'il trembloit devant celui d'Augufte. Il étoit déconcerté, abattu, rampant en fa préfence. Ainfi, fuivant cette théologie, Pififtrates, Sylla, Céfar n'étoient pas les véritables caufes de la tyrannie dont ils affligeoient leur patrie. En proie à des génies fuperbes, entreprenans & fanguinaires, ils ne furent que l'inftrument de leur fureur; & ces trois hommes, guidés par le démon pacifique de Socrate, n'auroient jamais penfé à forger des fers à leurs concitoyens. On fent combien devoit être dangereufe une opinion qui juftifioit les plus affreux attentats : c'étoit afficher publiquement le fatalifme, & détruire toute efpece de moralité dans les actions des hommes. Mais on doit dire, à la louange de la fage antiquité, que ce n'étoit peut-être pas encore là le plus grand inconvénient que l'on pût reprocher à fa croyance.

L'impartialité dont nous faifons profeffion, nous oblige à paffer fous filence cette foule de vifions qu'on a répandues fur le culte des chinois. Les uns ayant toujours préfente à l'efprit la mithologie des grecs & des romains, ont ofé avancer que ce peuple afiatique adoroit Ifis, Ofiris, (*fig.* 35), Cybeles (*fig.* 36), le Phénix même (*fig.* 36), & une foule d'autres divinités (*fig.* 37) qu'ils croient avoir été empruntées de la théologie de l'ancienne Europe. Les autres trompés par la bonne foi des miffionnaires & des voyageurs, ont multiplié les dieux indigenes des chinois jufqu'à l'infini (*fig.* 38); & ils ont porté la témérité jufqu'à leur attribuer la foibleffe de proftituer leur encens au pied des autels d'un certain Ninifo, dieu des plaifirs & de la volupté. Ce que l'on fait, à n'en pas douter, c'eft que les bonzes, dont l'inftitution eft fort moderne à la Chine, ont introduit l'ufage de l'apothéofe. Voilà pourquoi les chinois réverent certains perfonnages qui fe font rendus célebres par leurs exploits ou par leurs vertus, & qu'ils appellent *Xin*. La légende chinoife contient un affez grand nombre de ces faints perfonnages des deux fexes. On y trouve, par exemple, une fille dévote appellée *Matzou* (*fig.* 39), & dont le principal mérite paroît avoir confifté dans le vœu qu'elle fit de conferver fa virginité jufqu'au tombeau. On rend auffi des hommages à un nommé *Quante-konq*; que quelques écrivains confiderent comme le fondateur de l'empire chinois, & qui eft peut-être le même que Fo-hi (*fig.* 40). Ce dernier eft l'un des plus célebres du calendrier chinois : il naquit, dit-on, dans les Indes, plufieurs milliers d'années avant notre ere. La légende rapporte une multitude de fables plus propres à décré-

diter fa mémoire, qu'à juftifier les hommages que les chinois lui rendent. Il eft affez vraifemblable que ce Fo-hi fut un philofophe afiatique,
qui tira les hommes de l'état de barbarie dans lequel ils étoient plongés
avant fa naiffance. Auffi les annales de l'empire chinois le confiderent-
elles comme le reftaurateur de cette vafte monarchie. Ce fut lui qui in-
venta une partie des arts que l'on voit encore aujourd'hui à la Chine. Il
publia des loix qui furent reçues avec avidité pàr les chinois ; il leur
apprit à fe vêtir d'une maniere propre & décente ; il les détermina à
vivre fous une forme de gouvernement fixe & réglée ; & il les fit habiter dans les villes qu'il couvrit de remparts propres à les défendre contre
les incurfions de leurs voifins. C'eft tout ce que l'on peut dire de plus
vraifemblable de cet homme célebre, fur le compte duquel on ne
remarque que menfonge & confufion dans l'hiftoire des chinois.

41. Après Fohi, Confucius (*fig. 41*) eft le perfonnage le plus illuftre
dont les faftes chinois faffent mention. Ce philofophe, que l'on dit avoir
été contemporain de Pithagore & qui vivoit par conféquent environ cinq
cent cinquante ans avant notre ere, fut le reftaurateur de la fecte des lettrés. Il naquit dans la province de Chan-tong, alors appellée le *royaume
de Lou.* En paffant fous filence tous les prodiges que la légende fait
opérer à fa naiffance, nous dirons avec tous les auteurs chinois, que
ce philofophe, n'étant encore qu'enfant, fe diftinguoit, foit par la
modeftie & par la gravité de fon extéricur, foit par une piété folide
& par fon refpect pour fes parens. Telle étoit la vénération qu'il portoit à l'être fuprême, qu'il ne prenoit jamais fes repas fans lui offrir à
genoux les prémices de fa nourriture. Il entendit un jour foupirer fon
ayeul : « Qui peut caufer votre chagrin, lui dit refpectueufement le
» jeune Confucius ? Craignez-vous que je ne déshonore un jour par
» ma conduite la mémoire de mes ancêtres ? Car je vous ai fouvent
» entendu dire qu'un fils qui n'imite pas les vertus de fon pere, eft
» indigne de porter fon nom ». Confucius, auffi ardent à s'inftruire qu'il
avoit de piété, fe livra entiérement à l'étude, & devint en peu de tems
le plus favant homme de fa nation. Telle fut la réputation qu'il acquit
parmi fes concitoyens, qu'il vit bientôt à fon école trois ou quatre mille
difciples, pleins de zele & d'amour pour les fciences & la patrie. Cinq
cents d'entr'eux furent revêtus des principales charges de l'état ; & ils
s'en acquitterent tous avec la plus grande diftinction. Confucius avoit
choifi douze de fes éleves, qui l'emportoient fur les autres par leur
fageffe, leur lumiere & leurs vertus, & qui étoient les confidens intimes
de toutes fes actions.

Confucius

Confucius étoit animé d'un zele si ardent pour la réformation des mœurs & la publication de sa doctrine, qu'il fut sur le point de traverser les mers pour aller porter le flambeau de la philosophie dans tout l'univers. Ce saint enthousiasme n'eut pourtant pas, même à la Chine, tout l'effet qu'il eût pu produire ; & les dernieres années de la vie de ce grand homme furent empoisonnées par la douleur que lui causoient les désordres qui affligeoient sa patrie. Quelque tems avant sa mort, qui le surprit dans la soixante-treizieme année de son âge, on l'entendoit s'écrier tristement : « La montagne est tombée ! une haute » machine a été détruite » ! Il parloit de sa doctrine qu'il n'avoit jamais pu établir solidement. Sept jours avant de mourir, il dit à ses disciples : « Les rois rejettent mes maximes ; je ne suis plus d'aucune utilité » dans le monde : il faut que je le quitte ». Après avoir prononcé ces paroles, il fut attaqué d'une léthargie qui le conduisit au tombeau.

Les chinois qui, selon les maximes de tous les peuples du monde, ne connoissent tout le mérite des grands hommes que lorsqu'ils ne sont plus, s'empresserent de donner des marques éclatantes de la douleur que leur faisoit éprouver la mort du sage qu'ils venoient de perdre. Ils firent à Confucius des obseques magnifiques ; & l'on plaça son tombeau sur le bord de la riviere de Sù, dans un endroit où ce philosophe avoit coutume de s'entretenir avec ses disciples. Ce tombeau respectable a depuis été environné de murailles ; & on le prendroit aujourd'hui pour une ville. La mémoire de Confucius devint d'autant plus chere à ses compatriotes, qu'on s'éloignoit davantage du siecle où il avoit vécu. Les empereurs, les princes, & les seigneurs de la Chine, frappés des grandes vues que comprenoit sa doctrine, lui firent bâtir successivement, dans toutes les provinces de l'empire, des temples où l'on rendoit hommage à la sagesse de ses institutions. On lisoit sur les frontispices de ces temples, les inscriptions les plus pompeuses & les plus honorables : *Au grand maître ; au premier docteur ; au saint ;* le tems n'a pas affoibli la vénération publique pour ce philosophe. Aujourd'hui, lorsqu'un mandarin passe devant l'un des sanctuaires dédiés à Confucius, la loi lui ordonne de descendre de son palanquin & de se prosterner la face contre terre : il marche ensuite à pied, en signe de respect & de vénération. Les rois même & les empereurs ne se dispensent pas de ces devoirs que la loi impose à tout chinois patriote ; & souvent il arrive que ces princes viennent exprès visiter le tombeau de cet homme célebre, ou les lieux consacrés à sa mémoire. O peuple chinois ! les honneurs que tu rends ainſi à la vertu, à la ſageſſe, à la philoſophie, te rendent beaucoup plus cher à mon cœur, que toutes ces inſtitutions de politeſſe & d'urbanité dont on a mal-adroitement ſurchargé ton code, & ſur leſquelles tant d'écrivains s'extaſient. Le plus bel éloge, à mon gré, que l'on puiſſe faire d'une nation, c'eſt de dire qu'elle fait rendre hommage à la philoſophie, & reſpecter ceux qui portent ſes divins étendards.

De Confucius naquit une ſociété d'hommes célebres, qu'on appelle *la ſecte des lettrés*. Les voyageurs européens parlent diverſement de leur croyance. Les uns les font polythéiſtes, & les autres les placent tout ſimplement parmi les athées. Des écrivains trop ſenſés pour croire à la république imaginaire des athées, n'ont vu dans cette ſecte qu'une compagnie de philoſophes, dont le dogme de l'exiſtence d'un Dieu & de l'immortalité de l'ame fait la principale baſe : on aſſure que la ſecte des lettrés chinois prit au quinzieme ſiecle une forme tout-à-fait différente de celle qu'elle avoit reçue de Confucius ſon inſtituteur. Le motif de ce changement fut le projet que conçut alors l'empereur Yong-lo de tirer des livres ſacrés un corps de doctrine plus intelligible & mieux combiné que celle qui avoit été en uſage juſqu'à ſon regne. Pour y parvenir, ce prince aſſembla quarante-deux docteurs, choiſis entre les plus habiles, & qu'il chargea de faire un extrait de tous les anciens auteurs nationaux. On aſſure que ces docteurs, plus pointilleux qu'éclairés, envelopperent la religion chinoiſe de nuages, & y introduiſirent une eſpece de ſpinoſiſme inconnu juſqu'alors. Cette doctrine qui flattoit l'orgueil des grands, & qui ſe prêtoit peut-être aux paſſions, fut, dit-on adoptée à la cour; & c'eſt à l'occaſion de ce bouleverſement, qui ne paroît pas conſtaté dans les annales chinoiſes, qu'on prétend que la cour chinoiſe profeſſe ouvertement l'athéiſme.

Si l'on en croit M. Scherer, auteur des recherches hiſtoriques ſur le nouveau monde, dont la conjecture ne nous paroît pourtant gueres vraiſemblable, Confucius a eu l'adreſſe de prédire ouvertement la venue de Jeſus-Chriſt ; & c'eſt ce que les Chinois repréſentent ſous l'emblême d'une figure qu'ils appellent *Burchan*, nom qu'ils donnent auſſi quelquefois à la divinité. Ce Burchan, ajoute le crédule M. Scherer, a les jambes croiſées, tenant dans ſon ſein un pot du même métal que le reſte de la figure. Suivant la prédiction, que les chinois diſent avoir été accomplie, Dieu l'a envoyé ſur la terre pour inſtruire les hommes ; & après avoir rempli ſa miſſion, d'une maniere digne de ſon illuſtre origine, il eſt remonté au ciel. Le pot qu'il a dans ſon ſein, ſignifie l'extrême pauvreté dans laquelle il a vécu. Le Dieu incarné avoit promis l'abondance, dans une autre vie, à ceux qui rempliroient les devoirs de l'humanité envers leurs femblables, & qui vivroient felon les principes de la religion & de la morale.

Quoi qu'il en foit de cette prophétie ridiculement attribuée au légiflateur des chinois, il eft certain que ce grand philofophe a enfeigné à fes compatriotes la même doctrine fur l'original du mal, que celle qui eft profeffée par les juifs & par les chrétiens. Vous diriez qu'en développant ce grand événement qui inonda la terre de crimes & de forfaits, il avoit fous les yeux la genefe ou quelqu'autre livre du pantateuque. Telle eft la conformité qui fe trouve, à ce fujet, entre l'auteur de ce dernier ouvrage & le légiflateur des chinois, qu'on eft furpris que deux hommes, fi éloignés l'un de l'autre, aient pu s'accorder avec autant de précifion fur une matiere auffi délicate.

Voici l'opinion de ce philofophe dans le *find-hind*, ou le livre du fiecle des fiecles.

« Le monde ayant été créé, les hommes vécurent long-tems dans
» une grande faintcté ; ils avoient le don de prophétie, & poffédoient
» en outre des forces furnaturelles & miraculeufes. A cet âge d'or
» fuccéda une époque malheureufe ; la terre produifit une plante douce
» comme le miel. Un homme vorace vient qui en goûta, & qui, par
» fes éloges, fit naître l'envie aux autres hommes d'en manger. Dès-
» lors la faintcté difparut de deffus la face de la terre ; leurs forces
» furnaturelles & miraculeufes, la longueur de leur vie & leur grandeur
» diminuerent ; & le monde fut obligé de vivre long-tems dans les
» ténébres, jufqu'a ce que le foleil & les aftres revinrent répandre la
» lumiere fur la terre confternée. Pendant cet intervalle, l'âge des
» hommes, les forces du corps & les vertus diminuerent encore davan-
» tage ; enfin la vertu difparut entiérement, & à fa place parurent
» l'adultere, le meurtre, l'injuftice & tous les vices : & comme en
» même tems la terre ne produifoit plus rien pour leur nourriture, la
» néceffité fit inventer la charrue ; mais comme ni la vie, ni les pro-
» priétés n'étoient point affurées, on choifit le plus fage pour maître &
» pour gouverner. Cet homme fit le partage de la terre & des biens :
» alors parurent plufieurs Burchans envoyés pour convertir le monde
» dépravé. *Ened Kek* fut un des plus illuftres : cela dura jufqu'au tems
» où les mortels ne vécurent plus que cent années. Dans ce tems-la vint
» le grand Burchan, fondateur de la religion des lamas. Il établit fes

» dogmes chez foixante & une nations, mais par malheur chacun les » prit dans un fens oppofé : de-là naquirent la divifion & les différentes » religions qui font répandues le monde. »

A en croire les chinois, leurs livres canoniques font tous auffi anciens que leur monarchie ; & d'après ce calcul, leur origine remonteroit beaucoup plus haut que les premieres époques de notre hiftoire. Ces livres, qu'on appelle *kin*, font au nombre de cinq. Le premier, qui n'eft autre chofe qu'un grimoire de fortiléges, s'appelle *y - kin*. Le fecond, connu fous le nom de *chou-king*, eft un recueil imparfait, mais très-précieux, de différens traits d'hiftoire, de morale & de doctrine. Le troifieme, appellé *chi-king*, eft un recueil de vers, & que l'on dit être plein de pieces mauvaifes, extravagantes, abfurdes & impies. Le quatrieme eft le *tchun-tfieou*, que l'on attribue à Confucius, & qui n'eft autre chofe qu'une chronique imparfaite des loix de Lou. Enfin, le cinquieme eft le *li-ki*, qui n'eft également qu'une rapfodie indigefte de différens paffages d'auteurs chinois fur plufieurs matieres.

Les chinois ont différentes efpeces de prêtres. Ceux qu'on appelle bonzes (*fig.* 42) font les principaux : ces miniftres, que l'on nous repréfente comme les plus fourbes & les plus fcélérats des mortels, fe parent, dit-on, du manteau de la vertu, pour mieux tromper leurs compatriotes. La doctrine qu'ils ont introduite à la Chine, & felon laquelle les hommes les plus pervers peuvent racheter leurs crimes par de l'argent, leur vaut des fommes immenfes & un crédit confidérable. Ce font eux qui fe chargent d'expier ainfi les crimes de la nation par leurs jeûnes & leurs auftérités. Eux feuls ont le droit d'émouvoir la miféricorde divine en pareils cas : & fi quelque riche avare vouloit garder fon argent & fe charger lui-même d'expier fes propres forfaits par une pénitence auftere, ces impofteurs n'oublieroient pas de lui faire entendre que tout ce qu'il pourroit faire feroit inutile, & que, loin d'écouter fes cris, Dieu ne manqueroit pas de le punir de fa dureté envers les prêtres.

Toutes les provinces de la Chine font pleines de ces charlatans. On les voit fouvent aller par les rues des villes, traînant avec fracas de groffes chaînes d'une longueur énorme (*fig.* 42). Ils s'arrêtent à chaque porte & crient d'un ton lamentable : « Voyez quelles douleurs inexpri- » mables nous fouffrons pour expier vos péchés »! D'autres fe frappent rudement la tête contre des cailloux dans les places publiques & fur les grands chemins (*fig.* 43). Quelques-uns ont fur la tête du feu, dans lequel brûlent quelques drogues propres à lui donner de l'activité. On en voit à qui l'on a formé exprès la tête en pointe, dans leur enfance, pour les faire obferver des paffans (*fig.* 44). Ils ont un grand chapelet pendu au col ; & ils demandent ainfi l'aumône fur les grands chemins. Plufieurs de ces vagabonds font revêtus d'un habit fait de pieces de différentes couleurs, femblables à celui de nos arlequins. Leur tête eft couverte d'un énorme chapeau qui reffemble à un parafol (*fg.* 44). Ils s'affeoient le long des grands chemins, les jambes croifées, & ils avertiffent les paffans de leur donner la charité, par le fon d'une cloche qu'ils frappent avec un bâton. Le pere le Comte dit avoir rencontré un de ces bonzes qui avoit imaginé une maniere affez finguliere d'extorquer l'aumône aux paffans. Ce mendiant étoit debout, dans une chaife bien fermée & hériffée en dedans de longues pointes de clous fort preffés les uns auprès les autres, de maniere qu'il ne lui étoit pas permis de s'appuyer fans fe bleffer. Deux hommes le portoient fort lentement dans les maifons, où il prioit les gens d'avoir compaffion de lui : « Je me fuis, difoit-il, enfermé dans cette chaife pour le bien » de vos ames, réfolu de n'en fortir jamais jufqu'à ce que l'on ait » acheté tous ces cloux. Chaque clou vaut dix fols ; mais il n'y en a » aucun qui ne foit une fource de bénédictions dans vos maifons ».

On peut mettre au nombre de ces mendians, certains vagabonds qui parcourent toute la Chine, montés fur des tigres qu'ils ont apprivoifés (*fg.* 45). Ils font communément fuivis d'une multitude de dévots, qui, pour faire pénitence des péchés qu'ils ont commis, fe heurtent réciproquement la tête, ou fe font diverfes incifions dans la peau. Ceux qui voudroient écrire l'hiftoire du fanatifme, ne pourroient choifir des pratiques plus aviliffantes & plus ridicules que celles dont les bonzes fe font un mérite à la Chine. *O curas hominum* (*fg.* 46) !

On voit auffi dans cet empire un fecond ordre de prêtres beaucoup plus décents, plus éclairés & moins fuperftitieux que ces derniers. Ce font les lamas, fectateurs de la religion du Thibet : ces miniftres font partagés en quatre ordres, diftingués par la couleur de leur habillement. Les uns font vêtus de noir avec un grand chapelet pendu à leur cein-ture : les autres portent le blanc ; ceux-ci le jaune ; & ceux-là le rouge. Tous ces prêtres ont une efpece de pontife pour fupérieur. Ce dernier releve immédiatement du grand lama, avec lequel il entretient une correfpondance fuivie. Le refte du corps eft diftribué en provinces, dont chacune a fon fupérieur particulier.

La régularité des mœurs des lamas, leur probité apparente & la philofophie dont ils font profeffion, leur mériterent, dès leur introduction à la Chine, l'eftime & la confiance du peuple. De-là viennent les biens immenfes dont ils jouiffent & les couvents magnifiques que la nation leur a fait conftruire. Leur loi les affujettit à une chafteté perpétuelle; & ils font ce vœu dès leur entrée dans l'ordre des lamas. Si l'un d'eux étoit furpris avec une femme, fon incontinence feroit auffi-tôt rigoureufement punie. L'ufage veut que l'on perce avec un fer chaud le col du lama prévaricateur, & qu'on paffe dans l'ouverture une chaîne très-longue (*fig.* 43), &, dans ce trifte équipage, on le conduit tout nud dans les rues de la ville : telle eft la rigueur de la loi qui le condamne à ce fupplice, qu'elle ne lui permet pas de foutenir fa chaîne avec la main pour en diminuer le poids. D'ailleurs il eft fuivi d'un autre moine qui le fuftige fi impitoyablement, qu'il ne lui laiffe pas prendre ce léger foulagement.

Les chinois ont auffi des religieufes, qui, à l'exemple des bonzes, vivent dans une auftérité édifiante; elles fe font rafer la tête, obfervent la loi du célibat, & demeurent en communauté, comme nos religieufes d'Europe. Ces bonzeffes, qui ne font pas en fi grand nombre que les bonzes, font chargées, comme autrefois nos diaconeffes, de tous les menus détails relatifs au culte divin. S'il leur arrive de porter quelques atteintes à la chafteté, elles font rigoureufement punies, & chaffées honteufement de leur communauté fans aucun efpoir de retour.

Les temples des chinois offrent par-tout l'image de la grandeur & de la majefté (*fig.* 47). Les toîts, faits avec des tuiles d'un vernis jaune & vert tout autour, préfentent la perfpective la plus riante & la plus agréable que l'on puiffe defirer. Une multitude de figures, de dragons, de lions, & d'autres animaux, travaillés avec le plus grand foin, & embellis par l'or & par la peinture, ajoutent encore un ornement d'un prix ineftimable à ces beaux payfages. On remarque fur-tout le temple élevé au fouverain Chang-ti, & que les européens appellent improprement le *temple du foleil.* Ce fanctuaire, fitué à la diftance d'un demi-mille de la porte orientale de Pekin, eft environné d'une muraille dont la circonférence eft d'un mille. Au milieu de cette vafte enceinte, on apperçoit une grande falle d'une forme ronde. Le toît eft extrêmement élevé & furmonté d'une dôme magnifique enrichi d'or & d'azur, & qui repréfente le ciel : quatre-vingt-deux colonnes foutiennent ce dôme; le temple eft entouré de grands arbres toufus qui répandent aux environs une obfcurité refpectable. Plufieurs autres bâtimens fuperbes forment autour du temple une feconde enceinte, & femblent couronner cet augufte édifice. L'empereur y vient tous les ans offrir des facrifices vers le folftice d'hiver ; mais il n'y porte pas ce fafte & cet attirail pompeux qui l'accompagnent dans les autres cérémonies. Il y vient avec peu de fuite, revêtu d'habits très-modeftes ; & il femble, en approchant de ce lieu facré, vouloir dépofer toutes les marques de fa dignité. On célebre plufieurs fêtes à la Chine. Les premiers & les derniers jours de chaque année font fur-tout chômés avec beaucoup de folemnités. Ils expofent alors les faints de la patrie fur les portes de leur maifon. Toutes les affaires font interrompues & les tribunaux fermés dans toute l'étendue de l'empire. Ici, comme au Tonquin, le premier jour de l'an, chaque famille fe tient renfermée dans fa maifon & n'y admet perfonne, de peur de voir ou d'entendre quelque chofe de mauvais augure.

La plus brillante & la plus folemnelle de toutes ces fêtes eft celle qu'on appelle *la fête des lanternes*, & que les miffionnaires européens difent avoir éte empruntée des égyptiens. Elle commence le quinzieme jour de la premiere lune de l'année. Le fignal de cette folemnité eft donné, la nuit qui la précede, par la groffe cloche du palais de l'empereur. Toute l'artillerie de Pekin fait des décharges continuelles ; le fon des tambours & des trompettes fe fait entendre & annonce la joie qui doit régner dans un fi beau jour. On fufpend alors dans toutes les rues de la ville des lanternes embellies de tous les ornemens imaginables ; elles ont ordinairement fix ou huit panneaux dont chacun eft couvert d'une toile de foie bleue, fur laquelle font repréfentées des fleurs, des arbres, des animaux & des figures humaines. Le grand nombre de lumieres qui brillent dans la lanterne donnent de l'ame à toutes ces figures. La hauteur ordinaire de ces monftrueux réverberes eft de quatre à cinq pieds ; mais on en voit qui en ont jufqu'à trente de diametre. Des farceurs rempliffent fouvent ces vaftes machines, & y repréfentent des fcenes comiques pour amufer les fpectateurs.

Le pere le Comte affure que le nombre des lanternes que l'on allume dans toute la Chine monte à plus de deux cents millions. Tout l'empire eft alors en mouvement ; & les rues, les temples, les monafteres, les grands chemins, tout retentit des cris de joie, des fanfares, des trompettes & du fon des cloches. Toutes les affaires font interrompues, & les tribunaux fans exercices. On voit de tous côtés des prêtres & des moines conduisant proceffionnellement à la ville les images de leurs faints. Les femmes même, toujours fi refferrées a la Chine, fe promenent ce jour-là magnifiquement parées ; les unes font montées fur des ânes ; les autres fe font porter dans des chaifes découvertes pardevant : derriere elles ont leurs domeftiques qui leur fervent de cortége & qui jouent de divers inftrumens.

Les facrifices que les Chinois offrent à la divinité, reffemblent affez à ceux qui étoient autrefois en ufage chez les grecs & chez les romains. Ceux que l'on fait dans le temple dédié à Confucius font communément les plus folemnels. Ce ne font pas des bonzes qui en font chargés, mais des mandarins, des vice-rois, & fouvent l'empereur luimême, comme chef fuprême de la religion des chinois. Les offrandes que l'on préfente alors au tout-puiffant, confiftent ordinairement dans du pain, du vin, des cierges, des parfums ou quelqu'animal, tel qu'un mouton. On brûle auffi quelquefois, en l'honneur de la divinité, une piece de taffetas, ou telle autre étoffe dont le bénéfice puiffe être de quelqu'importance L'une des principales cérémonies que l'on pratique en pareil cas dans le temple dédié à Confucius, confifte à frapper neuf fois la terre du front, devant une planche dorée, qu'on expofe fur une efpece d'autel éclairé par des bougies, & fur lequel on brûle des parfums. Sur cette planche eft gravée en lettres d'or cette infcription : « C'eft ici le trône de l'ame du très-faint & excellentiffime premier » maître Confucius ». Les mandarins pratiquent cette cérémonie quand ils prennent poffeffion de leurs gouvernemens ; les bacheliers, quand on leur donne les degrés : les gouverneurs des villes font obligés, avec les gens de lettres du lieu, d'aller tous les quinze jours rendre cet honneur à Confucius, au nom de toute la nation.

Les chinois ont un goût fingulier pour les pélerinages ; & ce genre de dévotion eft très-favorable aux femmes qui emploient fouvent ce prétexte pour fortir de leur retraite & fe dérober pour quelque tems au joug incommode d'un mari jaloux. Ces pieux voyages font fort fréquens à la Chine. Souvent on voit des pélerins venir de deux ou trois cents lieues vifiter les temples confacrés à Confucius. Certaines montagnes de l'empire font auffi l'objet de la vénération publique, & occafionnent de très-longs & de très-pénibles pélerinages. Telle fut la foibleffe de la plupart des peuples de la terre ; & nous croyons, avec M. Bailly, que cette fuperftition tire fon origine du féjour que firent originairement les humains fur les montagnes.

Les

Les peuples de la Chine ont beaucoup de vénération pour les offemens de ceux qui, pendant leur vie, fe font diftingués par leurs vertus. On obferve fur-tout, dans la pagode de Nantua, le corps d'un certain Liffu, mort, depuis huit cents ans, avec la réputation d'un faint. Le tombeau de cet homme célebre eft expofé à la vénération des peuples, & toujours environné d'un grand nombre de bougies. On accourt à l'envi, des pays les plus éloignés, pour le vifiter & lui rendre fes hommages.

A la Chine, la loi affujettit tous les citoyens au mariage. Malheureufement les femmes s'y achetent fort cher; mais ceux qui n'ont pas le moyen de faire cette acquifition, peuvent aller aux enfans trouvés, où, s'ils ont la réputation d'être honnêtes, laborieux & de bonnes mœurs, on leur permet de choifir la femme qui convient à leur goût. Ces peuples ont le droit d'avoir plufieurs femmes; mais il n'y en a qu'une feule légitime à laquelle les autres font foumifes. Ainfi tous les enfans des concubines lui appartiennent; ils l'appellent leur mere; & elle feule a le droit de porter ce précieux nom. Ils héritent auffi des biens de leur pere, comme les enfans légitimes. Comme les femmes font, dans ce pays, une branche de luxe plutôt que de volupté, les gens riches en entretiennent un très-grand nombre. Le ferrail de l'empereur fuffiroit feul pour peupler une de nos villes : mais il n'y a qu'une de fes femmes qui foit honorée du titre de reine. Elle feule peut s'affeoir en préfence du monarque & manger avec lui. L'ufage du divorce eft reçu à la Chine : les loix le permettent en cas d'adultere, de quelques fautes graves commifes par la femme, de ftérilité, de maladie contagieufe, & même d'une certaine antipathie qui rend les humeurs des époux incompatibles. Cependant les voyageurs remarquent qu'il y eft fort rare, fur-tout parmi les gens de qualité. Il n'y a guere que les gens du commun qui répudient leurs femmes.

Le meuble le plus précieux d'un chinois, eft fon cercueil. Chaque citoyen n'épargne ni foins, ni dépenfes pour s'en procurer un, dès fon vivant, qui foit tout auffi magnifique que fa fortune peut le lui permettre. Lorfqu'un malade eft à l'agonie, on lui préfente, dit-on, l'image du diable, qui tient de la main droite le foleil, & de la gauche un poignard, pour l'engager à demander pardon à Dieu des crimes qu'il a pu commettre, & qui, fans fa miféricorde, le livreroit au pouvoir de l'ennemi du genre humain; au moment même où le moribond rend le dernier foupir, un de fes parens ou de fes amis fe faifit de fa robe monte fur le toît de la maifon, & déploie cette robe vers le nord, e

Tome I.   N

Figures. appellant à grands cris, jufqu'à trois fois l'ame du défunt. Il fe tourne enfuite vers le midi, & répete la même cérémonie ; après quoi il defcend, étend la robe du défunt fur fon cadavre, qui demeure en cet état pendant trois jours. Ce tems écoulé, des perfonnes de fon fexe lavent le corps, l'enveloppent dans une toile de coton, ou dans une piece d'étoffe de foie, & le mettent dans le cercueil.

Lorfqu'on fe difpofe à porter le mort au lieu de la fépulture de fes ancêtres, on lui met dans la bouche du bled, du riz, de l'or ou de 48. l'argent, felon les facultés du défunt (*fig.* 48). Auprès du cercueil font placées les marques caractériftiques de fa dignité. Aux quatre coins, on fufpend de petits facs où font enfermés des ongles & des cifeaux. On pratique enfuite dans la muraille une ouverture par laquelle on fait paffer le cadavre ; car ce feroit commettre une impiété que de le faire fortir par la porte ordinaire. Immédiatement après le cercueil, marchent les enfans du mort, appuyés fur un bâton en figne de la douleur profonde dont ils font pénétrés. Les parens du défunt viennent enfuite, fuivant le rang qu'ils occupent dans la famille, vêtus d'un fac de toile de chanvre, & les reins ceints d'une corde : ils ont les pieds enveloppés dans de la paille, & la tête couverte de haillons. Une foule de bonzes, dont les uns chantent des hymnes, & les autres jouent de quelqu'inf-trument, groffiffent le convoi & en augmentent les lugubres accens. Quelques-uns de ces prêtres portent des tables chargées de viandes & de différens mets, deftinés à être mis fur le tombeau ; d'autres tiennent en main des caffolettes pleines de parfums. L'un d'eux marche à la tête du convoi, portant un tableau fur lequel eft tracé le nom du mort & ceux de fes ancêtres. Ce nombreux cortége étant arrivé à quelque diftance du lieu de la fépulture, le maître des cérémonies lui ordonne de s'arrêter, & l'on jette alors de la terre rouge fur le cercueil.

Tandis que l'on procéde aux cérémonies de l'enterrement, les domef-tiques du défunt apprêtent un grand feftin, où les bonzes fe réjouiffent aux dépens de la famille du mort. Les cimetieres où l'on dépofe les cadavres, font toujours éloignés des villes & fur des montagnes incultes & ftériles. Ils font environnés de murailles, & l'on plante à l'entour des pins & des cyprès. Souvent on conftruit auprès du tombeau des appartemens où logent les parens du défunt pendant plufieurs mois après les funérailles ; & ce font les bonzes qui ont droit de vendre le terrein fur lequel font conftruits ces édifices. La même foffe ne contient jamais qu'une feule perfonne ; & telle eft la précaution qu'ils prennent dans la

construction de leurs cercueils, qu'ils n'exhalent jamais de mauvaise odeur.
D'ailleurs les chinois, auffi superftitieux fur ce point que le font les
parfes, les brames & plufieurs autres peuples de l'Inde , ne peuvent toucher un cadavre fans contracter une fouillure légale. Jamais ils n'ouvrent les morts pour les embaumer; & ils croiroient fe rendre coupables du plus affreux des attentats, s'ils difféquoient un corps mort. Auffi
l'anatomie n'a-t-elle encore fait aucun progrès parmi eux. Le deuil dure
plus ou moins long-tems , felon la proximité des parens du défunt. Celui
d'un fils pour fon pere eft de trois ans. Pendant la durée du deuil , les
chinois s'habillent de blanc & ils fe ceignent le corps d'une corde. Quel
que foit l'emploi qu'ils occupent, ils n'en rempliffent aucune fonction ;
un mandarin, un miniftre d'état, eft obligé d'abandonner fa charge pour
fe retirer dans fa maifon , & ne s'occuper que de fa douleur. On change
alors d'appartemens & de meubles : on ne s'affied que fur un petit fiege
de bois. Les alimens font groffiers , on n'ufe que de légumes, & l'on
ne porte que des habillemens faits d'une groffe toile. Un fils, après la
mort de fon pere, couche pendant cent jours fur la dure. La premiere
année de fon deuil , il ne parle à perfonne ; tout commerce avec les
femmes lui eft interdit ; & fi, pendant ce tems, quelqu'une devenoit
enceinte, elle & fon mari fubiroient une punition très-févere.

Si l'on en croit le Gentil, écrivain d'ailleurs peu inftruit des ufages des chinois , la loi de ce peuple afiatique ne permet pas de fe
marier quand on porte le deuil de fes pere & mere ; & quand un deuil
imprévu furvient, cet événement rompt toute efpece d'engagement
relatif au mariage. Lorfque l'empereur, ou l'impératrice fa mere, vient
à mourir, on porte le deuil dans toute l'étendue de l'empire. Tous les
tribunaux font fermés pendant cinquante jours, & le monarque ne s'occupe d'aucune affaire. Les cours du palais font remplies de mandarins
expofés nuit & jour aux injures de l'air , & qui expriment leur douleur
par des fanglots. Pendant trois jours tous fe rendent à cheval pour rendre leurs hommages au tableau fur lequel eft gravé le nom du potentat
décédé.

Indépendamment des formalités auxquelles la loi affujettit les chinois
pendant la durée de leur deuil, chacun d'eux doit, pendant tout le
cours de fa vie, rendre fes hommages à l'ame de fes ancêtres. Les gens
riches ont toujours dans leur maifon un appartement deftiné à cet ufage.
On y voit l'image du plus diftingué des ayeux de la famille, placé fur
une table autour de laquelle il y a des gradins ; aux deux côtés font

gravés, fur des petites tablettes de bois, les noms de tous les morts de la famille, avec leur âge, leurs qualités & le jour de leur mort. Les parens s'affemblent tous les fix mois dans cet appartement pour y faire des offrandes à la divinité pour le repos de l'ame de leurs ancêtres. Ceux qui ne font pas affez riches pour avoir un appartement deftiné à ce feul ufage, choififfent l'endroit le plus décent de leur cabanne pour y dépofer le tableau de leurs ancêtres.

Indépendamment de cette cérémonie, chaque citoyen va tous les ans, accompagné de fa famille, vifiter les tombeaux de fa famille. C'eft ordinairement vers le commencement de mai, qu'ils rempliffent ce pieux devoir. Tous les parens s'occupent d'abord à nettoyer le lieu de la fépulture, des herbes & des brouffailles qui ont pu y croître pendant l'année : ils font retentir ce lieu facré de leurs fanglots ; & ils célebrent enfuite un feftin à l'honneur des morts de la famille. Ceux dont la piété eft plus fervente, ou la douleur plus vive, demeurent quelquefois des mois entiers dans ces lieux lugubres.

Chaque jour de la nouvelle & de la pleine lune impofe auffi aux chinois la néceffité de rendre leurs devoirs à leurs ayeux, & de brûler des parfums à leur honneur. Il en eft ainfi du quatorzieme jour de la lune d'août, jour folemnel pour toute la nation chinoife, & pendant lequel l'empire eft entiérement occupé à adreffer des facrifices au fouverain des êtres en faveur des ames. Toutes ces folemnités, tous ces facrifices, tous ces honneurs rendus aux morts, tirent leur fource de la piété que les enfans doivent témoigner envers leurs parens. Ce précepte, l'un des plus fages que l'efpece humaine ait pu imaginer, eft, en effet, la bafe & le foutien de cette vafte monarchie. Un fils qui feroit convaincu d'avoir manqué de refpect à fes parens, encourroit auffi tôt l'indignation publique & feroit puni avec la plus grande rigueur. Telle eft, en ce pays, l'autorité du pere fur fes enfans, que les magiftrats les jugent dignes de mort fur leur propre accufation, & fans aucun autre témoignage. S'il arrive qu'un fils foit affez dénaturé pour ofer porter une main criminelle fur fes parens, tout l'empire frémit à la nouvelle d'un fi affreux attentat : la confternation fe répand dans la ville qui a donné naiffance à un tel monftre ; on en dépofe les magiftrats pour n'avoir pas eu le foin de lui faire donner une éducation convenable, & les parens du coupable font auffi punis très-féverement pour la même négligence. L'empereur a feul le droit de connoître d'un tel crime ; c'eft à fon tribunal que le criminel eft cité : il eft ordinairement

condamné à être déchiré en mille morceaux, & jetté au feu. On ren-
verſe de fond en comble ſa maiſon, celle même de ſes voiſins; & on
éleve ſur ces débris pluſieurs monumens deſtinés à perpétuer le ſouvenir
de cet attentat & l'horreur qu'il doit inſpirer. D'ailleurs les empereurs
eux-mêmes ne ſont pas diſpenſés de ces devoirs envers leurs parens;
& la piété filiale leur eſt tout auſſi rigoureuſement recommandée qu'au
dernier de leurs ſujets.

ARTICLE XI.

Religion des Japonois.

La théologie des japonois eſt conforme en pluſieurs points à celle
des chinois, leurs voiſins. Quelques-uns de nos miſſionnaires, tout auſſi
peu inſtruits de leur croyance que de celle de ces derniers, ont publié
que ce peuple étoit athée : cette erreur, combattue avec le plus grand
ſuccès par des écrivains inſtruits, n'a plus aujourd'hui de partiſans; & ce
reproche injurieux à l'humanité, a été forcé de diſparoître devant le flambeau de la philoſophie. En effet, ſi l'on demande à ces peuples ce que
c'eſt que leur dieu *Amida* (*fig.* 49), ils vous répondent : « Que c'eſt une 49.
» ſubſtance inviſible, ſans forme & ſans accident, ſéparée de toutes
» ſortes d'élémens, qui exiſtoit avant la nature, & qui eſt la ſource de
» tous les biens. Cet être, ajoutent-ils, n'a ni commencement ni fin;
» c'eſt lui qui a créé l'univers; il eſt immenſe, infini, tout-puiſſant;
» il gouverne le monde ſans peine & ſans ſollicitude ». Tel eſt le
langage des cochinchinois, peuples tributaires de la Chine, que les
uns ont accuſé également d'être athées, & que les autres nous ont
donné pour des idolâtres. Antoine de Faria ayant prié quelques
ſavans du pays de l'inſtruire de l'état de leur croyance, il en reçut
cette réponſe : « Les cochinchinois, dirent-ils ingénuement, profeſſent
» la premiere & la plus importante de toutes les vérités; ils croient
» qu'il n'y a qu'un ſeul Dieu tout-puiſſant, qui conſerve tout avec
» la même ſageſſe & la même puiſſance avec leſquelles il l'a créé. Si
» notre imagination s'égare quelquefois dans la violence des paſſions,
» ces déſordres ne peuvent être imputés au ſouverain créateur, en qui
» ne ſe peut trouver aucune imperfection. Cela provient ſeulement du
» pécheur, qui, jugeant avec trop de précipitation, ſe laiſſe entraîner
» au penchant déréglé de ſon cœur ».

Au Japon, comme chez les grecs & chez les romains, on représente la divinité sous différentes formes, selon les divers attributs que ce peuple lui connoît. Les missionnaires européens, occupés, sans doute, de toute autre chose, ont refusé d'approfondir ces mysteres, & ont fait de toutes ces vertus personnifiées tout autant de divinités auxquelles ils assurent que les japonois prodiguent leur encens. De-là viennent ces prétendus dieux dont on surcharge leur mythologie, tels qu'Amida, Tiededbaik (*fig.* 49), Xantay (*fig.* 50), Toranga (*fig.* 51), Xaca (*fig.* 51), Daybot (*fig.* 52), Tassitoku (*fig.* 53), Quanwon (*fig.* 54), & plusieurs autres personnages que l'on voit, dit-on, dans les temples de ces insulaires.

Long-tems la doctrine des sintos régna paisiblement au Japon. A cette secte, qui paroît aussi ancienne que la monarchie: se joignit, dans la suite, celle de Confucius. La conformité qui regne dans les principes des deux religions, & le caractere doux & bienfaisant qui les distingue, faciliterent beaucoup leur réunion; & les japonois, déjà fort circonspects sur les innovations qui pouvoient survenir dans leur croyance, ne penserent pas devoir s'opposer à ce que les principes religieux, dictés par le législateur des chinois, s'introduisissent dans leur pays. La doctrine des sintos est presque la même que celle de Confucius. Les deux sectes admettent également, quoi qu'en disent quelques écrivains européens, & l'unité d'un Dieu & l'immortalité de l'ame. Celle des sintoïstes ajoutent à ces précieux dogmes le culte qu'ils rendent à certains génies bienfaisans auxquels le grand être a confié l'administration d'une partie de ce monde. Au nombre de ces génies, sont les fondateurs & les législateurs de l'empire japonois; les savans qui ont éclairé la patrie par leurs lumieres; les guerriers qui ont étendu ses limites & défait ses ennemis par leur courage; enfin tous ceux qui, par leurs vertus éclatantes, ont paru mériter les honneurs de l'apothéose. Les livres sacrés des sintoïstes sont pleins de prodiges opérés par ces héros. Chaque page contient une foule de miracles toujours attestés par des témoins oculaires, & auxquels on ne peut refuser sa croyance sans passer pour des impies obstinés, tout aussi extraordinaires & aussi vrais que ceux qui sont rapportés dans notre légende.

Ceux des japonois qui suivent cette secte ne visitent jamais les temples qu'après s'être purifiés le cœur & l'esprit de toutes les souillures qui peuvent dégrader l'ame. Ils n'ont pas moins d'attention à régler leur extérieur: ils commencent par se laver dans un réservoir plein d'eau qui fe trouve dans la cour de chaque temple, & marchent enfuite vers le lieu faint les yeux baiffés, & avec la contenance la plus modefte. Ils s'approchent ainfi refpectueufement vers le fanctuaire, fans ofer y entrer : ils s'arrêtent vis-à-vis d'une fenêtre grillée qui donne dans le temple. Devant cette fenêtre eft un miroir, fymbole de la fcience de l'être fuprême, qui développe les plus profonds replis du cœur de ceux qui s'approchent de fon trône redoutable. Après être refté quelque tems, la face profternée contre terre, le dévot fintoifte fe releve, & fixe fes regards fur le miroir : il paffe enfuite quelque piece d'argent à travers les barreaux de la fenêtre, & qu'il offre à Dieu pour le rachat de fes péchés ; après quoi on fonne une cloche à trois reprifes différentes, & le pieux japonois fe retire auffi modeftement qu'il eft venu.

Environ cinq cens ans après la mort de Confucius, la fecte Buddu, philofophe de l'Inde, s'introduifit au Japon. Cette nouvelle doctrine fut annoncée, dans ces ifles, par deux fameux miffionnaires, nommés *Darma* & *Sotoktai*, dont le zele ardent & l'éloquence impétueufe leur attirerent, en peu de tems, un fort grand nombre de fectateurs. Ces fectaires cauferent un ravage épouvantable au Japon. Les prodiges qu'ils racontoient à la multitude, la fimplicité de leurs mœurs, l'auftérité de leur vie, l'amour que le peuple a naturellement pour la nouveauté, tout cela leur concilioit fortement les efprits, & réuniffoit fous leurs étendards les familles les plus riches & les plus diftinguées du Japon. Cette violente commotion fe fit vivement fentir dans toutes les parties de l'empire ; & le trône même du fouverain en fut ébranlé. Enfin, le gouvernement fe vit forcé à accorder une place honorable à la nouvelle religion ; &, depuis cette époque, les japonois font partagés entre les prêtres de Sinto, & ceux de Confucius & du grand Buddu.

L'ignorance ou les préjugés qui guidoient la plupart de ceux auxquels nous devons les relations informes que nous avons fur le Japon, n'ont tracé que fort imparfaitement la doctrine du buddoifme. Il paroît, à travers l'épaiffe obfcurité qui couvre leurs écrits, que cette fecte, en admettant, comme toutes celles de l'univers, l'unité d'un Dieu & l'immortalité de l'ame, fait profeffion d'une piété plus rigoureufe & plus exemplaire que fes concurrens. On eft généralement perfuadé au Japon que fa doctrine, fimple & conforme à la raifon, eft préférable à celle même des fintos ; & fouvent il arrive que des gens, qui, pendant leur vie, fe font montrés opiniâtrément attachés à cette derniere, appellent, à l'heure de la mort, des prêtres de Buddu, & font authentiquement abjuration entre leurs mains. Si l'on en croit les écrivains portugais, ceux qui, dans l'Inde, sont attachés à la doctrine du philosophe Buddu, professent le polythéisme le plus extravagant ; ils adorent Buddu lui-même ; ils rendent des devoirs religieux à des pierres, à des morceaux de bois, à des dents de singes ; mais on sait de quel poids doit être le suffrage d'un portugais, lorsqu'il traite de la religion des peuples qui ne sont pas soumis à l'inquisition.

Au Japon, comme à la Chine, les temples sont fort nombreux & très-magnifiques. On en remarque sur-tout un bâti aux environs de Meaco, & où le crédule Kœmpfer dit avoir vu trente-trois mille trois cens trente-trois idoles (*fig.* 5 5.). Au milieu de ce sanctuaire, dit-il, est placée une idole d'une taille gigantesque. Les quarante-six bras dont on l'a décorée, désignent sa puissance ; autour d'elle sont d'autres idoles noires & d'une grandeur extraordinaire. On voit des deux côtés, & à quelque distance, deux rangs de différentes autres prétendues divinités qui toutes ont plusieurs bras & dont les statues sont dorées : les unes tiennent en main des guirlandes ; les autres une houlette, ou toute autre chose. Leur tête est environnée d'une auréole semblable à celle dont nos saints sont décorés : au-dessus sont placées sept autres idoles, dont celle du milieu est beaucoup moins grosse que les autres. Enfin, Kœmpfer ajoute que ce temple est décoré d'une foule d'autres figures qui forment dix ou douze rangs très-serrés, & qui vont en montant, afin qu'il n'y ait aucune de ces divinités qui puisse se dérober à la vue des spectateurs.

Les prêtres du Japon sont à peu-près les mêmes que ceux de la Chine. On observe cependant dans la constitution des ministres des autels une différence bien importante ; c'est qu'à la Chine, l'Empereur est le chef né de la religion, au lieu qu'au Japon il existe un souverain pontife, une espèce de grand lama qui jouit d'une autorité absolue dans tout ce qui concerne la religion nationale. Ce grand-prêtre, appellé en langage allégorique *fils du ciel*, porte le nom de *Dairi*. Depuis la fondation de l'empire japonois jusqu'au milieu du douzieme siecle, ce prélat, aussi puissant que l'empereur de la Chine, avoit réuni en sa personne les deux glaives. Long-tems même après qu'il eut été dépouillé de l'autorité civile, les empereurs séculiers ne prenoient que le simple titre de *général*, ou *vice-roi de la couronne*, & laissoient encore au dairi une part assez importante dans l'administration des affaires : mais en 1 5 8 5, l'empereur Taïko réduisit ce pontife au seul pouvoir religieux.

La

La vénération profonde que les japonois ont pour ce chef suprême de
leur religion, le dédommage en quelque forte de la perte de son autorité
temporelle. Si l'on en croit les voyageurs européens, qui peut-être n'ont
jamais eu occasion de voir ce pontife, il ne le cede qu'au grand lama
par le respect qu'il exige de ses sectateurs : sa personne est considérée
comme sacrée ; & jamais aucun profane ne peut avoir le droit de lui
toucher, pas même sa barbe, ses cheveux ni ses ongles. Jamais il ne
touche la terre ; & s'il a besoin de se transporter d'un lieu en un
autre, il faut qu'il soit toujours monté sur les épaules de ses gardes.
Jamais la même vaisselle ne reparoît sur sa table : les plats qu'on lui a
servi sont brisés aussi-tôt après son repas. Les japonois sont, dit-on,
persuadés, que, si un laïque mangeoit dans un de ces plats, sa bouche & son gosier s'enflammeroient sur le champ : heureusement la
vaisselle de ce pontife est d'une matiere fort commune. Il en est ainsi
de ses habits qui ne peuvent servir à aucun autre qu'à lui.

La couronne ecclésiastique du dairi est héréditaire. Les femmes même
ont droit d'y prétendre, pourvu qu'elles soient les plus proches parentes
du défunt. Ainsi, lorsqu'on reprochoit à la reine Elizabeth le titre
qu'elle surprit de chef suprême de la religion anglicane, cette princesse eût pu citer, à l'appui de sa conduite, l'exemple d'un des
plus puissans peuples de la terre. Ce pontife fait sa résidence ordinaire à Meaco : ses revenus sont immenses ; mais tel est le faste qui
regne à sa cour, qu'ils suffisent à peine pour soutenir sa dignité. Indépendamment de la ville de Meaco & de son territoire, dont il est
propriétaire, il reçoit encore annuellement de tres-riches présens des
vice-rois des provinces & des rois tributaires du Japon. C'est au dairi
qu'il appartient de conférer les titres d'honneur qui distinguent la
noblesse ; & ce privilége important lui produit des sommes tres-consi-
dérables : d'ailleurs l'empereur lui paie une pension analogue au rang
qu'il tient dans l'état.

L'habillement du dairi consiste dans une tunique, par-dessus laquelle
il met une robe rouge, couverte d'un grand voile dont les franges lui
descendent sur les mains. Sa tiare est une espece de bonnet surmonté
de différentes houpes.

La cour de ce pontife est l'une des plus nombreuses & des plus
magnifiques de l'Asie : tous ceux qui la composent se vantent d'être issus
de la race la plus noble & la plus ancienne qu'il y ait au monde ; mais
leurs facultés ne répondent pas à cette illustre origine. La plupart sont

Tome I.   O

très-pauvres ; & ils font obligés, malgré leur fierté, de recevoir des fecours des roturiers qu'ils méprifent. Quelques-uns même font réduits à exercer les plus viles profeffions pour gagner leur vie. Les habillemens de ces eccléfiaftiques font différens de ceux des féculiers. Il exifte entre eux une efpece de hiérarchie ; mais la forme du bonnet eft la feule marque qui diftingue parmi eux le rang & la dignité

L'empereur du Japon entretient toujours une correfpondance fuivie avec le dairi, qu'il a dépouillé de l'autorité fuprême. Tous les cinq ans, ce prince fe rend à Meaco, pour rendre fes hommages au pontife. L'empereur ne va pourtant pas au palais du dairi ; ces deux princes fe rendent dans un autre palais de Meaco deftiné à cet ufage ; & là, ils s'entretiennent enfemble pendant quelque tems. C'eft dans cette entrevue que l'empereur reconnoît qu'il tient la couronne impériale de la famille du dairi. Ce prince boit du vin dans une taffe, & la laiffe enfuite tomber à terre où elle fe brife.

Conrad-Krammer, ambaffadeur de la compagnie hollandoife au Japon, nous a laiffé une defcription de la marche de l'empereur & du dairi, lorfqu'il fe rendit au lieu de l'entrevue le 15 octobre 1626, qui, fi elle eft exacte, peut fervir à donner une idée de la magnificence qui regne dans les deux cours : elle nous a paru affez curieufe pour mériter de fixer l'attention de nos lecteurs.

« Pour rendre, dit Krammer, la proceffion plus magnifique, les deux
» monarques convinrent de joindre leur fuperbe & nombreux cortege,
» & de fe rendre l'un & l'autre, en traverfant les rues de Meaco, au
» palais où fe devoit faire cette folemnelle entrevue. Les rues, aulieu
» d'être couvertes d'étoffes de foie, l'étoient de fable blanc & de pou-
» dre de talc qui fembloit faire un pavé d'argent : on avoit dreffé des
» baluftrades tout le long des maifons ; elles étoient bordées de deux
» haies de foldats habillés de robes blanches & la tête couverte d'un
» petit bonnet verniffé : ils avoient chacun deux fabres au côté, & à
» la main une efpece de demi-pique. La fête commença avec le jour.
» On vit défiler les domeftiques des deux monarques ; ceux du dairi
» portoient les préfens de leur maître pour l'empereur dans de grandes
» caiffes verniffées, fur lefquelles étoient les armes de ce prince ; &
» quelques compagnies de foldats leur faifoient efcorte. Après cela,
» venoient cent beaux norimons, efpeces de voitures, portés chacun
» par quatre hommes vêtus de blanc. Ces norimons étoient les uns d'un
» bois fort blanc ; les autres couverts d'un vernis brun, ayant fur l'im-

» périale, qui étoit de cuivre, quantité de feſtons & d'autres ſemblables
» ornemens. Dans ces norimons étoient les dames & les gentilshommes
» de la cour du dairi, richement parés. A chaque norimon, il y avoit
» un grand paraſol dont le fond étoit de ſoie blanche & preſque tout
» d'or. Ceux-ci étoient ſuivis de vingt-quatre gentilshommes à cheval,
» ayant ſur la tête des petits bonnets d'un vernis brun, garnis d'une
» plume noire : les manches de leur robe étoient fort longues, leurs
» haut-de-chauſſes faits de ſatin de pluſieurs couleurs, bordés en quel-
» ques endroits d'or & d'argent ; leurs bottines d'un cuir verniſſé &
» rayés d'or. La poignée de leurs ſabres étoient de vermeil ; & ils
» avoient à la ceinture des carquois pleins de fleches. Les deux bouts
» de leurs écharpes flottoient ſur la croupe du cheval ; leurs chevaux
» étoient petits, mais pleins de feu & bien dreſſés ; leurs ſelles bro-
» dées, & les houſſes étoient des peaux de tigres : le reſte étoit cou-
» vert d'un caparaçon de ſoie rouge qui tomboit au-deſſous des ſan-
» gles ; ils avoient auprès des oreilles deux petites cornes dorées, &
» les crinieres treſſées avec des fils d'or & d'argent. Deux hommes
» tenoient les rênes de chaque cheval d'une main, & de l'autre un
» paraſol de drap fin cramoiſi, doublé d'une toile fort déliée, & bordé
» d'une belle frange. Chaque cavalier étoit ſuivi de huit valets tous
» vêtus de blanc, & ayant chacun deux ſabres aux côtés. Cette troupe
» de cavaliers étoit ſuivie de trois carroſſes tirés par deux grands tau-
» reaux noirs, couverts d'un réſeau de ſoie cramoiſie, & menés chacun
» par quatre valets. Chaque carroſſe étoit orné de dorures, de toutes ſor-
» tes de figures ſur un fond de vernis brun : il y avoit trois portieres, une
» à chaque côté, & l'autre derriere où l'on entroit : à chacune on
» voyoit des rideaux rayés d'or. Les cercles des roues étoient d'or, &
» leurs raies d'or émaillé. Le haut de l'impérial étoit rond, & faiſoit face
» à droite & à gauche avec des lames d'or aux quatre angles : le fond
» étoit d'un vernis noir où étoient les armes du dairi en or. Dans ces
» carroſſes étoient les trois maîtreſſes concubines, ou les favorites du
» prince, eſcortées d'une foule d'eſtafiers : derriere chaque carroſſe on
» portoit un marche-pied couvert de lames, & des pantouffles verniſſées
» pour ces dames quand elles entroient ou ſortoient. Krammer aſſure
» que ces trois ſomptueux équipages coûtoient près de trois cens ſoi-
» xante & dix mille florins d'Hollande. Ces carroſſes étoient ſuivis de
» vingt-trois norimons faits d'un bois blanc & poli comme l'albâtre,
» & couverts de lames de cuivre d'un ouvrage curieux : ils étoien⁻

» remplis de concubines & de dames d'honneur richement vêtues :
» chacun étoit porté par quatre hommes, & deux autres qui foute-
» noient un grand parafol marchoient aux deux côtés. Après ces fem-
» mes, on voyoit foixante-huit gentilshommes tous à cheval, & deux
» à deux, fuivis d'un grand nombre de valets. Enfuite les feigneurs de
» la premiere qualité portoient d'autres préfens pour le dairi : c'étoient
» deux grands fabres, dont la chaîne de la poignée étoit de diamans
» fins. Une horloge d'un artifice merveilleux ; deux grands chandeliers
» d'or ; deux colonnes d'ébene ; trois tables quarrées auffi d'ébene,
» diverfifiées d'ivoire & de nacre, & dont les layettes étoient pleines
» de livres curieux ; deux grands plats d'or, & plufieurs autres cho-
» fes de moindre valeur. A la fuite de ceux-ci paroiffoient deux cents
» foixante gentilshommes des premieres maifons de l'empire, à cheval,
» qui marchoient deux à deux : ils étoient fuivis des freres de l'empe-
» reur, & quatre cents foixante-quatre, tant rois que princes tributai-
» res, chacun ayant un cortege proportionné à fon rang. Les freres de
» l'empereur marchoient un à un, & les autres princes deux à deux, les
» plus qualifiés ayant la gauche, qui, au Japon, eft confidérée comme la
» place d'honneur. Ils précédoient deux carroffes beaucoup plus magni-
» fiques que les autres, & dont l'équipage étoit bien plus riche. Dans le
» premier étoit l'empereur lui-même, & dans l'autre le prince fon fils.
» Quatre cents foldats, fort bien mis, fermoient ce cortege en belle
» ordonnance ; ils étoient fuivis d'un grand nombre de carroffes, de
» chaifes & d'autres voitures, parmi lefquelles il y avoit plus de trente
» norimons d'ivoire & d'ébene très-riches, autour defquels des hom-
» mes portoient un nombre proportionné de parafols ; le tout accom-
» pagné d'une foule de gentilshommes, & de valets à pied & à cheval,
» & fuivis d'une troupe de muficiens qui faifoient retentir l'air de
» leurs chants & du fon de divers inftrumens. Cette fuperbe calval-
» cade étoit fermée par le norimon du dairi, précédé de quarante
» gentilshommes qui compofoient fa garde, & porté par cinquante
» autres. Le norimon même étoit enrichi en dedans & en dehors de
» toutes fortes d'ornemens magnifiques. L'impériale étoit fomptueufe
» pour la forme & pour la matiere : il y avoit fur un pivot au-deffus un
» coq d'or maffif qui avoit les aîles étendues comme pour prendre fon
» vol. Le fond repréfentoit un ciel, où le foleil & les étoiles étoient d'or
» fur un fond d'azur. Un cortege nombreux, compofé de gens tous
» richement vêtus, fermoient la marche. Une multitude innombrable de

» spectateurs de tous les ordres, qui étoient venus de toutes les parties de
» l'empire pour voir cette grande cérémonie, rempliſſoit la ville. Le
» malheur voulut que la foule devînt ſi grande dans les rues, que nom-
» bre de gens furent étouffés & écraſés : ce qui augmenta la confuſion
» & le déſordre, c'eſt qu'il faiſoit nuit. La marche ayant duré toute
» la journée, pluſieurs qui ſe ſentoient trop preſſés, ſe faiſoient place
» à coups de ſabre en frappant ſans diſtinction à tort & à travers ; ſans
» parler d'un grand nombre de coquins & de voleurs qui pilloient les
» norimons & les dépouilloient de leurs ornemens, enlevant même les
» femmes & les filles qui s'y trouvoient, & que l'on chercha même
» inutilement pendant pluſieurs jours..... Le dairi demeura trois jours
» dans le palais de l'empereur, où il fut toujours ſervi par ce monar-
» que, ſon fils & ſes freres, avec les marques du plus profond reſpect.
» Ces princes prenoient eux-mêmes le ſoin de préparer les viandes. Les
» premiers miniſtres de l'empereur ſervoient à table les trois principa-
» les femmes du dairi. Les préſens que l'empereur lui fit étoient des
» plus magnifiques : ils conſiſtoient en trois mille lingots d'argent, deux
» ſabres de la meilleure trempe & d'un travail exquis avec des fourreaux
» d'or ; deux cents belles robes ; trois cents pieces de ſatin, douze mille
» livres de ſoie écrue ; dix beaux chevaux ; dont les houſſes en broderie
» étoient d'un prix ineſtimable, & cinq grands pots d'argent pleins
» de muſc, d'ambre gris & d'autres parfums ».

Les bonzes du Japon ne ſont pas, comme ceux de la Chine, des
aventuriers qui cachent la baſſeſſe de leur origine ſous un habit reſpectable. Ce ſont la plupart des cadets de famille, qui, n'ayant pas aſſez
de bien pour tenir dans le monde un état conforme à leur naiſſance, em-
braſſent cette profeſſion honorable. On trouve dans cet empire une multitude de couvens érigés en honneur de la divinité : ils ſont habités par
des moines qui s'engagent tous, ſous peine de la vie, à une continence
perpétuelle, & qui vivent en commun. On remarque ſur-tout un ordre
de ces religieux qui habitent une montagne, nommée *koïa*, ſituée près
la ville de Meaco. Leur couvent, aſyle reſpecté de toutes les puiſſances
civiles, eſt le refuge de tous les ſcélérats qui ont mérité le dernier ſup-
plice. Cependant pour jouir de ce privilege, on eſt obligé de payer
une certaine ſomme au couvent. Les moines de cet ordre, plus induſ-
trieux que ceux des autres, ſe livrent communément au commerce. On
trouve auſſi au Japon des couvens habités par des filles, & qui vivent
en communauté : ces religieuſes ſont impitoyablement punies de mort,

lorfqu'elles violent le vœu de chafteté qu'elles ont fait en entrant en religion.

Le Japon eft inondé de mendians, qui, fans être affujettis à aucune regle, s'engagent, par un vœu exprès, à vivre des aumônes du public. Cette pieufe fainéantife, qui dérobe une multitude de bras à l'état, eft confacrée par des cérémonies folemnelles. On coupe publiquement les cheveux à ceux qui veulent s'enrôler fous l'étendard de ces vagabonds, & on les inftalle par quelques prieres dans leur nouvelle profeffion.

Les fintofiftes célebrent par des fêtes les différentes phafes de la lune. La plus folemnelle eft celle de la pleine lune. Les deux autres ne confiftent guere que dans des vifites & des félicitations mutuelles entre les amis. Ici, comme à la Chine & au Tonquin, les premiers jours de l'an font auffi confacrés à la joie, au plaifir, aux complimens & aux préfens réciproques. Les fintofiftes ont quatre autres fêtes annuelles qu'ils célebrent le troifieme jour du troifieme mois de l'année, le cinquieme jour du cinquieme mois, le feptieme du feptieme mois, & le neuvieme du neuvieme mois. La gaieté eft l'ame de toutes ces fêtes ; & les japonois prétendent que la divinité fe trouve extrêmement honorée des divertiffemens exceffifs qu'on s'y permet.

Quelque licence qui s'introduife dans la célébration de ces fêtes ; on ne les folemnife jamais fans un long fermon. Le prédicateur, la tête couverte d'un vafte chapeau en forme d'un parafol, & tenant en main un éventail, eft élevé dans une chaire affez femblable à celles que l'on trouve dans nos églifes. A côté de lui, eft placée la ftatue du saint auquel il a le plus de dévotion (*fig.* 56). Deux lampes brûlent aux deux côtés de la chaire ; & vis-à-vis de lui font placés les novices de fon couvent. Après avoir refté quelque tems dans une méditation profonde, il fonne une clochette pour avertir fes auditeurs qu'il va commencer, & pour leur recommander l'attention. Il prend enfuite un livre de morale, & il en lit un article, dont l'explication fait la matiere de fon difcours. Le fermon étant fini, on fonne une cloche qui avertit les auditeurs de fe mettre à genoux pour prier Dieu.

Les japonois font affujettis à une efpece de confeffion fort gênante, & propre à rebuter le plus zélé pénitent. Un japonois qui defire obtenir le pardon de fes crimes, fe rend dans un défert affreux, bordé de montagnes & de rochers efcarpés qu'il eft obligé de franchir. Là il rencontre des hermites auffi fauvages que le lieu qu'ils habitent, & qui le conduifent vers d'autres hermites encore plus fauvages. Ceux-ci

s'emparent du pénitent ; & pour le préparer à la confeffion, ils l'exté-
nuent par des jeûnes exceffifs & par différentes autres auftérités, & le
font ainfi gravir fur des rochers efcarpés, franchir des montagnes &
braver des précipices. Le pénitent eft obligé, fous peine de mort, de
fubir toutes les mortifications qu'il plaît aux hermites de lui impofer.
Lorfqu'il a eu affez de force pour foutenir ces premieres épreuves, on
le conduit à travers des fentiers impraticables dans une campagne, où
il eft obligé de refter pendant un jour & une nuit, les bras croifés, &
le vifage appuyé fur fes genoux. La loi lui défend de chercher aucun
foulagement dans la gêne qu'il éprouve d'une pareille pofture ; & s'il
arrivoit qu'il manquât fur ce point à fon devoir, des bourreaux ne
négligeroient pas de le punir, à grands coups de bâton, de ce relâche-
ment momentané : c'eft dans cette attitude douloureufe qu'il doit faire
une revue exacte de toutes les fautes dont il s'eft rendu coupable. Après
cet examen, il eft obligé de marcher avec les mêmes fatigues jufqu'à ce
qu'il arrive fur la cime d'un rocher, lieu deftiné à la confeffion. Dans
le fein de ce rocher eft une groffe barre, à l'extrêmité de laquelle pend
une balance. Les hermites mettent le pénitent dans un des baffins, &
dans l'autre un contrepoids propre à tenir la balance en équilibre : ils
la pouffent enfuite hors du rocher, de maniere qu'il demeure fufpendu
en l'air au-deffus d'un précipice. C'eft dans cette fituation délicate pour
un pénitent craintif où celui-ci doit faire à haute voix une confeffion
fincere de tous fes péchés. Si les hermites s'apperçoivent qu'il en cache
quelques-uns ou qu'il en déguife les circonftances, les hermites donnent
à la barre un certain mouvement qui fait fauter la balance & renverfe
le pénitent dans le précipice. Si le pénitent eft affez heureux pour
échapper à tous ces dangers, après avoir fatisfait fes confeffeurs par un
développement fincere de fa confcience, il paie largement les hermites,
& fe rend dans un temple, où, après avoir rendu grace à la divinité,
il confacre plufieurs jours aux feftins & aux divertiffemens pour fe
délaffer de fes travaux paffés.

Les pélerinages font tout auffi communs au Japon qu'à la Chine.
L'un des plus confidérables confifte à vifiter les trente-trois principaux
temples dédiés à Quawon ; & ceux qui l'entreprennent, chantent, le
long du chemin, les louanges de ce héros, & fe font remarquer par un
écriteau qu'ils portent au col, où font marqués les noms des pagodes
du faint qui reftent encore à vifiter. Ces pélerins forment ordinairement
une petite caravanne de cinq à fix perfonnes : cette troupe, que la piété

raffemble pour accomplir quelques vœux, élit avant de partir un chef, qui, pour marque de fa dignité, porte un bâton, auquel font attachées plufieurs bandes de papier blanc réunies enfemble en maniere de faifceaux. L'ufage affujettit cette caravanne à une marche réguliere. A la tête marchent deux pélerins avec une gravité & une lenteur affectées ; ils tiennent, chacun par un bout, une machine affez femblable à une civiere, fur laquelle eft placée une cloche couverte de branches de fapin & de papiers découpés. Le commandant de la troupe fuit la civiere en danfant & en chantant quelques hymnes d'un ton trifte & lugubre. L'un d'eux eft chargé de mendier dans les villages pour la fubfiftance des autres ; telle eft la ferveur qui regne dans ces actes de piété, qu'il y a quelques-uns de ces pélerins qui voyagent ainfi tout nuds dans la faifon même la plus rigoureufe, & fans autre vêtement qu'une ceinture de paille : les autres font communément vêtus de blanc.

Les japonois, moins luxurieux que les chinois & les autres peuples de l'Afie, n'ont ordinairement qu'une femme, mais ils ont la liberté de la répudier pour le plus léger motif. Cependant le divorce n'eft que très-rarement reçu parmi les grands. Ceux-ci, en état d'entretenir un nombreux férail, ont le droit de prendre une feconde femme quand la premiere ne leur plaît pas. Dans cet empire, les maris exercent un pouvoir fouverain fur leurs époufes ; ils peuvent les punir de mort quand elles ont porté atteinte à la chafteté conjugale, & cette autorité dont la loi arme les maris en cette occafion, eft fi terrible, qu'ils peuvent punir de mort leurs femmes pour avoir été trouvées parlant à un homme : cette févérité, qui fait le caractere de toutes les loix japonoifes, paroît avoir tellement épuré les mœurs de cette nation, que les femmes, toutes auffi généreufes que Lucrece, ne font pas difficulté de s'ôter la vie, lorfque la violence ou la féduction leur a ravi leur honneur.

Les japonois font dans l'ufage d'obferver, dans les mariages de leurs enfans, qu'il n'y ait que très-peu de différence d'âge entre l'époux & fa femme ; coutume dont l'origine eft dûe au climat, & qui ne conviendroit pas aux européens, chez lefquels le mari doit toujours avoir douze ou quinze ans au-deffus de fa femme, pour former un affortiment d'un bon augure. Ici, comme à la Chine, on promet les enfans dès le berceau ; & cette promeffe, cette efpece de fiançaille, doit recevoir fon accompliffement, malgré le dégoût qui furvient, lorfque les parties font parvenues à l'âge où elles connoiffent toute l'importance de l'union conjugale. Le mari ne prend jamais ni dot ni préfent de fon époufe. L'ufage

veut

veut au contraire qu'à la cérémonie de son mariage , il diftribue aux parens de fa femme des préfens & des provifions analogues à fa fortune.

La cérémonie nuptiale fe fait chez les japonois avec une pompe & une magnificence qui décelent affez le luxe de cette nation afiatique. Le marié & la mariée fortent féparément de la ville , chacun avec fon efcorte & par un chemin différent (*fig.* 57). Ils vont fe réunir au pied de quelque colline voifine de leur domicile. A la fuite du marié marchent fes parens , fes amis , & de nombreufes voitures chargées de préfens & de provifions deftinés à être offerts à la famille de l'époufe. Le cortége arrivé au pied de la colline, les deux époux montent, avec leurs peres & meres feulement & des muficiens , fur fon fommet par un efcalier, & s'y placent fous une tente; l'un d'un côté, l'autre de l'autre, comme des plénipotentiaires affemblés pour un congrès de paix. Les peres & meres des deux parties fe placent derriere la mariée ; & derriere le marié hors de la tente, font une foule de muficiens qui fe préparent à chanter des hymnes confacrés à l'union conjugale. Les deux époux, portant chacun un flambeau à la main, fe préfentent fous cette tente au pied d'un autel, où le dieu de l'hymen eft repréfenté avec une tête de chien, fymbole de la fidélité qu'on fe doit mutuellement dans le mariage. Ce dieu , ou plutôt cette image grotefque de la divinité , tient entre fes mains un cordon, fymbole de la force & de la néceffité des liens qui uniffent les maris à leurs époufes. Auprès de l'autel & entre les deux futurs conjoints , eft un bonze dont le miniftere doit terminer les cérémonies du mariage. Alors l'époufe allume le flambeau qu'elle tient à la main à l'une des lampes allumées dans cette tente , en prononçant des paroles liturgiques que le bonze lui fuggere. Enfuite l'époux allume le fien au flambeau de fa future. Là s'élevent de grands cris de joie de la part de ceux qui ont accompagné les nouveaux époux : en même tems le bonze leur prononce la bénédiction , & ceux de leur fuite allument au pied de la colline un grand feu , où l'on jette les jouets & tout ce qui fervoit d'amufement à la mariée : d'autres lui montrent une quenouille & du lin , comme pour l'avertir que déformais elle fera obligée de s'occuper des foins du ménage. La cérémonie fe termine par un facrifice de deux bœufs, fait à Dieu pour en obtenir la fécondité. On ramene enfuite les mariés ; l'époufe eft menée chez fon époux : elle trouve la maifon nuptiale ornée avec toute la magnificence que les facultés de l'époux peuvent lui permettre ; le pavé & le feuil de la porte font femés de fleurs & de verdure ; ont voit des bannieres

57.

Tome I. P

& des pavillons flottans fur le fommet de la maifon. En un mot, on ne néglige rien de tout ce qui peut contribuer à annoncer la joie que doivent goûter les deux familles. Ces plaifirs font en effet fort vifs & très-tumultueux : ils durent communément huit jours.

57. Les japonois font dans l'ufage de brûler leurs morts (*fig.* 57). Leurs cérémonies funebres, affez femblables à celles des chinois, font tout auffi magnifiques que celles qu'ils emploient dans leurs mariages. Lorfqu'un japonois, revêtu de quelque qualité, meurt, tous fes parens & fes amis fe rendent en cérémonie, couverts d'habits de deuil, à l'endroit où l'on doit brûler le corps du défunt. Il n'y a pas jufqu'aux femmes qui, malgré leur retraite auftere, ne foient obligées d'affifter à cette cérémonie. Trente à quarante bonzes du premier ordre, vêtus d'un habit brun, couvert d'un manteau noir, marchent à la tête de ce cortége funebre : ils tiennent en main des torches allumées, & font fuivis de deux cents autres bonzes qui chantent à pleine voix des hymnes à l'honneur de la divinité. Après eux marchent plufieurs hommes gagés par la famille du défunt, qui portent des piques, au bout defquelles font attachés des paniers pleins de papiers découpés de diverfes couleurs. Ils agitent exprès leurs piques & font voltiger en l'air leurs papiers; ce que les japonois regardent comme le figne infaillible du falut du défunt. Huit jeunes bonzes, diftribués en deux colonnes, viennent enfuite. Ces religieux tiennent en main de longues cannes, au bout defquelles font des banderolles où l'on a tracé quelques-uns des attributs de la divinité : dix autres bonzes les fuivent, tenant une lanterne allumée, fur laquelle on voit des caracteres fymboliques. Deux jeunes gens, revêtus d'habits bruns, accompagnent ces bonzes & tiennent en main des torches éteintes : ils font fuivis de plufieurs autres perfonnes également habillées en brun, dont la tête eft couverte de bonnets de cuir noir verniffé. On lit fur ces bonnets le nom du génie auquel le défunt s'eft fpécialement confacré. Enfin arrive le cercueil, porté par quatre hommes, & dans lequel fe trouve le cadavre affis : il a les mains jointes, & penche un peu la tête en devant : il eft habillé de blanc ; & fur cette robe, on en voit une autre de papier fait avec les feuilles du livre dont le défunt fe fervoit dans fes actes de dévotion. Le cercueil eft entouré d'enfans, dont le plus jeune tient en main une torche de pin allumée, deftinée à mettre le feu au bûcher. Une foule de peuples, la tête couverte de bonnets de cuir, terminent la marche. Lorfqu'on eft arrivé au lieu du bûcher, qui eft communément environné de quatre murailles cou-

vertes de drap blanc, où l'on a pratiqué quatre portes tournées vers les quatre vents, on creuse au milieu une grande fosse qu'on remplit de bois, & l'on dresse aux deux côtés de la fosse deux tables couvertes de viandes : sur l'une de ces tables, il y a un petit réchaud, en forme d'encensoir, plein de charbons allumés & du bois de senteur. Lorsque le corps est près de la fosse, on attache une longue corde au cercueil qui est en forme de petit lit, où le mort repose ; puis on porte trois fois ce petit lit autour de la fosse ; & enfin on le met sur le bûcher, pendant que les bonzes & les parens invoquent sans cesse le nom du Dieu tutélaire de ce mort. Après cela le premier bonze, c'est-à-dire, celui qui étoit à la tête de la procession funebre, tourne trois fois autour du corps avec sa torche allumée, qu'il passe trois fois sur sa tête, en prononçant certaines paroles que les assistans n'entendent point. Le pere Grasset ajoute à cette description de Nieuhof, que le plus jeune des enfans du défunt reçoit la torche des mains du bonze, & la jette dans la fosse remplie de parfums, d'huile & de drogues aromatiques. Tandis que le corps se consume, dit le missionnaire Jésuite, les enfans ou les plus proches parens du défunt, prennent sur la table l'encensoir dans lequel ils mettent des parfums. Cette cérémonie achevée, les parens & les amis du mort se retirent. Il n'y a que le peuple & les pauvres gens qui demeurent là pour manger ou pour emporter les viandes. Le lendemain, les enfans, les parens & les amis retournent au même lieu pour recueillir les cendres & les os du défunt, qu'ils mettent dans une urne de vermeil couverte d'un voile précieux. Les bonzes s'y rendent aussi pour continuer leurs prieres, qui durent sept jours : le huitieme, on porte l'urne en un lieu où on l'enterre sous une plaque de cuivre, ou sous une pierre sur laquelle on grave le nom du défunt. Lorsqu'il est question d'honorer la mémoire d'un grand seigneur, on éleve, dans ce même endroit, des colonnes ou des piliers de marbre, sur lesquels on grave les exploits du mort, les dignités dont il a été honoré, le jour de sa naissance & celui de sa mort. Souvent on le représente en marbre, les jambes croisées & les mains jointes. Les femmes sont représentées les mains étendues, & la tête penchée sur une épaule.

Des missionnaires assurent que les grands seigneurs japonois sont souvent suivis dans l'autre monde par plusieurs de leurs esclaves, qui se font un honneur de les accompagner dans le séjour des bienheureux. Cette assertion nous paroît d'autant plus vraisemblable, que le caractere sombre & mélancolique des japonois les porte souvent au suicide. La superstition ajoute encore un nouvel appât à ce mépris pour la vie qu'ils témoignent dans toutes les occasions. Ainsi, on les voit souvent se précipiter volontairement dans les fleuves, ou se faire enterrer tout vifs, dans l'intention de faire un sacrifice agréable à la divinité (*fig.* 57). Delà la rigueur effrayante des loix que les empereurs ont cru devoir opposer à l'humeur fougueuse & sanguinaire de ce peuple dur, opiniâtre & superstitieux.

Il ne paroît pas que les japonois aient l'usage du baptême, ni aucune autre cérémonie qui puisse représenter ce sacrement des chrétiens. Cependant ils sont persuadés, comme ces derniers, que les enfans apportent en naissant une tache originelle qui les éloigne de cet état de grace où les adultes peuvent parvenir par la contrition, au moins leur théologie leur apprend-elle que ceux des enfans qui meurent avant l'âge de sept ans, sont relégués dans les limbes. Ce lieu de pleurs & de misere est placé, dit-on, dans un lac voisin de la capitale du Japon : c'est-là que les ames des enfans sont censées souffrir les plus grands supplices, jusqu'à ce qu'elles aient été retirées de cet endroit par les bonnes-œuvres des vivans, & sur-tout par les prieres des prêtres. Ces derniers montrent le théatre même de ces supplices ; &, pour le faire remarquer, on y a élevé un monceau de pierres en forme de pyramide. On trouve sur les bords de ce lac une grande multitude de petites chapelles de bois : c'est-là que les prêtres récitent leurs prieres. Lorsqu'un citoyen vient leur apporter son offrande pour le soulagement des défunts, le bonze lui donne un certain papier, sur lequel est inscrit une priere adressée à la divinité. Le dévot reçoit humblement & tête nue cet important papier, l'attache à une pierre & le jette dans le lac. La superstition & sur-tout l'avarice du sacerdoce, font croire aux japonois que les ames des défunts sont soulagées à mesure que les caracteres tracés sur le papier s'effaçent par l'action de l'eau.

Les prêtres du Japon ont encore imaginé un autre moyen fort propre à enrichir leur ordre, & à tranquilliser les fideles sur leur salut. Ils sont en possession de vendre aux dévots certains billets sacrés, que des voyageurs protestans appellent *des indulgences*. Le peuple considere ces billets comme des préservatifs contre la malice des démons, & autant de gages du bonheur dont ils ont lieu d'espérer la jouissance dans l'autre vie. Lorsqu'un bonze a besoin d'argent, il a recours à ces billets, sur lesquels on ne manque pas de lui prêter les sommes qu'il demande, remboursables dans le séjour des bienheureux. Lorsqu'un dévot a prêté

de l'argent fur de telles affurances , il ne manque jamais d'ordonner
dans fon teftament , qu'on le dépofe dans fon tombeau.

Ces peuples, dont la croyance & les cérémonies religieufes ont
beaucoup de rapport avec celles des chinois, font, comme ces derniers , dans l'ufage de célébrer tous les ans la fête des ames (*fig.* 58).
Cette folemnité, qui répond à notre fête des morts, dure ordinairement deux jours. A l'entrée de la nuit on illumine toutes les maifons ;
& , à la faveur de cette clarté, on va vifiter les tombeaux des morts, &
on leur porte des vivres. La piété japonoife fe perfuade, que pendant
cette fête , les ames des défunts viennent fur la terre pour voir leurs
parents & leurs amis. Chaque perfonne s'entretient familiérement avec
ceux dont elle s'occupe : elle leur fait des complimens fur leur retour en ce monde , & leur témoigne la joie qu'elle a de les revoir.
Les parens s'affemblent enfuite, & fe livrent à un fomptueux repas,
après lequel on invite les ames de fa famille à venir fe promener à la
ville. On laiffe enfuite les lieux lugubres où fe font ces cérémonies, pour
fe rendre à la ville, préparer tout ce qu'il faut pour recevoir les ames
dont on attend la vifite. Tous les préparatifs étant achevés , chacun
fort de chez foi, tenant en main un flambeau allumé, & va à la rencontre des morts jufqu'au-delà des remparts de la ville. Ils reviennent
enfuite chez eux , fe croyant efcortés de toutes les ames qu'ils ont in-
vitées à retourner dans leur famille ; & ils mettent tout en œuvres
pour les bien régaler. Mais autant les japonois font attentifs & polis
lorfqu'il s'agit de recevoir leurs morts , autant ils font brutaux, groffiers & incivils, lorfqu'il s'agit de les renvoyer après la fête. On ne
les congédie pas , on les chaffe à grands coups de pierres ; & l'on
prend d'autant plus de précaution pour qu'il n'en demeure aucun dans
la ville, que les japonois regarderoient cet événement comme le plus
grand des malheurs.

Les japonois confervent encore, comme autant de monumens refpectables de leurs parens morts, certaines tablettes qu'ils appellent
biosjut (*fig.* 59). Ils fufpendent ces tablettes à l'entrée des maifons,
comme font les hollandois, chez lefquels on met, au-deffus des portes
des perfonnes diftinguées , des tableaux mortuaires, où font peintes
les armes du mort, avec l'année & le jour de fon décès.

Avant de quitter la religion des japonois, nous croyons devoir rappeller un trait de fuperftition , particulier à ce peuple afiatique. Ils ont
pour les cerfs une vénération tout auffi profonde, que les égyptiens en

Figures.

58.

59.

témoignoient pour les chats ou pour les crocodiles. La loi défend, fous les peines les plus graves, de faire aucun mal à ces animaux facrés; auffi font-ils auffi communs dans les villes du Japon que les animaux domeftiques. S'il arrive qu'un cerf reçoive quelque bleffure mortelle, fans que l'on connoiffe l'auteur d'un tel facrilége, on punit, fans miféricorde, tous les habitans de la rue où l'attentat a été commis, par la confifcation de leurs biens. Toutes les maifons font démolies de fond en comble, & les propriétaires forcés d'aller chercher un afyle ailleurs.

Le chien, fi révéré au Monomotapa, le chien dont on affure que les anciens rois d'Ethiopie fe glorifioient de tirer leur origine, partage auffi les hommages des dévots japonois : cette fuperftition eft beaucoup plus moderne que celle qui a le cerf pour objet. Un empereur du Japon, qui étoit né fous le figne auquel les japonois donnent le nom de *chien*, ordonna à tous fes fujets de refpeéter ces animaux. Ce prince, roi d'un peuple formé au plus déshonorant defpotifme, voulut que, dans chaque rue, il y eût une loge où un certain nombre de chiens fuffent nourris & foignés pendant leurs maladies, & que tous les habitans de la rue contribuaffent à leur entretien. Depuis le regne de cet empereur, perfonne n'oferoit, au Japon, tuer un chien, ni même lui donner le moindre coup. Il n'y a que le maître du chien qui ait le droit de le châtier, encore ne doit-il le faire qu'à propos. Après la mort d'un chien, on porte religieufement fon corps fur une montagne voifine ; & la on lui rend les derniers devoirs. Cet ufage, qui peint feul ce que peut l'abus du pouvoir fur un peuple craintif, pufillanime & dégénéré, a donné lieu à une plaifanterie très-fine d'un japonois. Il accompagnoit un de ces hommes, qui, pour fe conformer à l'ordonnance, portoit fur une colline le corps d'un chien mort, & qui murmuroit beaucoup de la peine qu'il étoit obligé de prendre pour un vil animal. « Ne t'afflige pas, lui » dit le japonois, & rend plutôt graces à l'être fuprême, qui n'a pas » permis que l'empereur naquît fous le figne du cheval : nous euffions » été condamnés à fupporter un fardeau bien plus lourd ». Race des mortels, quelles profanations ! quels facriléges on commet, fous prétexte de veiller à ton bonheur ! quel mépris outrageant te témoignent ceux que tu as choifis pour tes proteéteurs !

34

A. Pierre sculp. de 1749.

POMPE FUNEBRE des R...

1. Deux Huissiers portant des masses.
2. Douze Officiers traînant le Mausolée ou est ecrit le nom du Roi défunt.
3. Douze Eléphants.
4. Le Grand Ecuyer, et deux Pages à cheval, suivi de douze Chevaux de main, lesquels precedent quelquefois les Eléphans.
5. Le corps du Roi tiré par 8. Cerfs.
6. Le nouveau Roi, et ses freres.
7. Les Princesses, et Dames d'honneur portant a manger pour le défunt.
8. Les Princes du Sang environnez de joueurs d'instrumens.
9. Quatre Gouverneurs des 4. principales Provinces.

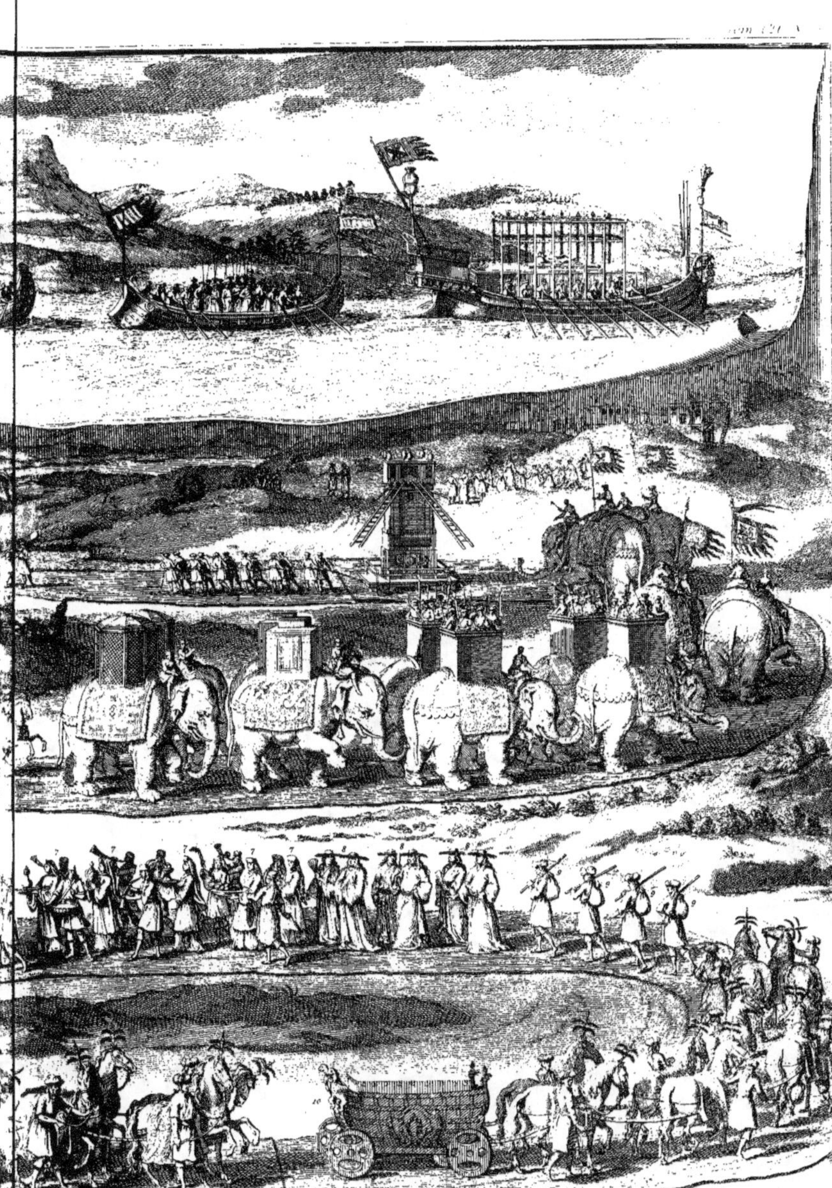

ROIS de TUNQUIN.

Deux Chariots a huit chevaux remplis d'or etofes de soye &c.
Une foule d'Officiers du Roi et de la Noblesse, les uns a cheval,
les autres a pied selon leur rangs et qualitez.

A. Galere ou est le corps du Roi.
B. Galere ou sont les Seigneurs qui vont se faire enterrer vifs avec le [Roi].
C. Galere avec les Dames qui vont se faire enterrer vives avec le [Roi].
D. Deux Galeres qui portent les tresors qu'on va enterrer avec le [Roi].

ISIS assise sur une Fleur de
LOTOS.

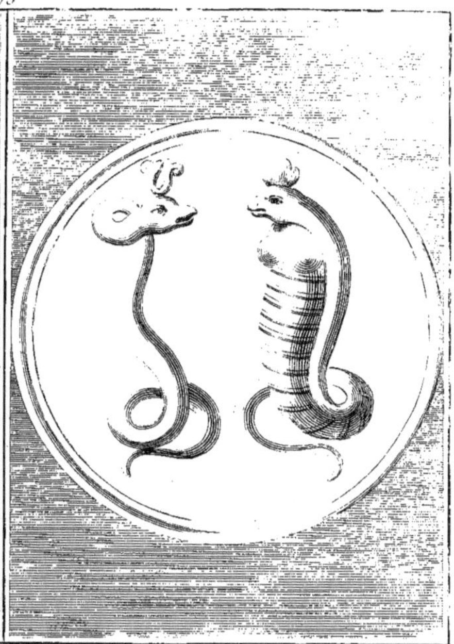

ISIS & OSIRIS, avec la fleur de LOTOS sur la tête
sous la figure de SERPENS.

ISIS avec une tête de vache allaitant HORUS.

ISIS allaitant son Fils HORUS.

PUZZA *ou la* CYBELE *des* CHINOIS.

PUZZA sous une forme parallèle à ISIS assise sur la fleur de LOTOS.

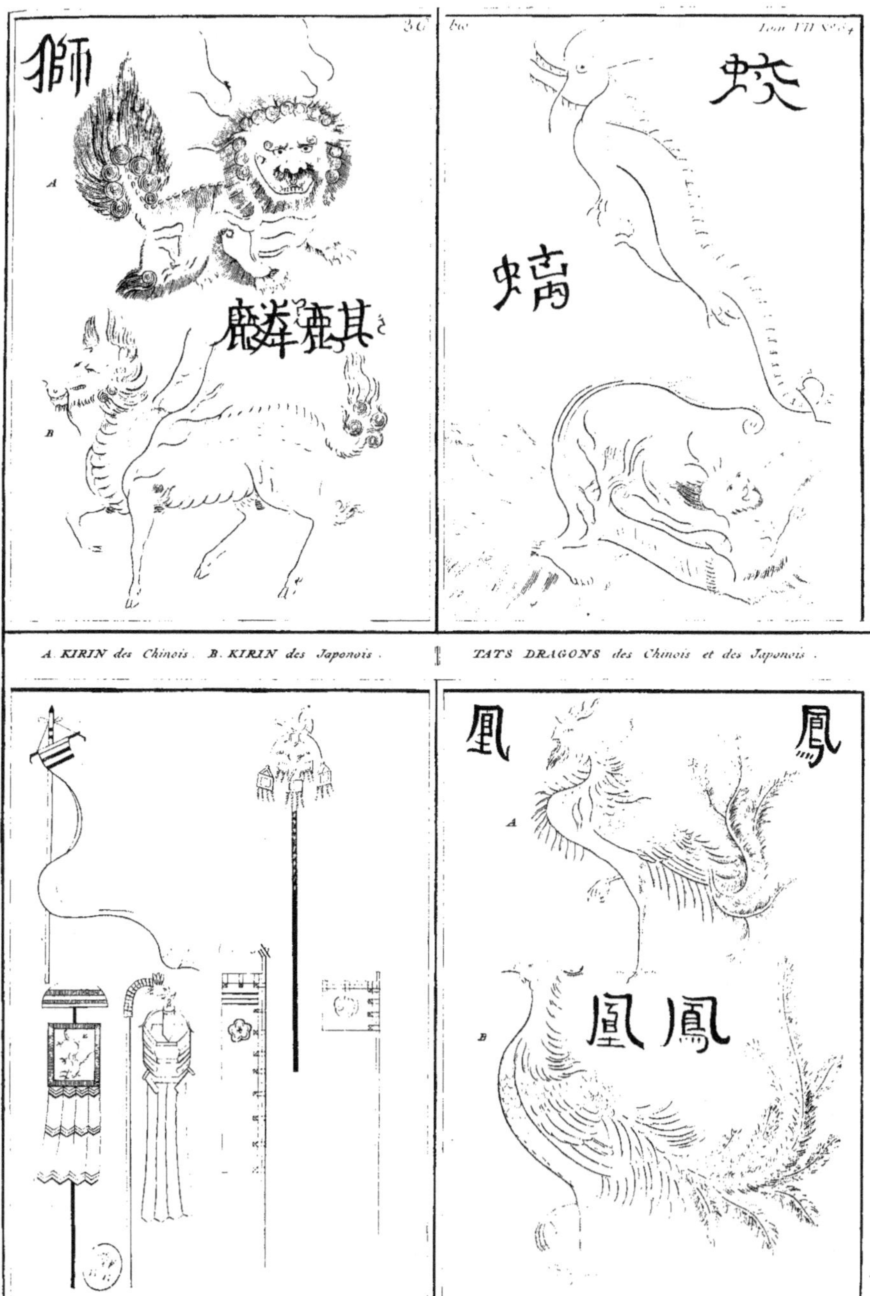

A. KIRIN des Chinois. B. KIRIN des Japonois.

TATS DRAGONS des Chinois et des Japonois.

BANIERES Imperiales et MARQUES d'honneur
que l'EMPEREUR accorde aux GRANS. T. p. 217.

A. FOO ou PHOENIX des Chinois.
B. FOO ou PHOENIX des Japonois.

IDOLE que les CHINOIS appellant, le DIEU de L'IMMORTALITÉ, et qu'ils disent presider à leur FORTUNE .

A. FO-TEK, ou NINIFO. B. KIN-GAN génie tutelaire que les JESUITES nomment aussi CHIN-HOAN.

CHIN-HOAN Dieu tutelaire de la CHINE .

DIVINITÉ que les AMBASSADEURS HOLLANDOIS nomment LINCING dans leurs RELATIONS .

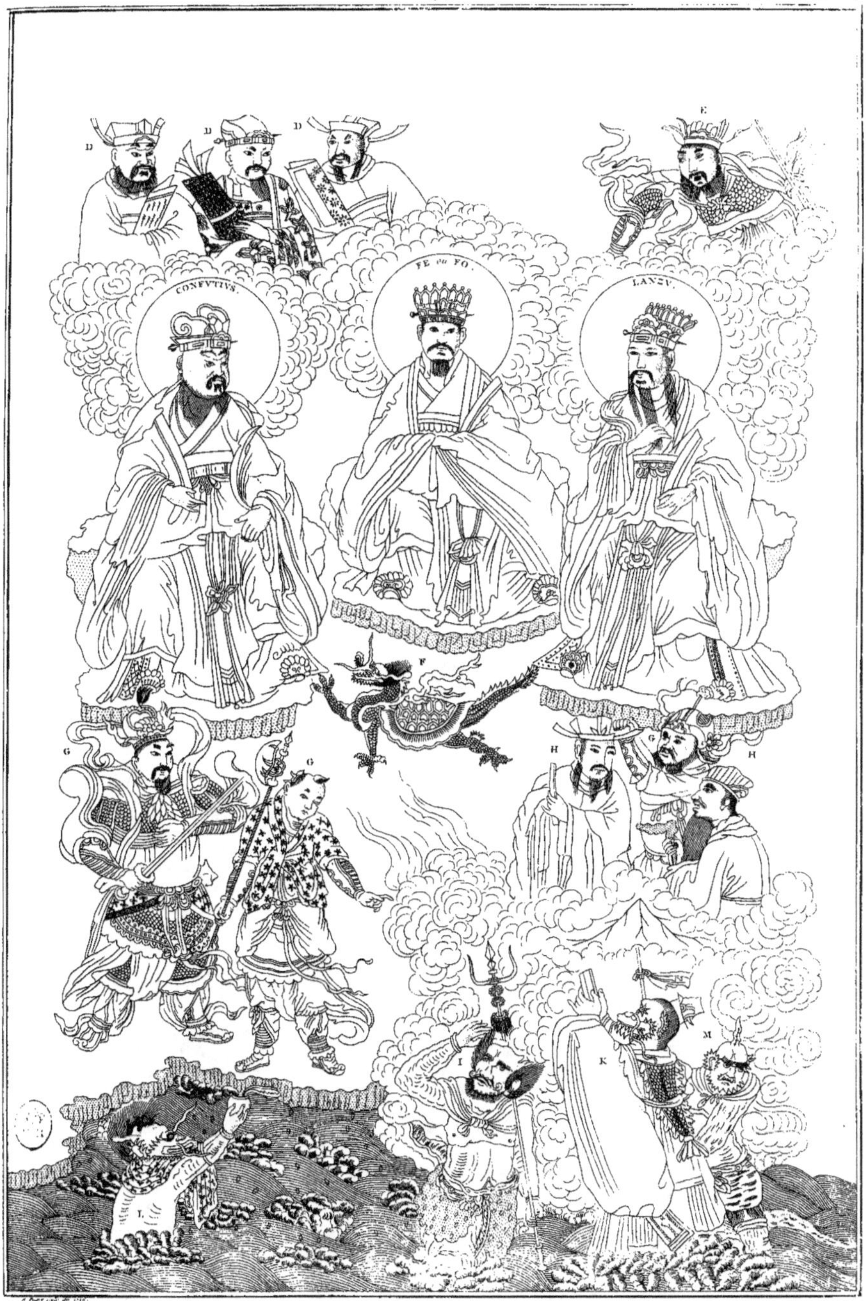

D. D. D. Philosophes
E. Capitaine } mis au rang des Dieux.
F. Dragon.

Les DIEUX des CHINOIS.
tirés de la Chine de KIRCHER.

G. H. Divinités du second ordre.
I. K. L. M. Divinités du troisième ordre qui gouvernent les choses sublunaires.

VITEK ou NINIFO.

MATZOU.

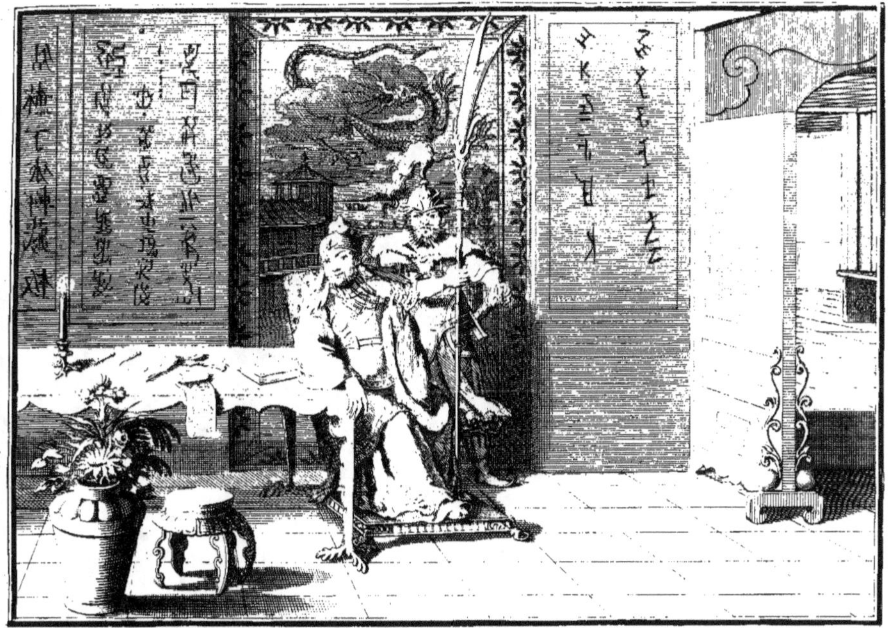

QUANTECONG *DIVINITÉ* CHINOISE *que les* CHINOIS *disent avoir été leur premier* EMPEREUR.

QUONIN *DIVINITÉ domestique des* CHINOIS.

A. HAN Roi des TARTARES DIVINISÉ. B LAMA qui fait ses prieres,
pendant qu'un autre C tourne un instrument Cylindrique sur son cube.

TROPHÉES, élevez sur les plus hautes Montagnes, que les LAMAS
vont adorer pour la conservation des Hommes et des Chevaux &c.

L'IMAGE de CONFUTIUS, telle qu'on la voit dans les Colleges publics, et
dans les HU-TAN-GS, ou SUTANGS des Chinois, cette figure est relative
à ce qui est rapporté du culte de CONFUTIUS à l'article qui le concerne.

L'AMIDA des Japonois, cette figure est placée ici relativement
aux Divinitez des Chinois et des Tartares qui y ont quelque
avoir du raport.

LAMAS Prêtres des TARTARES.

A. PRÊTRES MENDIANS de la CHINE. B. Châtiment d'un PRÊTRE empalé.
C. Punition d'un autre pour avoir abandonné la vie Monastique.

GUEUX dévot qui se heurte de la tête sur une
pierre pour recevoir la CHARITÉ.

GUEUX dévot qui se fait orner des croques sur la
tête jusqu'à ce qu'on lui donne la CHARITÉ.

RELIGIEUX en PÉNITENCE pour avoir été surpris avec une femme.

RELIGIEUX en noir avec un CHAPELET à la façon des CATHOLIQUES.

RELIGIEUX mendiant Chinois.

RELIGIEUX CHINOIS avec leurs CHAPELETS.

GUEUX ... à qui on a ... tête en pointe.

CHARLATANS qui se mêlent de vendre le VENT à la CHINE.

DEVOTS MANDIANS de la CHINE, & CHARLATANS qui se promenent sur des Tigres apprivoisés.

MAGICIENS *et* SORCIERS *de la* CHINE.

Autres MAGICIENS & SORCIERS &c.

PAGODE d

R. Puart sculp. direxit 1728.

Grande PAGO

la CHINE.

de la CHINE.

CONVOI FUNEBRE

GRAND de la CHINE.

TIEDEBAIK DIVINTTÉ du JAPON.

AMIDA DIVINTTÉ du JAPON.

Statue representation d'AMIDA, et diverses manieres de se NOYER

PAGODE de CANON.

CANON DIVINITÉ du JAPON.

Autre REPRESENTATION de CANON.

NANTAI DIVINITÉ du JAPON.

TORANGA DIVINITÉ du JAPON.

La PAGODE de TORANGA.

La PAGODE des SINGES.

La PAGODE du TAUREAU.

La PAGODE de DAYBOT.

DAYBOT, Divinité Japonoise.

GIWON.

JEBIS *Neptune des* JAPONOIS.

DAIKOKU *le Plutus des* JAPONOIS.

TOSSITOKU *Divinité qui préside à la* FORTUNE.

QUANWON.

TEMPLE du JAPON

ou il y a mille IDOLES.

CEREMONIE N

CEREMONIE F

...TIALE du JAPON.

...BRE du JAPON.

La FÊTE des AMES

vers le soir les japonnois vont les recevoir hors de la Ville, et leurs presentent à manger.

Manière dont ils reconduisent les AMES hors de la Ville, et prennent congé d'elles la troisième jour.

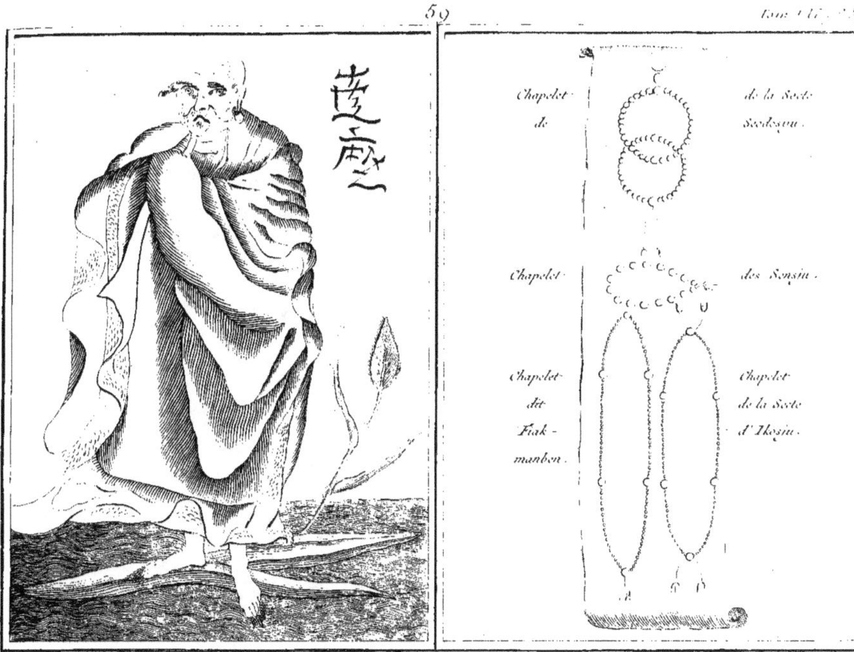

DARMA Saint du JAPON.

BIOSJU ou ...

TABLETTES pour les MORTS.

SUITE DE LA RELIGION NATURELLE.

A F R I Q U E.

ARTICLE XII.

Religion des Caffres.

Malgré la multitude des peuples qui habitent l'Afrique, & la prodigieufe variété qui regne dans leurs ufages, on ne trouve, à proprement parler, dans cette vafte région, que deux religions principales,
d'où découlent tous les cultes qu'on y rend à la divinité. Ces religions
font la naturelle & la mahométane. On comprend bien que par la
premiere, nous n'entendons pas parler de ce culte fimple & vraiment
majeftueux que les premiers hommes rendirent autrefois à l'éternel.
Cette religion précieufe, & digne de celui qui la grava dans nos ames,
fe trouve aujourd'hui altérée dans toutes les parties du monde. Nous
confidérons cependant comme fes feĉateurs ceux qui, en rendant hommage aux dogmes qu'elle prefcrit, ne l'ont pas affez défigurée dans fes
principes, pour la rendre méconnoiffable ; & c'eft fous ce point de vue
que nous envifageons ceux des negres qui n'ont pas embraffé la doctrine de l'alcoran.

De tous les africains, les hottentots font ceux dont on connoiffe le
moins les principes religieux. La plupart de nos voyageurs, trop igno-
rants pour approfondir le culte d'un peuple étranger, ont publié que
cette nation étoit athée : telle fut l'inculpation dont la crédulité chargea toujours les peuples, qu'elle ne crut pas devoir placer au rang des
polythéiftes. Kolben, plus inftruit que fes prédéceffeurs, & plus jaloux
de nous développer les fentimens religieux d'un peuple qu'il eftimoit,
s'eft expliqué d'une maniere beaucoup plus avantageufe à cet égard. Il
nous apprend que les hottentots reconnoiffent un être fuprême, créateur
du ciel & de la terre, & doué de toutes les perfeĉions dont une intelligence auffi puiffante peut être fufceptible. C'eft à lui qu'ils attribuent

le gouvernement du monde : c’eſt du haut de ſon trône qu’il fait gronder le tonnerre & tomber la pluie qui inonde la terre ; qu’il pourvoit à leurs beſoins, leur fournit les alimens qui ſoutiennent leur vie, & la peau des bêtes ſauvages dont ils ſe couvrent. Ce ſouverain diſpenſateur des choſes de ce monde, s’appelle *Tukuoa* dans la langue des hottentots ; &, auſſi peu éclairés que la plupart des autres peuples ſur le lieu qu’il a fixé pour lui ſervir de domicile, ils penſent bonnement que ſon principal ſanctuaire eſt ſitué dans la lune.

Indépendamment de cette divinité qui fait la ſource de tout leur bonheur, les caffres rendent encore un culte à une eſpece de génie malfaiſant qui répond au diable des chrétiens. Cet être eſt conſidéré par cette nation comme le principe & la ſource de tous les maux qui les accablent. Ce qui redouble leur crainte, c’eſt qu’ils ignorent quelles ſont les actions qui offenſent cette divinité bizarre, & que ſouvent il arrive qu’ils encourrent ſa diſgrace ſans s’en appercevoir. Dans cette perplexité, vraiment déſagréable pour un peuple ignorant & ſuperſtitieux, ils lui rendent de fréquens honneurs, dans le deſſein de prévenir ſon reſſentiment. Le ſacrifice le plus agréable qu’ils croient pouvoir lui offrir, conſiſte dans un bœuf ou un mouton qu’ils mangent en famille, & dont la graiſſe leur ſert à ſe frotter le corps.

Le privilége important de l’apothéoſe, ſi fréquemment diſtribué chez les grecs & chez les romains, eſt auſſi en uſage chez les hottentots ; & quel peuple, en effet, méconnut ce moyen de témoigner une reconnoiſſance durable à ſes bienfaiteurs ? S’il meurt quelqu’un dans cette nation qui ſe ſoit diſtingué par ſon courage ou par la ſainteté de ſa vie, ſa mémoire eſt auſſi-tôt conſacrée par des honneurs particuliers. Ses compatriotes lui dédient ſpécialement un bois, une montagne, une prairie ; & loſqu’ils paſſent auprès de ces lieux qu’ils regardent comme ſacrés, ils ſe rappellent les vertus du défunt & s’enveloppent la tête de la peau dont ils ſont couverts. Ils lui adreſſent leurs prieres, lui demandent ſa protection, & font pour l’honorer tout ce qu’un chrétien pourroit imaginer pour plaire à ſon patron.

On ignore l’origine d’un culte, auſſi puérile qu’il eſt inconſéquent, que les hottentots rendent à un inſecte de l’eſpece des cerfs-volans, qui eſt particulier à la religion qu’ils habitent (*fig.* 60). La grandeur de cet inſecte eſt à peu-près celle du doigt d’un enfant : ſon dos eſt verd, & ſon ventre tacheté de blanc & de rouge ; il a deux aîles & deux cornes. Dans quelque lieu qu’un hottentot l’apperçoive, il lui

témoigne

témoigne la plus grande marque de refpect & de vénération. Lorfqu'il paroît dans un village, tous les habitans s'affemblent pour le recevoir : ils tuent par reconnoiffance une ou deux brebis à fon honneur, & prennent fa vifite pour le plus heureux préfage de bonheur & d'abondance. Ils font perfuadés qu'elle les purifie de toutes les fautes qu'ils peuvent avoir commifes. L'hotentot fur lequel ce vénérable infecte vient fe repofer, eft regardé comme un être privilégié, & traité dans la fuite avec une vénération extraordinaire. Pour répondre à cette faveur émanée du ciel, on tue le bœuf le plus gras du village, on faupoudre de bukku la coeffe du ventre, on la fufpend au col de l'habitant favorifé ; & celui-ci fe trouve fort honoré de la porter jufqu'à ce qu'elle tombe en pourriture.

Quelques voyageurs ont publié que ces peuples, entiérement privés de religion, n'avoient pas même la moindre notion d'un état futur. On connoît aujourd'hui l'erreur de ces écrivains trop long-tems accrédités parmi nous. En effet, comment des peuples qui rendent des honneurs aux morts, des peuples qui craignent les fpectres, & qui attribuent aux forciers le pouvoir de faire reparoître les efprits, ont-ils pu être accufés d'ignorer l'immortalité de l'ame ? Les hotentots font donc tout auffi orthodoxes que nous fur ce point. Puifqu'ils reconnoiffent que les ames vertueufes font récompenfées d'une maniere évidente dans l'autre vie, ils ne peuvent fe difpenfer d'avouer les peines qu'y fouffrent les ames des réprouvés ; de-là la croyance de l'enfer & du paradis. Ce qui différencie la théologie de ces peuples d'avec la nôtre, c'eft qu'ils croient que les ames des morts errent pendant quelque tems dans les lieux qu'elles ont habités ; & c'eft ce préjugé qui les porte à détruire leur maifon auffi-tôt après la mort de l'un de ceux qui compofoit la famille. On voit dans plufieurs ouvrages des premiers fiecles du chriftianifme, que nous penfâmes long-tems, fur ce fujet, comme les hotentots.

Ces peuples ne paroiffent pas avoir chez eux un ordre de citoyens fpécialement livré aux fonctions du facerdoce. Peut-être, chaque pere de famille remplit-il, comme le faifoient la plupart des chefs de l'ancien monde, cette éminente dignité. Quoi qu'il en foit, il n'eft pas moins vrai que cette nation a un culte extérieur de religion, & qu'elle adore la divinité par des offrandes & des facrifices. Un hotentot a-t-il réuffi dans quelqu'entreprife, remporté quelque victoire, échappé à quelque danger ou à quelque maladie ? il célebre, en action de grace, une fête folemnelle,

Lorfqu'ils fe répentent des fautes qu'ils ont commifes & qu'ils veulent commencer une vie nouvelle, ils bâtiffent au milieu du village une cabane neuve, & pour fa conftruction ils obfervent de n'employer que des matériaux qui n'ont jamais fervi. Ils décorent cette hute nouvelle de rameaux entrelaffés & de guirlandes de toutes fortes de fleurs, cueillis de la main des femmes & de jeunes garçons qui ne font pas encore admis parmi les hommes. La fête eft terminée par le facrifice d'un agneau ou d'un mouton dont ils mangent la chair avec leurs amis. Les hotentots pratiquent la même cérémonie lorfque la contagion ou quelqu'autre accident les force d'abandonner leur village pour en aller conftruire un autre ailleurs.

Soit principe de religion, foit motif de fanté, les caffres ont certains animaux dont la chair leur eft interdite : telle eft celle du cochon & des poiffons fans écailles. Ils s'abftiennent auffi du lievre & du lapin, ainfi que du lait d'une brebis. Ils ne font pas fi fcrupuleux à l'égard des animaux morts de vieilleffe ou de maladie ; ils en dévorent la chair avec une avidité inconcevable, quelque foit le genre de maladie qui les ait fait périr. D'ailleurs l'ufage ne permet pas qu'ils mangent avec leurs femmes : l'objet de cette défenfe eft la fouillure qu'ils contracteroient s'ils fe mettoient à la même table, tandis qu'elles auroient leurs indifpofitions périodiques.

L'abftinence légale n'eft pas le feul objet qui rapproche la théologie des hotentots des opinions judaïques : ils obfervent auffi la circoncifion. Cette opération douloureufe confifte à retrancher le tefticule gauche ; & ces peuples ont une loi qui défend, fous peine de mort, à tout homme d'avoir aucun commerce avec une femme avant qu'on l'ait ainfi initié dans la religion du pays : cette cérémonie fe fait dès que l'enfant a atteint l'âge de huit ou neuf ans. On étend le patient par terre, pieds & mains liés : celui qui fe charge de faire l'opération, s'affied fur la poitrine de l'enfant ; & le tenant ainfi affujetti, il le circoncit fans difficulté. A la place du tefticule qu'il retranche, il infere une boule d'une égale groffeur compofée avec la poudre de bukku & de la graiffe de brebis. L'opérateur ayant fermé la plaie, il arrofe le patient de fon urine. Lorfque celui-ci commence à reprendre fes efprits & à revenir à lui-même, il eft obligé de fe traîner fans l'aide de perfonne dans une petite chaumiere conftruite exprès pour lui ; & la loi veut qu'il y faffe une retraite de trois ou quatre jours. Après cette cruelle cérémonie, tous les compatriotes du nouveau circoncis font un repas où l'on mange la chair d'un mouton. La pudeur ne permet pas aux femmes d'affifter à ce feftin.

Quoique les hotentots n'aient pas porté la civilisation au point de perfection où nous croyons l'avoir portée, ils ont cependant des régles
que l'usage leur prescrit pour s'unir décemment avec une femme. Lorsqu'un jeune homme de cette nation desire de se marier, il doit commencer par obtenir le consentement des deux familles. Pour y parvenir, tous les parens s'assemblent, à l'invitation du jeune candidat qui
regale toute l'assemblée. Au milieu du repas, les deux peres se com-
muniquent les propositions de mariage : celui de la fille parle un moment avec sa femme en présence de l'assemblée, après quoi il accorde
ou refuse sa fille à son amant. S'il consent au mariage, il dit tout haut
au futur époux, *prenez la fille, la voilà* ; & c'est alors qu'il lui est permis pour la premiere fois de lui faire sa déclaration d'amour. Si elle ne
répond pas au témoignage d'affection qu'il lui donne, il engage un combat avec elle & ne cesse de la harceler jusqu'à ce qu'il ait obtenu son
consentement.

Lorsqu'il est question de former authentiquement les liens du mariage, le futur époux invite de nouveau tous les membres des deux
familles auxquels il donne un festin analogue à ses facultés. Les con-
vives se frottent de la graisse des animaux qui doivent être servis dans
ce repas, sur laquelle ils répandent abondamment du bukku. Les femmes ajoutent à cette onction dégoûtante un fard dont elles se garnis-
sent le front, les joues & le menton. Ceux qui composent cette assemblée, se forment en deux cercles, dont l'un comprend les hommes,
& l'autre les femmes. Les deux époux sont chacun dans le cercle qui
convient à son sexe & un peu séparés des autres : alors celui du village
qui a le droit de les unir, verse sur eux de l'urine & leur donne la
bénédiction nuptiale.

La polygamie, fruit des climats chauds, qui provoquent naturellement à de fréquentes jouissances, est reçue chez tous les negres, &
spécialement chez les hotentots ; ils prenent tout autant de femmes
que leurs moyens le leur permettent : aussi punissent-ils avec la plus
grande rigueur tous les attentats commis contre la pudeur des femmes.
Le dernier supplice est sur-tout celui de l'adultere & de l'inceste. Le
divorce est admis parmi eux ; mais leurs veuves ne se remarient pas
impunément. On assure qu'elles sont obligées de se couper autant de
jointures des doigts qu'elles se remarient de fois : chacune de ces jointures est un gage que la femme qui se remarie, est obligée de donner
à son nouvel époux.

Tome I.   Q 2

Figures.

Lorfqu'une femme hotentote eft fur le point d'accoucher, le mari eft obligé de fe retirer ; il lui eft expreffément défendu d'affifter aux couches de fa femme ; & il ne peut même revenir que lorfqu'elle eft entiérement retablie. S'il ofoit porter quelqu'atteinte à cette loi, on le forceroit à facrifier deux moutons ou deux agneaux pour fe purifier. Le mari d'une femme qui accouche d'un enfant mort, eft fouillé par cet événement, & il eft forcé de fe purifier avant d'être admis dans la fociété des hommes.

Lorfqu'un enfant vient au monde, on commence par le coucher à terre fur la peau de quelqu'animal ; on lui frotte enfuite tout le corps avec de la fiante de vache, & on l'expofe ainfi dans la campagne aux injures de l'air. Le foleil deffeche peu-à peu les ordures dont l'enfant eft couvert, & les convertit dans une croûte difficile à enlever. Les femmes lavent alors le corps de l'enfant avec le jus de certaines feuilles, broyées entre deux pierres. Après quoi, elles l'induifent de la graiffe de brebis ou d'agneau & le faupoudrent de bukku. Les parens lui donnent enfuite le nom de quelque animal dont les qualités font louables aux yeux des hotentots.

Indépendamment de la circoncifion dont on a parlé, l'ufage affujettit encore les jeunes gens à une cérémonie finguliere par laquelle ils font placés au rang des hommes. Lorfqu'on fe propofe d'y procéder, l'un des plus anciens du village, peut-être celui qui remplit les fonctions de prêtre, convoque l'affemblée générale. Tous ceux qui la compofent fe forment en cercle : chacun s'y tient le corps appuyé fur fes

61. genoux, de maniere que les feffes ne touchent pas à terre (*fig. 61*). Celui qui doit être reçu dans la claffe des hommes, n'entre pas encore dans cette affemblée : il en eft à une fort petite diftance, & dans la pofture des autres. L'ancien fait d'abord un petit difcours qui roule fur les circonftances de cette folemnité ; enfuite il demande à l'affemblée fon confentement pour l'admiffion du jeune candidat. Après avoir obtenu ce confentement, il s'avance vers le récipiendaire & l'arrofe gravement d'urine, & le jeune homme de fon côté fe frotte refpectueufement le corps de l'eau facrée qui découle de l'afperfoir. L'ancien couronne la cérémonie en félicitant le jeune homme, au nom du village, de la grace qu'il vient de recevoir ; il lui fouhaite une vie longue & heureufe, beaucoup d'enfans & une pêche abondante. Après cela on fe régale d'un mouton aux dépens du nouvel initié, auquel il n'eft permis d'en manger qu'après tous les autres.

Figures.

Lorfqu'un vieillard décrépit eft accablé fous le poids des années, paroît approcher de fa fin, fon fils aîné ou fon plus proche parent, convoque tous les hommes du village, leur expofe l'état déplorable du
moribond, & demande la permiffion de l'éloigner du village comme
un membre inutile à la fociété : rarement on refufe cette permiffion,
parce que les hotentots font perfuadés qu'on ne doit aucuns égards à un
homme qui ne peut plus être utile ni à lui ni à fes femblables. Il donne
enfuite à tous les habitans un grand repas, après lequel chacun dit adieu
au vieillard. On fait monter celui-ci fur un bœuf; & on le conduit ainfi,
efcorté de tout le village, dans une cabane conftruite exprès dans quelque lieu folitaire & éloigné de toute communication : c'eft là que le
malheureux vieillard, abandonné de tout le genre humain, attend pa-
tiemment la mort, avec quelques petites provifions qui ne fervent qu'à
prolonger fon fupplice. On trouvera dans nos *lettres hiftoriques & phi-
lofophiques fur les foibleffes de l'efprit humain*, divers autres traits plus
atroces encore, dont les peuples de l'antiquité fe font rendus coupables
envers les vieillards.

Lorfqu'un malade expire dans fon village, des cris épouvantables
fe font entendre dans tout le canton ; mais ces cris lugubres, ces hurlemens affreux ne durent tout-au-plus qu'un quart-d'heure. On s'occupe bientôt à rendre les derniers devoirs au défunt : alors l'ancien
du village détache quelqu'un de fa fuite pour aller faire la foffe, en
l'exhortant fur-tout de pratiquer ce dernier afyle, de maniere que les
bêtes féroces ne puiffent déterrer le mort (*fig. 62*). Pendant ces prépa- 62.
ratifs, les parens du défunt mettent le cadavre en double, les bras fur
la poitrine & la tête contre les genoux, dans une fituation femblable
à celle où il étoit dans le ventre de fa mere : ils le lient ainfi fort étroitement dans la peau qui lui fervoit d'habillement pendant fa vie; & ils
l'enfeveliffent toujours fix heures après fa mort. Trois ou quatre porteurs
choifis par le chef du village, le chargent fur leurs épaules & le portent en terre ; mais ici, comme à la Chine, on ne fait jamais fortir le
cadavre par la porte ordinaire de la cabane ; l'ufage veut que l'on y faffe
une grande ouverture tout exprès au côté oppofé à la porte. Pendant
qu'on s'occupe à le faire fortir, tous les parens s'affient en rond près la
porte de la cabane ; les hommes hurlent d'un côté, & les femmes de l'autre. Auffi-tôt que le cadavre eft forti de la cabane, on la condamne,
& perfonne n'en approche davantage, de crainte d'y rencontrer l'ame
du défunt. Tout le village doit le conduire au tombeau ; mais ce convoi

se fait sans ordre ni régularité : on y recommence seulement les gestes, les cris & les grimaces que l'on avoit fait appercevoir au moment où le mort avoit rendu le dernier soupir. Lorsque le cadavre est arrivé au lieu de sa sépulture, on le précipite dans le caveau, & l'on roule de grosses pierres ou des arbres entiers sur lui pour l'empêcher d'être la proie des bêtes féroces. En s'en retournant, ceux qui composent le convoi, hurlent, gesticulent, font des grimaces comme auparavant, & appellent continuellement le défunt par son nom, comme s'ils vouloient le rappeller du tombeau. A leur retour au village, ils s'assient autour de la cabane du mort, & recommencent leurs pleurs & leurs gémissemens : souvent même ils donnent toute la huitaine à ce service funébre. Une heure après le retour du convoi, le plus ancien du village se leve & asperge d'urine tous ceux qui ont honoré la sépulture du mort : il verse ensuite sur toute l'assemblée de la cendre qu'il va chercher lui-même dans la cabane du défunt. Ceux des plus affligés ajoutent à ces deux onctions de la bousse de vache qui forme une espece de croûte sur leurs corps & que la piété ne leur permet pas d'enlever. Le lendemain de l'enterrement, tous les habitans du village s'occupent à détruire les cabanes qui le composoient, & vont chercher ailleurs un domicile moins funeste à l'espece humaine : onne laisse que celle du mort sur pied avec tout le ménage qui lui servoit pendant sa vie ; & ce ménagement a pour motif la consolation que doit en recevoir le défunt, s'il juge à propos de revenir visiter son ancienne habitation. Arrivés à l'endroit où ils se proposent de fixer leur domicile, ils se purifient par le sacrifice d'une victime, dont la chair sert à regaler tout le village. La bienséance exige que le plus proche parent du mort porte au col la coeffe de cette victime, sur-tout si c'est une brebis : c'est la marque du deuil auquel l'usage assujettit les parens. Cependant ceux qui ne sont pas assez riches pour immoler une victime, se contentent de se raser la barbe & les cheveux en signe de deuil.

Quelqu'isolés que soient les hotentots, ils ont cependant leurs troubadours & leurs musiciens. L'un de leurs principaux instrumens de musique s'appelle *gongom* (*fig.* 63) : il est fait en forme d'arc, & d'un bois dur & serré. La corde de cet instrument est ordinairement un boyau assez semblable à celle de notre violon : ils attachent au-dessus de cette corde un tuyau de plume, par lequel ils soufflent de telle maniere qu'ils tiennent en même-tems l'extrêmité de la corde dans la bouche, afin que la correspondance qui se trouve entre le tuyau & la corde fasse

un accord plus agréable. Lorfqu'ils veulent que le gongom rende un fon
plus armonieux, ils paffent dans la corde la moitié d'une coquille de
coco vuide & bien nette, ils remuent & conduifent cette coquille
avec la main, tantôt en haut & tantôt en bas, ce qui forme une variété de tons affez fenfible. Cette mufique ne laiffe pas de plaire à des
oreilles accoutumées à une mélodie beaucoup plus agréable. Les caffres
fe fervent auffi d'une efpece d'inftrument de mufique qui reffemble affez
à un pot ou à une timbale. Ils tendent fur ce pot une peau d'agneau
fort unie, de maniere qu'elle rend à-peu-près le fon d'un tambour. Les
femmes battent fur cet inftrument avec la main.

ARTICLE XIII.

Religion des Peuples de Juida.

QUELQUES écrivains, tels que Bofman, ont cru que les peuples du
royaume de Juida étoient abfolument idolâtres, & ne foupçonnoient
pas même l'unité de Dieu. Cette erreur a été folidement réfutée par
des voyageurs beaucoup plus éclairés que les premiers, & l'on ne peut
douter aujourd'hui que cette nation, la plus fage & la mieux difcipli-
née de toutes celles qui habitent la côte de Guinée, n'ait une idée
claire & diftincte de l'exifténce d'un feul Dieu. Tel eft le fentiment de
Demarchais qui a affez étudié les mœurs & la croyance de ce peuple
negre, pour affurer qu'il reconnoît un être fouverain, créateur de l'univers, qui réfide au ciel, d'où il gouverne le monde, & dont la juftice
& la bonté font infinies. C'eft à fa puiffance qu'ils ont recours dans les
calamités publiques; c'eft à lui qu'ils adreffent leurs vœux, lorfque le
rituel ordonne de lui rendre des actions de graces pour les bienfaits qu'ils
en ont reçus. Quelques-uns affurent même qu'ils portent jufqu'au fanatifme le culte dû au tout-puiffant. Demarchais prétend qu'ils lui facrifient, non-feulement des animaux, mais encore des jeunes perfonnes
des deux fexes. Un certain Affou, capitaine negre, que cet auteur dit
avoir vu, avoir fait, felon lui, au Dieu du ciel un facrifice d'hommes
& d'enfans pour obtenir la guérifon de fon pere.

La théologie des peuples de Juida ne fe borne pas à la connoiffance
d'un Dieu. Ils croient à l'exiftence d'un génie mal-faifant qui reprefente
le diable des chrétiens : ils croient l'immortalité de l'ame. L'apparition

des efprits fait la bafe de tous les contes dont ils occupent la jeuneffe.
Enfin , ils en favent tout autant que nous fur l'enfer & le paradis.

A cette religion fimple & affez conforme aux idées des premiers
hommes , les peuples de Juida ont fucceffivement ajouté le culte ridicule des fétiches. Ces fortes de divinités fubalternes , qui doivent leur
naiffance à l'opinion où font les négres que toute la nature eft animée
par des génies bien-faifans , font les arbres , la mer , les rivieres , certaines efpéces de ferpens , & plufieurs autres objets de la même importance. Les offrandes , que ce peuple fait aux arbres , confiftent en pâte
de millet , de mahis & de ris. C'eft ordinairement en cas de maladie
que fe font ces facrifices , auxquels fi l'on en croit Bofman , on ajoute
fouvent un efclave dont on diftribue la chair entre les parens du malade : c'eft aux prêtres qu'appartient le droit de placer ces offrandes au
pied de l'arbre qui fait l'objet de la dévotion du malade ; après quoi il
peut les emporter pour fon propre ufage , à moins que l'infirme ne les
paie pour les laiffer au même lieu , jufqu'à ce qu'ils aient été dévorés par
les chiens , les porcs , ou les animaux de proie.

La maniere d'honorer la mer dans les tems d'orages & de tempêtes ,
confifte à jetter dans fes flots toutes fortes de marchandifes. Si , malgré
ces riches offrandes , ce fougueux élément s'obftine à demeurer contraire
à leurs vœux , on confulte le grand facrificateur ; & , fuivant fa réponfe , on fait une proceffion folemnelle qui fe termine par le facrifice d'un
bœuf fur le rivage : on fait couler le fang dans les flots , & l'on y jette ,
auffi loin qu'il eft poffible , un anneau d'or pour appaifer la mer. La
victime appartient au grand facrificateur qui en difpofe à fon gré.

L'une des principales fétiches du royaume de Juida , eft une ftatue
que nos voyageurs appellent *agoye.* Cette idole , qui préfente vraifemblablement la divinité à la maniere des negres , eft de terre noire ,
d'une figure hideufe , & plus reffemblante à un crapaud qu'à un homme.
Elle eft accroupie fur un piedeftal d'argile rouge , bordé de bujis : fa
tête eft couronnée de lézards & de ferpens , entremêlée de plumes
rouges ; & l'on voit fortir au fommet , le fer ou la pointe d'une za-
gaye qui traverfe un gros lezard , au deffus duquel eft un croiffant d'argent. Le col de la figure eft entouré d'une bande de drap d'écarlate ,
d'où pendent quatre bujis. Cette idole eft communément placée fur une
table dans la maifon du grand facrificateur : on place vis-à-vis d'elle
trois plats de bois , ou trois demi calebaffes , dont l'une contient quinze
ou vingt petites boules de terre.

C'eft

C'eſt cette divinité qui préſide au conſeil de la nation ; jamais on ne forme d'entrepriſe ſans avoir pris ſon avis. Ceux qui ont beſoin de ſes conſeils, s'adreſſent d'abord au ſacrificateur, & lui expliquent le ſujet qui les amene. Ils offrent enſuite leur préſent à la ſtatue, ſans oublier le prêtre qui doit lui ſervir d'interprête ; s'il eſt ſatisfait, il prend les boules de terre, fait quantité de grimaces que le ſuppliant conſidere avec beaucoup de reſpect, & il jette les bales au hazard, juſqu'à ce que le nombre ſe trouve impair dans chaque plat. Il répete pluſieurs fois cette opération ; & ſi le nombre continue d'être impair, il déclare que l'en‧ trepriſe eſt heureuſe. Les femmes ſur‧tout, auſſi foibles & auſſi ſuperſti‑ tieuſes ici que dans toutes les autres parties du monde, ne ceſſent pas de conſulter l'oracle, & d'enrichir le prêtre par leurs préſens. On ne fait pas de proceſſion publique à l'honneur de l'agoye, comme cela ſe pratique à l'égard de la mer & des rivieres : c'eſt un culte ſecret qui n'a d'autre témoin que le prêtre & la divinité. Indépendamment de cette idole, chaque particulier s'en fabrique une foule d'autres de terre graſ‑ ſe : les grands chemins & les maiſons en ſont remplis ; & l'on prend ſoin de les placer ſous des huttes en forme de chapelle. Toutes ces ſta‑ tues portent plutôt le caractere de la ſuperſtition que de l'idolatrie ; &, s'il falloit mettre au rang des polythéiſtes tous les peuples qui ſe ren‑ dent journellement coupables de ces foibleſſes, il faudroit conſidérer comme tels la plupart de ceux qui couvrent notre planette.

Le principal objet de la ſuperſtition de Juida eſt le ſerpent fétiche. La longueur de ce reptile n'eſt pas ordinairement de plus de ſept pieds & demi ; mais il eſt auſſi gros que la cuiſſe d'un homme. Ces ſerpens ne nuiſent à perſonne : ils ſont ſi privés, qu'ils ſe laiſſent prendre & manier. Leur unique antipatie eſt contre les ſerpens venimeux dont la morſure eſt dangeureuſe : ils les attaquent dans quelques lieux qu'ils les rencon‑ trent & prennent plaiſir à délivrer les hommes de ces monſtres.

Nous obſerverons que le royaume de Juida n'eſt pas le ſeul pays qui ait nourri des ſerpens privés. Les environs de Pella, capitale de la Macé‑ doine, étoient autrefois remplis de ces reptiles d'une grandeur demeſurée & d'une douceur ſurprenante : ils ſe familiariſoient avec les hommes ; on les nourriſſoit dans les maiſons ; ils dormoient à côté des enfans. Si l'on marchoit ſur eux, ils le ſouffroient : ſi on les froiſſoit, ils ne s'irritoient pas : ils tetoient les femmes qui vouloient s'y prêter. C'eſt ſans doute, dit Crevier, quelque ſerpent de cette eſpece, qui, trouvé dans le lit d'O‑ lympyas, donna lieu à la fable de la naiſſance miraculeuſe d'Alexandre.

Tome I.   R

A Juida, comme en Egypte, c'eſt un crime capitale d'outrager volontairement le ſerpent ſacré. Un negre, ou un blanc, qui auroit la témérité de préſenter ſon bâton pour le frapper, s'expoſeroit à être mis en pieces par les habitans du pays, Les bêtes ne ſont pas moins compriſes dans la défenſe que les hommes ; & ſi quelqu'une d'entr'elles avoit le malheur de tuer un ſerpent, le roi ne manqueroit pas de donner auſſi-tôt un édit foudroyant qui ordonneroit la deſtruction entiere de toute l'eſpece. En 1697, un porc qui avoit été tourmenté par un ſerpent, ſe jetta deſſus & le dévora. Les prêtres ayant porté leur plainte au roi contre le ſacrilege, ce prince donna ordre auſſi-tôt d'exterminer tous les porcs du pays ; & cette ordre ſanglant eut ſon exécution, malgré les plaintes des particuliers qui reclamoient le droit ſacré des propriétés.

Auſſi-tôt que le mahis commence à verdir, & qu'il eſt de la hauteur d'un pied, la loi veut que l'on tienne les porcs renfermés, parce que c'eſt dans ce tems que les ſerpens ſacrés font leurs petits. Alors les officiers du roi parcourent tout le pays, & font main-baſſe ſur tous les porcs qu'ils rencontrent ; & ils exécutent leurs ordres avec d'autant plus de fidélité, que tout ce qu'ils tuent eſt pour eux.

Dans toutes les parties du royaume de Juida, on voit des temples deſtinés à l'entretien des ſerpens ſacrés. Perſonne ne paſſe devant ces ſanctuaires ſans rendre quelque eſpece de culte au génie qu'on y adore, & ſans demander ſes ordres. Si l'on en croit le voyageur Barbot, chacun de ces temples a ſa prêtreſſe, vieille femme entretenue des proviſions qu'on offre au ſerpent, & qui répond à voix baſſe aux queſtions des adorateurs. Elles conſeillent aux uns de s'abſtenir de manger de certaines viandes, comme du bœuf, de la volaille ou du mouton, & aux autres de ne pas boire du vin de palmier ou de la bierre. Ces conſeils ſont religieuſement obſervés par ce peuple idiot & ſottement entêté de ſes ſuperſtitions. Le principal temple conſacré au ſerpent eſt aux environs de Sabi, capital du royaume de Juida, ſous un grand arbre : c'eſt dans ce ſanctuaire que le chef ou le plus gros des ſerpens fait ſa réſidence. Les negres le regardent comme le pere de tous les autres : cette ignorance leur eſt d'autant plus pardonnable, qu'il ne leur eſt pas permis de le voir. Le roi même n'a cette permiſſion qu'une fois dans ſa vie, trois mois après ſon couronnement.

Ces peuples, perſuadés ſans doute que la divinité ſe ſert de ce reptile pour verſer ſur eux ſes bienfaits, lui rendent, en pluſieurs circonſtances, des honneurs exceſſifs. Ils invoquent le grand ſerpent dans les

pluies & dans les fécherefſes extraordinaires pour la fertilité des terres
& l'heureux fuccès des moiſſons ; dans les affaires qui regardent le bien
public & le gouvernement ; dans les maladies de leurs beſtiaux, ou pour
leur demander qu'ils en ſoient préſervés ; enfin dans toutes les affaires
& les peines qu'ils croient ſurpaſſer le pouvoir de leurs fétiches ordinaires. Avec une ſi haute opinion de la puiſſance de ces animaux, il
n'eſt pas ſurprenant qu'ils leur faſſent des préſens conſidérables. Le roi
& les grands lui font des offrandes magnifiques, telles que des étoffes de
coton, des vivres, des liqueurs, des marchandiſes d'Europe, & de tout
ce qu'ils ont de plus précieux : ce ſont les prêtres qui profitent de toutes
ces richeſſes.

Les plus grandes fêtes qu'on célebre à l'honneur du ſerpent, ſont
deux proceſſions ſolemnelles qui ſuivent immédiatement le couronnement du roi. Si la mere de ce prince vit encore, c'eſt à elle qu'il appartient de préſider à la premiere ; & trois mois après, il conduit lui-
même la ſeconde. Chaque année, il s'en fait une autre qui a le grand
maître de la maiſon du roi pour guide. Quant au culte journalier que
l'on rend à ce fétiche, il conſiſte principalement en chants & en danſes,
dont les prêtres accompagnent les offrandes que le peuple fait à ce
génie protecteur de l'état.

Cette ſuperſtition a donné naiſſance à un uſage que la convoitiſe des
prêtres pourroit fort bien avoir imaginée. Tous les ans, depuis le tems
où l'on ſeme le mahis, juſqu'à ce qu'il ſoit parvenu à la hauteur d'un
homme, le peuple croit que le ſerpent prend plaiſir à rechercher toutes
les jolies filles pour leſquelles il conçoit de l'inclination, & qu'il leur
inſpire une eſpece de fureur qui demande de grands ſoins pour leur
guériſon. Alors les parens ſont obligés de mener ces filles dans un édifice qu'on bâtit près du temple, où elles doivent paſſer pluſieurs mois
pour attendre le rétabliſſement de leur ſanté : ils leur fourniſſent, pendant cette retraite, toutes les proviſions néceſſaires à leur ſubſiſtance ;
& le zele eſt ſi grand pour cette contribution, que les prêtres n'ont pas
beſoin de s'en procurer ailleurs pour vivre. Lorſque le tems des remedes
eſt expiré, & que les filles ſe croient guéries d'un mal dont l'imagination ſeule a peut-être été frappée, elles ont la liberté de ſortir après
avoir payé les frais occaſionnés pour leur logement & pour les ſoins
qu'ont exigé leurs indiſpoſitions. Elles ſortent ordinairement de ces retraites auſſi furieuſes que des bacchantes. Le principe de cette fureur eſt
l'ordre que les prêtres donnent à ces filles de contrefaire ainſi les furieuſes

fous peine d'être rigoureufement punies, fi elles venoient à révéler le fecret. Chaque village a fon édifice particulier pour cet ufage, & les plus peuplés en ont deux ou trois. Si l'on en croit Bofman, des raifons d'état ont autant concouru que la fuperftition à donner naiffance à cet ufage; & cet auteur affure, que le roi, dont le defpotifme n'eft pas moins accablant que par-tout ailleurs, tire la meilleure part de cet argent que les negres diftribuent généreufement au ferpent.

Les deux fexes partagent également le miniftere de la religion. A Juida, comme chez les juifs, le facerdoce eft héréditaire dans les familles. La tribu facerdotale eft fort nombreufe; car tout concourt à y favorifer la multiplication de l'efpece. L'habit ordinaire des prêtres n'eft pas différent de celui du peuple; & on ne peut les reconnoître que par les cicatrices qu'on leur fait fur le corps dès leur bas âge. Ils ont cependant le droit de fe vêtir comme les grands, quand ils font en état de foutenir cette dépenfe.

Les prêtres & les prêtreffes font fi refpectés, que ce titre les met à couvert du dernier fupplice pour tous les crimes qu'ils peuvent commettre : à la tête du facerdoce eft un chef qui le gouverne, & qui jouit d'une confidération auffi diftinguée que le roi. Le pouvoir de ce grand pontife balance même quelquefois celui du prince; parce que les negres, perfuadés qu'il converfe fouvent avec la divinité, croient qu'il peut leur faire beaucoup de mal ou de bien. Il profite habilement de cet afcendant que la ftupidité publique lui accorde, pour exiger du roi & des grands tout ce qui convient à fes befoins.

Le grand facrificateur a feul le droit d'entrer dans le fanctuaire du ferpent. A la qualité de chef du facerdoce, il joint celle de grand du royaume & de gouverneur d'une province. Tous les autres prêtres font foumis aveuglement à fes ordres. Il parvient à fa dignité par le fuffrage de la nation; & fouvent c'eft la cabale qui détermine les negres à la lui accorder. D'ailleurs ce pontife, comme les prêtres fubalternes, n'a aucun revenu déterminé : la crédulité du peuple fait fon plus riche patrimoine.

Les femmes élevées à l'ordre des prêtreffes, s'appellent *betas*. Leur dignité leur infpire ordinairement beaucoup de morgue & de fierté : elles prennent le titre d'*enfans de Dieu*. Tandis que toutes les autres femmes font foumifes à leurs maris, celles-ci en exigent des hommages, & exercent fur eux & fur leurs biens un empire abfolu : elles font en droit d'ordonner qu'ils les fervent & leur parlent à genoux. Auffi les

plus fenfés des negres fe donnent-ils bien de garde d'époufer ces bétas ,
& confentent encore moins que leurs femmes foient élevées à cette
dignité. Cependant , s'il arrive qu'on les choififfe fans leur participa-
tion , la loi leur défend de s'y oppofer fous peine d'une cenfure rigoureufe , & de paffer pour des impies , dignes du plus violent anathême. La
dignité des prêtreffes n'eft donc pas héréditaire comme celle des prêtres.
Les femmes ne parviennent à ce haut degré d'élévation , qu'après avoir
été choifies pour être promues au facerdoce. Demarchais nous a tracé
le détail des formalités qui s'obfervent dans l'élection de ces bétas. Chaque année , on choifit un certain nombre de jeunes vierges , qui font
féparées des autres femmes & confacrées au ferpent. Les vieilles prêtreffes
font chargées de ce foin ; elles prennent le tems où le mahis commence
à verdir : alors fortant de leurs maifons , qui font communément à peu
de diftance de la ville , elles entrent dans les rues , armées de maffues ,
& y courent comme des furieufes depuis huit heures du foir jufqu'à mi-
nuit , en criant *nigro bodinamé* , c'eft-à-dire , *arrêtez* , *prenez*. Toutes les
jeunes filles , de l'âge de huit ans jufqu'à douze , qu'elles peuvent arrêter
dans cet intervalle leur appartiennent de droit ; & il n'eft permis à perfonne de réfifter à ce torrent , pourvu qu'elles n'entrent pas dans les cours
ou dans les maifons : elles feroient foutenues par les prêtres qui ache-
veroient de tuer impitoyablement ceux qu'elles n'auroient pas déjà tués
de leur maffue. Ces vieilles furies conduifent dans leur cabane les jeunes filles qu'elles ont enlevées ; elles ont des appartemens qui ne font
deftinés qu'à cet ufage , où elles les tiennent renfermées pour les inftruire & pour leur donner la marque caractériftique du ferpent. Les
parens néanmoins doivent être avertis du lieu où font leurs filles ; & ,
loin de s'en affliger , la plupart fe croient honorés de voir tomber le
choix fur celles qui leur appartiennent. Il s'en trouve même qui offrent
une fille ou deux au fervice du ferpent , dans l'intention de fanctifier ainfi
leur famille.

Si l'on en croit l'auteur de qui l'on tient toutes ces circonftances , ces
jeunes filles ne peuvent , en effet , être plus heureufes qu'en tombant
entre les mains des bétas. Elles font d'abord traitées avec beaucoup de
douceur dans leurs cloîtres : on leur fait apprendre les danfes & les
chants facrés qui fervent au culte du ferpent ; mais la derniere partie de
ce noviciat eft très-fanglante & fort douloureufe : elle confifte à leur
imprimer fur le corps , avec un fer chaud , des figures de fleurs , d'animaux , & fur-tout celle du ferpent. Après la guérifon de tant de bleffures ,

la peau devient fort belle : on la prendroit pour un fatin noir à fleurs ; cette confécration qui place ces jeunes filles au rang des bétas, les rend refpeétables aux yeux des negres, & leur affurent la jouiffance de tous les priviléges attribués à l'ordre facerdotal.

Les prêtreffes, après avoir obligé ces jeunes initiées à garder le fecret des myfteres qu'on leur a révélés, faififfent l'occafion de quelques nuits fort obfcures pour les reconduire dans leur famille. Elles les laiffent à la porte avec ordre d'appeller leurs parens, qui, après les avoir reçues avec joie, n'oublient pas d'aller rendre grace au ferpent de l'honneur qu'il a fait à leur famille. Quelques jours après, les vieilles matrones viennent demander le prix du logement & de l'entretien de leurs éleves. La piété ne permet pas d'exiger aucune diminution ; & fi un pere avare effayoit de fléchir fur cela la cupidité des bétas, il en feroit puni en voyant doubler ou tripler le montant des fommes qu'il devroit. Ces contributions font divifées en trois portions, dont l'une appartient au grand facrificateur, l'autre aux prêtres, & la derniere aux prêtreffes.

Les jeunes filles rentrent enfuite dans l'ordre de leur famille avec la liberté de retourner quelquefois au lieu de leur confécration pour y répéter les inftruétions qu'elles y ont reçues. Lorfqu'elles deviennent nubiles, on célebre la cérémonie de leur mariage avec le ferpent. Les parens, fiers d'une fi noble alliance, les décorent des plus riches parures: on les mene au temple, où, dès la nuit fuivante, elles font conduites dans un caveau bien voûté où fe célebre le mariage. Si l'on en croit Bofman, ce font des prêtres qui fe chargent de les époufer par procutation du ferpent, & qui confomment le mariage en mémoire de ce facré reptile. Pendant que le myftere s'accomplit, continue cet écrivain, les autres prêtreffes danfent & chantent au fon des inftrumens ; mais trop loin du caveau pour entendre ce qui s'y paffe. Une heure après, on rappelle les nouvelles époufées fous le nom de *femmes du grand ferpent*, qu'elles continuent de porter toute leur vie. Le jour fuivant on les reconduit dans leur famille ; & dès-lors elles participent à toutes les offrandes faites au ferpent de leur mari.

Quoique les negres de Juida ne foient ni juifs ni mahométans, l'ufage de la circoncifion des enfans eft cependant établi chez eux, fans que les habitans puiffent en apporter d'autre raifon que l'exemple de leurs ancêtres : auffi n'y paroît-il aucune cérémonie religieufe. Quelquefois on foumet des filles   cette opération fanglante : elle fe fait d'ailleurs à différens âges, & felon le caprice des familles. Les uns la fouffrent à quatre ans, d'autres à cinq, à fix, à huit, même à dix ans. Cette circoncifion ne reffemble d'ailleurs en rien à celle des hotentots : elle eft parfaitement la même que celle des juifs.

On connoit fort peu de crimes capitaux dans ce royaume. Le meurtre & l'adultere des femmes du roi font les feuls qui foient diftingués par ce nom. L'idée feule de la peine que l'on fait fouffrir aux adulteres fait frémir. Bofman dit avoir été témoin de l'exécution de quelques meurtriers : ils furent éventrés vifs, leurs entrailles arrachés & brûlées ; enfuite, les corps furent remplis de fel & plantés fur un pieux au milieu de la place publique. Quant aux adulteres, le fupplice auquel la loi les condamne eft inexprimable. Les officiers du roi font creufer deux foffes longues de fix ou fept pieds, fur quatre de largeur & cinq de profondeur : elles font fi près l'une de l'autre, que les deux criminels peuvent fe voir & fe parler. Au milieu de l'une, on plante un pieu auquel on attache la femme, les bras liés derriere le dos : on la lie également par les genoux & par les pieds. Au fond de l'autre foffe, les femmes du roi font un amas de petits fagots au bout defquels on plante deux petites fourches de bois. L'amant eft lié contre une broche de fer & ferré fi fortement qu'il ne peut fe remuer. On place la broche fur les deux fourches de bois qui fervent comme de chenets : on met alors le feu aux fagots. De cette maniere, l'extrêmité de la flamme touche au corps & rôtit le coupable par un feu lent. Pour diminuer la cruauté d'un tel fupplice, on a le foin de tourner la tête du criminel vers le fond de la foffe, de maniere qu'il eft quelquefois étouffé par la fumée avant qu'il ait pu reffentir l'ardeur du feu. Lorfqu'il ne donne plus aucun figne de vie, on délie le corps, & on le jette dans la foffe. Hélas! quand les nations feront-elles donc affez fages & affez éclairées pour fubftituer à ces tourmens horribles qu'elles font fouffrir aux criminels, des châtimens moins rigoureux, & qui puiffent rendre le fcélérat même utile à la fociété !

Auffi-tôt que l'homme eft mort, les autres femmes du roi fortent du palais au nombre de cinquante à foixante, & auffi richement vêtues qu'aux plus grands jours de fêtes. Elles font efcortées par les gardes du prince au fon des tambours & des flûtes; chacune porte fur fa tête un grand pot d'eau bouillante qu'elles vont jetter l'une après l'autre fur la tête de leur malheureufe compagne. Comme il eft impoffible qu'elle ne meurre pas dans cet horrible fupplice, on délie auffi-tôt le corps , on arrache le pieu & l'on jette l'un & l'autre dans la fosse, qui est remplie ensuite de pierres & de terre.

Si la femme d'un grand a souillé le lit nuptial, le mari a le droit de la tuer pourvu qu'il la surprenne dans le crime : autrement il ne peut que la vendre, à moins que le roi ne lui permette de se rendre justice de l'opprobre dont elle l'a couvert. Cependant, ces peuples, si rigoureux à punir les fautes commises par leurs épouses, ne sont pas fort délicats sur le choix des personnes auxquelles ils s'unissent. Chez eux, lorsque les filles sont surprises en flagrant délit, loin d'être deshonorées par une grossesses prématurée, cet événement leur sert de recommandation pour trouver un mari, parce qu'elles n'ont pas de meilleures preuves à donner de leur fécondité, & que l'avantage d'une nombreuse famille équivaut à celui que l'on retire des richesses. D'ailleurs les maris sont toujours libres de quitter leurs femmes par le divorce : mais dans ce cas, ils doivent payer aux parens le double de ce que la fête du mariage leur a coûté. Les femmes sont dédommagées de la rigueur de cette loi, par la liberté qu'elles ont de quitter leurs maris sans autre obligation que celle de restituer les dépenses qu'il a faites pour la noce.

Une autre loi, fort gênante pour les femmes, leur défend, sous peine de mort ou d'esclavage, d'entrer au palais royal ou dans ceux des grands, pendant le tems de leurs indispofitions périodiques. Chaque famille a, vers l'extrêmité de son enclos, une ou plusieurs cabanes où les femmes passent cette espace de tems sous la conduites de quelques vieilles matrones. La loi ne permet pas qu'elles retournent auprès de leur mari, sans avoir été lavées & soigneusement purifiées.

ARTICLE

ARTICLE XIV.

Religion des Peuples de Guinée en général.

LA religion des peuples de Guinée reffemble beaucoup à celle du royaume de Juida dont nous venons de parler. Un Dieu, une ame im- mortelle, des fétiches en qui réfide un pouvoir émané du fouverain des êtres, des fpectres, des magiciens, des oracles, voilà tout ce qui compofe la croyance de toutes les nations qui habitent fur cette côte.

Il eft donc inutile de s'étendre ici fur la théologie de ces peuples. Leurs cérémonies religieufes, leurs mœur, leurs ufages doivent feuls fixer nos regards. Nous avons développé le refte dans l'article précédent.

Ces peuples ont un jour de chaque femaine confacré au culte divin, & qui répond au dimanche des chrétiens. Ce jour-là, les habitans de cha- que village s'affemblent dans une place, au milieu de laquelle eft un arbre qu'ils appellent l'*arbre du fétiche*. Au pied de cet arbre, ils dref- fent une table dont ils ornent les pieds de couronnes de rameaux, & fur laquelle ils mettent du vin de palmier, du riz, du mahis pour boire & manger à l'honneur de leurs fétiches. Les folemnités des negres n'ont rien de cette auftérité génante qui caractérife la plupart des fêtes du chriftianifme : on les paffe à danfer & à chanter en frappant fur des baffins de cuivre (*fig.* 64.). Le prêtre, armé du couteau facré, fe tient au milieu de la place fur les gradins d'un autel, où il facrifie au génie tutélaire de la nation. Ce miniftre fait à l'affemblée un difcours pathé- tique, touchant, & analogue à la fête que l'on célebre. Après fon fer- mon, il prend un bouchon de paille tordue, qu'il trempe dans un pot plein de vin de palmier dans lequel nage un ferpent. Il jette fur les affiftans de cette liqueur confacrée en marmotant quelques paroles li- thurgiques : il en fait autant à l'autel ; enfuite il vuide le pot ; & les af- fiftans finiffent la cérémonie par des fons affez mal articulés, auxquels ils joignent beaucoup de bruit par des battemens de mains. Le même jour ils mettent beaucoup plus de foin qu'à l'ordinaire à remplir les différentes ablutions que la loi leur prefcrit.

Ici, comme autrefois à Dodone, les arbres font en poffeffion de rendre des oracles. Quelqu'un a-t-il befoin de pénétrer les myfteres de l'avenir ? il fe préfente à l'arbre qu'il a choifi pour fon fétiche, &

Tome I. S

dépofe à fon pied telle provifion qu'il doit devoir offrir en facrifice. Les prêtres, auxquels ce genre de fuperftition eft très-avantageux, viennent conjurer l'arbre en des termes myftérieux de leur dévoiler les fecrets qu'ils cherchent. Pour le conjurer avec plus de fuccès, ils forment une petite pyramide de cendres, dans laquelle ils plantent un morceau de l'arbre. Après cela, ils prennent en main un pot plein d'eau, dont ils boivent & arrofent deux fois le rameau. Enfin, ils prennent de ces cendres dont ils fe frottent la face ; & ils prétendent que cette opération rend la divinité docile à leur voix, & qu'elle leur découvre l'avenir.

Les prêtres des negres font peut-être les plus heureux des mortels. La fuperftition, en prévenant leurs befoins, leur affure tout ce qui peut contribuer à former leur bonheur : ils vivent tous dans la plus voluptueufe indolence. Le droit qu'ils ont de prier pour les autres, fait que chaque individu s'occupe de leur exiftence, & fait tous fes efforts pour leur éviter les dégoûts du travail. La poffeffion où ils font de confacrer les fétiches & de les vendre à leurs fideles, fait d'ailleurs une branche de commerce très-importante & très-lucrative.

Les prêtres de la côte de Guinée font en général beaucoup mieux vêtus que le refte du peuple ; car ici, comme dans la plupart des regions du monde, cet ordre à fu fe ménager des privileges analogues aux maximes reçues dans l'état. Leur habit ordinaire, fait de ferge ou de toute autre étoffe d'Europe, reffemble affez à une cotte-d'armes. Ils ont autour du corps des écharpes garnies de petits offelets de poulets brûlés : le refte du corps eft communément nud, à l'exception des jambes autour defquelles ils portent des jarretieres faites du fil de l'arbre fétiche.

Les prêtres de Benin font affujettis à un ufage que devoit autrefois obferver à Rome le grand-prêtre de Jupiter. Ils doivent toujours refter dans le royaume ; & ils feroient condamnés à une mort infamante, s'ils ofoient en fortir fans une permiffion du gouvernement. La même loi défend, fous une peine auffi rigoureufe, aux prêtres fixés dans les provinces de paroître dans la capitale. Un peuple, chez lequel on trouve de tels réglemens, ne mérite certainement pas de porter le titre de barbare.

Les negres de cette côte, comme tous les peuples fimples & cafaniers, obfervent très-fcrupuleufement la religion du ferment. Si deux peuplades veulent s'engager folemnellement par un traité, leurs députés égorgent des poulets, & boivent enfemble le fang de ces animaux ; enfuite on en fait cuire le corps, & on le mange cordialement enfem-

ble. Pour achever de cimenter l'union, ils se partagent les os, & les
gardent en témoignage de l'alliance qu'ils ont contractée. Si l'un des
contractans porte atteinte au traité, l'autre lui envoie ses os pour lui
rappeller ses engagemens, & l'opprobre dont il va être couvert, s'il a
l'audace de les enfreindre.

En général les negres se marient de fort bonne heure ; aussi les filles,
nubiles à neuf ou dix ans, cessent d'avoir des enfans dès l'âge de vingt-
cinq ans. Lorsqu'une famille a trouvé une fille digne d'épouser le jeune
homme qu'elle veut marier, elle assemble les parens de la future épouse,
& leur fait les propositions qui peuvent convenir à sa fortune (*fig.* 65).
Le sacerdoce est communément l'ame de ces sortes de contrats, & jamais un negre ne s'est marié, qu'un prêtre ne lui ait vendu, ainsi qu'à
sa prétendue, des fétiches propres à les protéger dans l'union qu'ils font
sur le point de former. La fille jure alors par ses fétiches, & en présence de l'assemblée, une fidélité inviolable à celui qui doit être son
mari ; mais celui-ci ne prend, pour ainsi dire, aucuns engagemens. La
polygamie est invariablement admise dans toute l'Afrique. Tous les negres qui l'habitent ont le droit de prendre tout autant d'épouses que
leur fortune leur permet d'en nourrir. Mais la femme qu'ils ont solem-
nellement épousée, en présence des deux familles, est considérée
comme la seule légitime. Il est même des endroits sur la côte de Guinée
où un mari n'en pourroit prendre d'autres sans son consentement. Ce ne
sont d'ailleurs que des concubines qui n'ont de droit aux faveurs de leur
mari qu'autant qu'elles les méritent par leur conduite.

Ces peuples ne mettent pas ordinairement beaucoup de délicatesse
dans le choix des filles auxquelles ils se proposent de s'unir par le
mariage : qu'elles aient été chastes ou non pendant tout le tems de leur
liberté, c'est ce qui ne fait jamais le sujet de leurs réflexions ; mais
aussi-tôt que le mariage est contracté, la moindre atteinte à la pudeur
est sévérement punie. L'amende & le divorce font la peine ordinaire
qu'on inflige aux femmes coupables d'adultere. Souvent la mort la plus
ignominieuse ne paroît pas un châtiment assez sévere aux yeux des negres pour punir un si grand attentat. Si le mari soupçonnoit sa femme
de lui avoir manqué sur ce point, & qu'il ne pût produire de preuves
propres à fortifier son soupçon, elle doit se purger en jurant par son
fétiche, & en mangeant du sel ou en buvant d'une certaine liqueur sur
laquelle un prêtre a prononcé quelques paroles mystérieuses (*fig.* 66).
Il est rare qu'une femme soit assez impie pour hasarder ce serment lors-

qu'elle fe croit coupable. Toutes ces nations n'ignorent pas qu'elle ne fût rigoureufement punie de la divinité vengereffe du mépris porté à la religion du ferment.

Le pere Loyer a obfervé, dans le royaume d'Iffini, un ufage que l'on trouve fur toute la côte de Guinée; c'eft que chaque village a une cafe écartée des autres d'environ cent pas, dans laquelle toutes les filles & les femmes font obligées de fe retirer lorfqu'elles ont leurs indifpofitions périodiques. On leur porte dans leur retraite tout ce qui peut être néceffaire à leur fubfiftance : mais telle eft la rigueur de la loi qui les oblige à cette efpece de féminaire, qu'elles feroient punies de mort, fi elles ne s'y retiroient pas, auffi-tôt qu'elles s'apperçoivent de leurs infirmités. Il ne leur eft pas même permis, pendant tout ce tems-là, de rien accommoder de ce qui peut être fervi fur la table de leur mari. Auffi n'oublie-t-on jamais, à l'inftant du mariage, de jurer qu'auffi-tôt qu'elles auront la moindre atteinte de cette indifpofition, elles le déclareront à leur mari & fe retireront au *bournamon*.

Sur la côte d'Angola, les filles des chefs de l'état ont le droit de choifir l'époux qui leur convient, fût-il engagé; de l'empêcher d'avoir d'autres femmes; de le répudier lorfqu'il leur déplaît, & même de lui faire trancher la tête, s'il eft infidele. Ces princeffes jouiffent de leurs privileges avec une fierté dédaigneufe & une grande févérité, comme pour fe vanger fur le malheureux qui leur eft foumis, de l'efpece de fervitude à laquelle eft condamné leur fexe.

Son fort, dit M. l'abbé Raynal, eft déplorable. Chargées des travaux de la campagne, les femmes le font encore des travaux domeftiques. Seules elles doivent pourvoir à la fubfiftance & à tous les befoins de leur famille. Jamais elles ne paroiffent devant leur mari que dans une pofture humiliante : elles le fervent toujours à table, & vont vivre enfuite de ce qu'il n'a pas pu ou voulu manger. Cet état de peine & d'abjection ne s'arrête pas au peuple : c'eft la condition des femmes de la ville, des femmes des gens riches, des femmes des grands, des femmes des fouverains. L'opulence & le rang de leurs époux ne les font jouir d'aucune douceur, d'aucune prérogative.

Tandis qu'elles épuifent au fervice de leur tyrans le peu que la nature leur a donné de force, ces barbares coulent des jours inutiles dans une inaction entiere. Raffemblés fous d'épais feuillages, il fument, ils boivent, ils chantent ou ils danfent : ces amufemens de la veille font ceux du lendemain. Des conteftations ne troublent jamais

ces plaifirs : il y regne une bienféance qu'on ne devroit pas raifonna-
blement attendre d'un peuple auffi peu éclairé.

La circoncifion des deux fexes eft en ufage fur toute la côte. Cette
cérémonie fe fait avec beaucoup de folemnité : on allume alors des feux ;
on chante, on danfe, & l'on montre dans toutes fes actions la joie que
l'on reffent de voir une nouvelle créature placée dans la claffe des
hommes faits & en état d'engendrer fon femblable. Les Prêtres, qui
favent fort bien tirer avantage de cette folemnité ridicule, ne manquent
jamais de prévenir les negres, qu'ils doivent faire de grandes offrandes
aux génies, afin qu'ils ne nuifent point à leurs enfans. Cette reffource
eft encore une nouvelle branche de richeffes pour le facerdoce.

Lorfqu'un negre eft mort, on a le foin de laver fon cadavre, de le
mettre dans un tombeau d'ozier, de jonc ou d'écorce d'arbre. Alors les
parens & les amis du défunt fe rendent à fa maifon, y pleurent, y lamentent, & lui demandent férieufement quelle eft la caufe de fon dé-
part pour l'autre monde. Enfuite ils danfent, ils chantent des airs lugubres, tournent autour de la cabane du mort, & font un bruit épouvantable avec des poiles, des chaudrons ou tous autres uftenfiles de ménage.
Pendant tout ce charivari, une vieille femme fe charge d'aller quêter
dans le voifinage de quoi acheter un bœuf ou des brebis. Ces victimes
appartiennent au prêtre qui doit par reconnoiffance prier la divinité
pour le repos de l'ame du défunt. Le fang feul de ces bêtes eft répandu
à l'honneur des fétiches que le mort avoit choifis pour protecteurs. En
même tems le plus proche parent du mort tue une poule, & le prêtre
prend encore le fang de cette nouvelle victime dont il arrofe les fétiches. La chair de cette poule eft partagée entre les parens. Enfuite
le prêtre fe fait un collier de certaines herbes enchantées ; & en prononçant quelques paroles magiques, il prend du vin de palmier dans
fa bouche & le crache fur les fétiches. Des herbes qui compofent fon
collier, il en détache de quoi faire une petite boule qu'il fait paffer &
repaffer deux ou trois fois entre fes jambes. En faifant cette cérémonie,
dont il feroit bien difficile de pénétrer le motif, il falue les fétiches,
& leur dit adieu d'un ton plaintif & lamentable. Il continue à broyer
& à rouler entre fes doigts le refte des herbes du collier ; & après les
avoir mêlées avec le fuif & la graiffe des fétiches, il en fait une groffe
maffe dont il fe frappe la face : il la fépare en fuite en divers petits morceaux qu'il paffe dans du fil de l'écorce de l'arbre facré & dont il régale l'affemblée. Ce qui refte de la maffe eft enterré avec le défunt ;

& c'eſt ce qui forme un fétiche auquel le prêtre communique le pouvoir de conduire le mort au port du ſalut.

Après ces cérémonies préliminaires, on expoſe en public, pendant une demi-journée, le cadavre du défunt, la tête bouchée & les mains étendues. Ce ſont les femmes qui le portent au lieu de ſa ſépulture, & qui l'enterrent. En Guinée, c'eſt à ce ſexe ſeul qu'il appartient communément de rendre aux morts ces derniers devoirs (*fig.* 66). Les femmes du village ſuivent le corps ; & jamais les hommes ne s'y trouvent, à moins que, par un motif extraordinaire, la ſépulture ne ſe faſſe dans un autre village que celui où le mort eſt décédé : alors les hommes accompagnent le corps à mains armées, de crainte qu'ils ne ſoient inſultés par des brigans. La foſſe dans laquelle on l'enterre, a ordinairement quatre ou cinq pieds de profondeur : c'eſt-là qu'on le met en le couvrant entiérement de bois, de maniere que la terre ne le touche pas. La plus chérie de ſes femmes jette ſes fétiches ſur le défunt, & enterre avec lui tout ce qu'il paroiſſoit aimer le plus, & ſpécialement une partie de ſon ménage. Tous les aſſiſtans pouſſent alors des cris effroyables, & tournent tumultueuſement autour de la foſſe, en diſant adieu à leur ami. Les femmes qui l'ont enterré terminent cette cérémonie en paſſant ſouvent par-deſſus la foſſe en rampant ; enſuite tout le monde ſe retire & revient dans le village, où l'on noie la douleur dans le vin de palmier dont on boit abondamment juſqu'à la nuit.

Les plus riches d'entre les negres élevent ordinairement un petit toît ſur le tombeau de leurs parens. Cette eſpece d'angar eſt garni de tout ce qui peut contribuer à fournir à la ſubſiſtance de l'ame du mort. Tous les ans on renouvelle ces proviſions ; & ces nations imbécilles croiroient marquer eſſentiellement à ce qu'ils doivent à leurs parens, s'ils négligeoient de ſe conformer exactement à cet uſage.

Par une ſuite de l'opinion où ſont ces peuples de l'immortalité de l'ame, & ſur-tout des beſoins que les manes des morts ont encore dans l'autre monde, ils expoſent, pendant pluſieurs jours, leurs rois à la vénération de leurs ſujets, & ils les ſervent avec autant de ſplendeur & de régularité que s'ils étoient encore en vie (*fig.* 67). Quand le cadavre commence à ſentir mauvais, on donne ordre à des eſclaves de l'emporter & de l'enterrer dans un endroit inconnu avec ſes fétiches, ſes armes, & toutes les proviſions qu'on lui croit néceſſaires. Une frénéſie religieuſe s'empare, dit-on, alors de tous les eſprits : chacun court dans les villages, & tue tous ceux qui ſe préſentent à ſes yeux pour ſervir d'efclaves au monarque dans le féjour des ombres. Les corps de toutes ces malheureufes victimes de la fuperftition publique, font enterrés avec lui, & l'on expofe leurs têtes fur des pieux tout autour de fon maufolée. Deux gardes font perpétuellement fentinelles pour empêcher que la cupidité ne vienne fouiller ce monument lugubre.

Si l'on en croit quelques voyageurs, on immole, d'une maniere encore plus cruelle, plufieurs efclaves deftinés à cet affreux ufage. Ce font ordinairement des vieillards ou des infirmes incapables de rendre aucuns fervices à leur patrie. La fuperftition, toujours barbare & fanguinaire dans fes procédés, fe plaît alors à tourmenter de mille manieres ces malheureufes victimes, avant de leur donner la mort. Un voyageur, dont la fidélité n'eft pas d'ailleurs fufpecte, dit avoir vu un de ces infortunés, qui, après avoir fouffert les plus cruels tourmens, fut enfin décapité par un enfant de fix ans. Ce jeune bourreau n'ayant pas eu la force d'exécuter cette commiffion, le malheureux fut déchiqueté pendant plus d'une heure avant d'expirer.

Tous les negres croient que la fépulture & les honneurs dont on l'accompagne, foulagent beaucoup les ames des défunts. Telle fut l'opinion de toute l'antiquité. Cependant, ce peuple eft affez farouche & affez barbare pour refufer ce dernier témoignage de bienveillance à fes efclaves. Quand ces malheureux meurent, les uns font fufpendus à des arbres, les autres font négligemment jettés dans des foffes. Jamais on ne fait pour eux la plus petite cérémonie ; & les prêtres qui, en Guinée, font fpécialement guidés par la cupidité, ne s'y préfentent pas, parce qu'il n'y a rien à gagner.

Il eft inutile de parler ici des fciences. Le nom même n'en eft pas connu dans ces contrées. Les arts, dit M. l'abbé Raynal, y font auffi fort peu de chofes : on n'y connoît que ceux qui fe trouvent dans les fociétés naiffantes, & encore font-ils dans l'enfance. Le talent du charpentier fe reduit à élever des cabanes. Le forgeron n'a qu'un très-petit marteau & des enclumes de bois pour mettre en œuvre le peu de fer qui lui vient d'Europe. Sans le fecours du tour, le potier fait quelques vafes groffiers d'argile, & des pipes à fumer. Une herbe, qui vient fans culture, & qui n'a befoin d'aucun apprêt, fert feule à faire des peignes : fa longueur eft la largeur de la toile. Le tifferand la travaille fur fes genoux, fans métier, fans navette, & en paffant avec fes doigts la trame entre chacun des fils de la chaîne, de la même maniere que nos vaniers font leurs claies.

SUITE DE LA RELIGION NATURELLE.

AMÉRIQUE.

ARTICLE XV.

Religion des Peuples du Canada.

Nous ne développerons pas ici toutes les visions que les voyageurs ont publiées sur la croyance des canadiens & des différens autres peuples qui habitent la partie septentrionale de l'Amérique. Si l'on en croyoit le pere Hennepin, ces nations, ensevelis dans l'ignorance la plus profonde, n'ont pas même la connoissance des premiers principes de la religion naturelle. Le baron de la Hontan, au contraire, fait de ces peuples autant de docteurs, dont les idées sur la religion sont aussi nettes & aussi précises que le peuvent être celles des théologiens européens. Ces deux systêmes portent un égal caractere d'invraisemblance & d'exagération. Les peuples de l'Amérique septentrionale, sans se flatter de savoir les rêveries théologiques des nations dégénérées, croient, comme tous les peuples de la terre, l'unité d'un Dieu, créateur & conservateur de tous les êtres, l'immortalité de l'ame, & toutes les conséquences qui découlent naturellement de ces deux grands principes. Nous ne dissimulerons pas que la superstition, qui souille tout de ses exhalaisons pestilentielles, a enveloppé cette croyance d'une foule de préjugés ridicules qui la font souvent méconnoître. Aussi trouve-t-on au Canada, comme ailleurs, le culte des élémens, & divises autres pratiques qui semblent contredire ouvertement la croyance de l'unité d'un Dieu. Ces peuples rendent aussi des hommages aux génies, dont les uns sont placés dans la classe des intelligences bienfaisantes, & les autres dans celle des esprits mal-faisans.

Les canadiens rendent à l'éternel un culte réglé ; & les cérémonies qu'ils emploient sont analogues à l'idée qu'ils se sont formée de ses attributs. Jamais ils ne lui offrent de créatures vivantes ; & quelque

férocité

férocité que leur infpire la chaffe à laquelle ils fe livrent habituelle-
ment; ils croiroient manquer à ce qu'ils doivent à l'être fuprême, s'ils
enfanglantoient fes autels. Ils brûlent à fon honneur les marchandifes
qu'ils trafiquent avec les européens ; & le facrifice va quelquefois à
des fommes confidérables : On choifit communément, pour folemnifer
les fêtes qu'on lui confacre, un jour ferein & calme : alors chaque
adorateur porte fon offrande fur le bûcher qui a été conftruit pour le
recevoir. Quand le foleil eft parvenu à fa plus grande élévation fur
l'horifon, tous les jeunes gens fe rangent autour du bûcher avec des
écorces allumées pour mettre le feu à toutes ces richeffes amoncelées.
Les guerriers chantent & danfent jufqu'à ce que le bûcher foit confumé ; &, de leur côté, les vieillard adreffent leurs prieres au tout-puiffant, & préfentent de tems en tems aux foleil leurs calumets allumés.
Cette folemnité dure toute la journée, & les réjouiffances ne fe terminent qu'au coucher du foleil (*fig.* 68).

Ces peuples, que quelques écrivains nous repréfentent comme fi
barbares & fi irréligieux, adreffent fouvent à Dieu des prieres qui ref-
pirent la piété la plus tendre & la plus foumife. C'eft-là qu'ils reconnoiffent la dépendance où ils font de ce grand être, la puiffance qu'il
exerce fur toutes les parties qui compofent l'univers, & les fentimens
de reconnoiffance, dont tous les êtres intelligens devroient être animés
pour fes bienfaits. Ils lui demandent qu'il daigne les protéger contre
ceux qui les perfécutent, qu'ils conferve le courage & la foi des guerriers, qu'il fortifie l'efprit des vieillards, & qu'il leur infpire de bons
confeils ; qu'il augmente & conferve leur famille, qu'il garantiffe leurs
enfans des mauvais efprits & de la main des méchans, & que le courage & la reconnoiffance de ces enfans confolent & réjouiffent la vieilleffe de leurs parens. Ils le prient de répandre fa bénédiction fur les
moiffons, fur les villages & fur les chaffeurs, de les inftruire de fa
volonté par des fonges, & de les conduire, après leur mort, dans le
féjour des bienheureux.

La plupart des chanfons de ces peuples roulent fur la beauté des
ouvrages de la nature, fur la bonté de Dieu, fur leurs victoires, & la
défaite de leurs ennemis. Tels furent autrefois les cantiques des fabéens,
des arabes, des caldéens, & des premiers peuples de la terre. Tous les
matins, les perfonnes des deux fexes préfentent leurs hommages au foleil, comme au plus parfait fymbole de la divinité. Les femmes offrent
leurs enfans à cet aftre ; & les hommes le prient de leur accorder une

Tome I.   T chasse heureuse. Tous les soirs, au coucher du soleil, les guerriers de chaque village s'assemblent pour danser la danse du *grand esprit*, en reconnoissance des victoires qu'ils ont remportées sur leurs ennemis, & des bienfaits qu'ils ont reçus du tout-puissant pendant le cours de la journée.

Quelques voyageurs assurent que les habitans de la baie d'Hudson ont le droit de prendre tout autant de femmes qu'ils en peuvent nourrir, & que l'usage même leur permet d'épouser leur propre sœur. On en a dit autant des peuples de la Louisiane ; mais cette assertion est une erreur démontrée par les relations des derniers voyageurs. Toutes ces nations n'ont qu'une femme ; telle est la coutume de tous les peuples du nord, auxquels la nature n'a pas donné le même penchant à l'amour que manifestent ceux qui habitent sous la ligne. Le mariage de ces nations, quoi qu'en dise le pere Hennepin, est un vrai contrat syllanagmatique, par lequel les deux traitans s'obligent à demeurer ensemble, jusqu'à ce qu'il survienne un motif de séparation autorisé par la loi. Les canadiens marient leurs filles très-jeunes ; &, quoique l'âge ne permette pas encore le commerce du mari avec sa femme, celle-ci ne laisse point d'avoir soin de son ménage ; & l'époux de son côté va à la chasse, & rapporte aux pieds de son beau-pere le fruit de sa journée. Le tems est trop cher dans ces pays septentrionaux pour que l'on fasse précéder les mariages de toutes ces formalités que l'amour ou la délicatesse ont imaginées dans des régions plus fortunées. Souvent on s'y marie sans s'être vu qu'une fois ; & il suffit que les deux parties y consentent pour que le mariage soit aussi-tôt célébré. L'usage a seulement introduit une espece de cérémonie mystérieuse, & qui met le sceau à l'union conjugale, déjà contractée par la volonté libre des deux jeunes sauvages. Le soir de ses noces, la fiancée prend une hache, s'en va couper du bois dans les champs, en prend ensuite sa charge, met son bois à terre devant la porte de la cabane du futur époux, & s'assied auprès de lui. Clui-ci lui dit pour toute caresse : *Il est tems de se reposer*; il se rend ensuite auprès d'elle & se couche (*fig. 69.*).

En Afrique, les negres se marient dès l'âge de huit à dix ans ; dans l'Amérique septentrionale au contraire la rigueur du climat ne permet pas aux hommes de se marier avant l'âge de vingt-cinq ans. Un mariage prématuré épuiseroit le courage de ces guerriers, & les empêcheroit de se livrer aux exercices de la chasse. Cependant, si l'on en croit les voyageurs, ce peuple n'en est pas plus chaste ; & il pense même que,

pour entretenir fa fanté , il doit toujours fe ménager quelqu'aventure
amoureufe jufqu'à ce qu'il foit retenu par les loix du mariage. Le baron
de la Hontan nous a laiffé la defcription de ces galanteries des fauvages. Dès qu'un jeune homme , dit-il , après avoir rendu deux ou trois
vifites à fa maîtreffe , foupçonne qu'elle l'a regardé de bon œil , il fe
détermine à en obtenir les dernieres faveurs. L'égalité qui regne dans
la fortune de ces peuples & qui ne les affujettit à aucune clôture dans
leur maifon , favorife beaucoup les entreprifes de ces amans. Deux heures après le coucher du foleil , un profond filence regne alors dans tous
les villages ; c'eft ce premier moment du fommeil que le jeune fauvage choifit pour exécuter fon deffein. Il entre alors bien enveloppé
dans la cabane de celle qu'il cherche , allume au feu une efpece d'allumette , & s'approche du lit de fa dulcinée. Si elle éteint l'allumette , il
fe couche fans difficulté auprès d'elle. Si au contraire elle s'enfonce dans
fa couverture , la prudence exige qu'il fe retire , car ce mouvement
témoigne la répugnance qu'elle a de le recevoir (*fig.* 69). Ce qu'il y
a de plus fingulier , dit le baron de la Hontan , c'eft qu'elle permet fouvent au galant de s'affeoir fur le pied de fon lit , fimplement pour y
caufer , & que s'il en furvient un moment après , un autre qui foit plus
de fon goût , elle n'héfite pas à lui accorder la derniere faveur. La raifon de cela eft que ces filles ne veulent jamais dépendre de leurs amans.
D'ailleurs qu'elle que foit la conduite qu'elles tiennent en pareil cas , il eft
toujours déshonorant pour elles de devenir enceintes : une fille qui feroit convaincue d'avoir eu un enfant , ne trouveroit jamais à fe marier.
Ce préjugé national donne naiffance à bien des crimes ; car lorfqu'une
fauvageffe fent dans fon fein le fruit de fes galanteries , elle boit du
jus d'une racine lethifere , & fe fait ainfi avorter.

Le divorce eft permis dans toutes ces contrées. La cérémonie qui
fe pratique en pareil cas eft fort fimple (*fig.* 70), elle confifte à brûler les morceaux d'une baguette que les deux époux avoient choifie
pour être le témoin de l'union conjugale. Quelquefois le mari permet
à fa femme d'emporter fes habillemens & une partie du ménage ; quelquefois elle n'emporte qu'une bande d'étoffe qui lui fert de jupe avec
une couverture. Les enfans fuivent communément leur mere , & celle-
ci eft obligée de les nourrir jufqu'à ce qu'ils puiffent aller à la chaffe.
Cependant il arrive quelquefois que les deux parties partagent également
leurs enfans : tous ces arrangemens dépendent de la générofité du mari.

Ici , comme en Afie & en Afrique & dans l'ancienne Europe , l'ufage

Figures.

exige que l'on prive de tout commerce avec la société , une femme qui à l'incommodité ordinaire de son sexe. Le feu même de sa cabane est sensé souillé: on l'éteint, & l'on jette au vent toutes les cendres du foyer. Pendant huit jours, cette femme reste dans une cabane écartée; & l'horreur qu'on a pour elle est si grande, qu'elle est obligée de mettre quelque signe sur le bord d'un ruisseau où elle auroit bu, afin d'avertir les autres personnes de n'y point boire.

Les européens donnent le nom de *jongleurs* aux prêtres de l'Amérique septentrionale. Ces ministres, comme ceux de l'antiquité, sont aussi médecins & sorciers. Celui qui se destine à cette profession lucrative, commence par s'enfermer neuf jours dans une cabane, où il feint d'exercer un jeûne très-rigoureux. Là , ayant à sa main une espece de gourde remplie de cailloux dont il fait un bruit continuel, il invoque l'esprit; le prie de lui parler, de le recevoir médecin, & cela avec des cris, des heurlemens, des contorsions, & des secousses de corps épouvantables. Ce manege , qui n'est interrompu que par quelques momens de sommeil auquel il succombe, étant fini au bout de neuf jours, il sort de sa cabane en se vantant d'avoir été en conversation avec l'esprit, & d'avoir reçu de lui le don de guérir les malades, de chasser les orages , & de changer les tems.

Lorsqu'un sauvage est malade , ses parens font avertir un jongleur auquel on a communément beaucoup de confiance. Ce charlatan vient aussi-tot armé d'un bâton, au haut duquel est une gourde , & portant un sac qui contient ses remedes. Il trouve en arrivant un festin de cerf ou de truites, préparé pour lui & la famille. L'usage veut que l'on commence par bien se divertir : ensuite le jongleur agite sa gourde : remplie de petits cailloux ; & au son de cet instrument ridicule, il danse avec tous les assistans en chantant des chansons où il exalte la vertu de ses remedes. Il examine ensuite mystérieusement le malade & fait plusieurs tours autour du lit accompagné de postures & de contorsions monstreuses (*fig.* 71). Tous ceux qui sont dans la maison , chantent & crient tous ensemble d'une maniere à étourdir tout le village. Après tout ce tintamare , le jongleur, d'un ton d'oracle, décide que telle partie du corps du malade est ensorcelée, que le sort est fort difficile à lever , & que cependant il ne désespere pas de le guérir. Après quelques momens de sérieuses réflexions, il déclare qu'il vient de trouver un moyen infaillible pour lui rendre la santé, & procede en conséquence à cette cure. Il tourmente le pauvre malade par plusieurs remedes violens qui le guériffent quelquefois, & plus fouvent le font mourir : mais quoi qu’il arrive, le jongleur n’y perd rien, parce qu’on le paie d’avance.

Tous les jongleurs n’obfervent pas les mêmes pratiques pour guérir leurs malades. Il en eft qui les font étendre à terre fur la peau d’un caftor ou de quelqu’autre animal, & leur tâtent toutes les parties du corps, jufqu’à ce qu’ils aient trouvé celle qu’ils prétendent être enforcelée. Ils appliquent fur cette partie une peau de chevreuil pliée en plufieurs plis : ils commencent enfuite leurs conjurations accompagnées des contorfions & des heurlemens ordinaires. Le jongleur fuce la peau du malade, & fe jette fur lui comme un furieux pour faire fortir le charme qui caufe la maladie. Après avoir fait ce manege pendant un certain tems, l’empirique fait fortir de fa bouche le prétendu charme, & le montre à l’affemblée, à laquelle il affure qu’il eft forti du corps du malade.

Les jongleurs de l’Amérique feptentrionale fe font ménagé une autre reffource bien importante pour cimenter leur crédit parmi les peuples qu’ils ont fubjugués par la fuperftition. Ces charlatans, auffi rufés que le furent autrefois les prêtres de Delphes, rendent des oracles, & prédifent l’avenir. Lorfqu’il eft queftion de remplir cette partie importante des fonctions de leur miniftere, ils forment une cabane ronde par le moyen de plufieurs perches qu’ils enfoncent dans la terre, & fur lefquelles ils étendent des peaux d’animaux : ils laiffent à la partie fupérieure de la cabane une ouverture affez large pour paffer un homme. C’eft dans cette cabane que le jongleur s’enferme feul pour s’entretenir avec la divinité : il n’y a pas de moyen auquel il ne recoure pour l’engager à lui répondre. Le chant, les pleurs, les prieres, les imprécations, tout eft mis en ufage pour fe faire entendre du dieu qui voit l’avenir. Lorfque le ciel fe détermine à donner fa réponfe, on entend dans la cabane un bruit fourd, une force fecrete donne de violentes fecouffes aux perches qui la foutiennent. Les affiftans font faifis de refpect & de crainte. Le jongleur rend alors fes oracles ; & telle font les difpofitions qu’il a fait naître dans l’efprit de fes auditeurs, qu’ils écoutent ces prophéties avec autant de refpect & de foumiffion, que fi elle étoient forties de la bouche de Dieu même.

Quoique les peuples de l’Amérique feptentrionale n’aient pas l’ufage de ces abftinences légales qui font pratiquées chez la plupart des nations de la terre, ils obfervent cependant certains jeûnes auxquels ils

 s'affujettiſſent volontairement. Lorſqu'un jeune ſauvage ſe diſpoſe à partir pour ſa premiere chaſſe, il s'y prépare par un jeûne rigoureux de
trois jours. Pendant ce tems de pénitence, il ſe barbouille le viſage de
noir en l'honneur de la divinité. Il choiſit de plus dans chaque eſpece
de bêtes fauves, un morceau qu'il lui conſacre; & cette portion eſt ſi
ſainte, qu'aucun autre que le chaſſeur n'oſeroit y toucher, pas même
pour appaiſer ſa faim.

Si l'on en croit le baron de la Hontan, dont la relation a été em-
bellie par l'imagination enjouée de Geudewille, les peuples du Canada emploient dans leurs cérémonies funebres toute la magnificence dont
72. leur fortune eſt ſuſceptible (*fig.* 72). Dès qu'une perſonne eſt morte,
on l'habille, dit-il, le plus proprement qu'il eſt poſſible, & les eſclaves de ſes parens le viennent pleurer. Ni mere, ni ſœurs, ni freres,
ni amis n'en paroiſſent affligés : ils diſent qu'il eſt bienheureux de ne
plus ſouffrir dans cette vie, & d'être paſſé dans le ſéjour des ames fortunées. Auſſi-tôt que le mort eſt habillé, on l'aſſied ſur une natte
comme s'il étoit vivant; ſes parens ſe rangent tout autour de lui, & chacun lui fait une harangue dont ſes exploits & ceux de ſes ancêtres ſont
le principal ſujet. Le dernier orateur, ajoute le baron, termine ainſi
ſon diſcours : « Te voilà, dit-il, aſſis avec nous; tu as la même figure
» que nous; il ne te manque ni bras, ni tête, ni jambes : cependant
» tu ceſſes d'être, & tu commences à t'évaporer comme la fumée de
» cette pipe. Qui eſt-ce qui nous parloit, il y a deux jours? Ce n'eſt
» pas toi, car tu nous parlerois encore; il faut donc que ce ſoit ton
» ame qui eſt à préſent dans le grand pays des ames avec celles de
» notre nation. Ton corps, que nous voyons ici, ſera dans ſix mois,
» ce qu'il étoit il y a deux cens ans. Tu ne ſens rien, & tu ne vois
» rien, parce que tu n'es rien. Cependant à cauſe de l'amitié que nous
» portions à ton corps, lorſque l'eſprit l'animoit, nous te donnons des
» marques de vénération ».

Après ces harangues, les parens ſortent pour faire place aux parentes
qui font le même compliment au défunt. On l'enferme enſuite vingt
heures dans la cabane des morts; & pendant ce tems on fait des danſes
& des feſtins. Après ce tems expiré, ſes eſclaves le portent ſur leur
dos juſqu'au lieu de la ſépulture. Là, on place le cadavre ſur des piquets
de dix pieds de hauteur, enſevelis dans un double cercueil d'écorce, dans
lequel on met ſes armes, du tabac, des pipes & du bled d'inde. Tandis que les eſclaves portent le cadavre, les parens qui lui ſervent de

cortege, danfent en chantant des airs lugubres : d'atres efclaves font chargés du bagage dont la famille fait préfent au mort, & le portent fur fon cercueil.

Quelques-unes de ces peuplades, telles que celle qui habite fur les bords de la riviere longue, foit dans l'ufage de brûler leurs morts. Comme ces nations font fort indolentes, & que la chaffe fuffit pour les occuper, ils ne fe donnent point la peine de brûler les cadavres à mefure que la mort enleve quelqu'un de leurs parens : ils les confervent dans des caveaux, jufqu'à ce qu'il s'en foit accumulé un affez grand nombre pour mériter de fixer leur attention ; ils obfervent feulement de faire cette cérémonie hors du village.

Dès qu'un fauvage eft mort, fes efclaves fe marient à d'autres femmes efclaves & deviennent libres. Les enfans qui proviennent de ces mariages font libres ; & la feule obligation à laquelle les peres foient affujettis en pareil cas, confifte à aller tous les jours, en reconnoiffance de leur liberté, offrir au pied du cercueil de leur maître quelques pipes de tabac.

En général, les canadiens, & tous les peuples qui habitent les parties feptentrionales de l'Amérique, ne connoiffent pas le deuil ; & fouvent on les a vus fe moquer cordialement des européens, de ce qu'ils rejettent fur leurs habits les marques de douleur qui devroient être concentrées au fond de leur ame. On remarque feulement que, lorfqu'il meurt un enfant aux fauvages de la baie d'Hudfon, on lui coupe une partie des cheveux, dont on fait un paquet, qu'on expofe au plus bel endroit de la cabane. On y ajoute ce qu'on a de plus précieux. La mere porte vingt jours le deuil de cet enfant ; & pendant cet efpace de tems, elle raconte fa douleur aux amis de la famille qui viennent lui rendre vifite. Le mari eft obligé de faire à ceux-ci un feftin, & de leur donner à fumer : auffi de leur côté, font-ils obligés de reconnoître ces témoignages de bienfaifance par des préfens. Ce qu'il y a d'étonnant dans ces vifites, c'eft que l'ufage exige que les amis mangent tout ce qui leur eft préfenté, & que le pere affligé ne prenne, devant eux, d'autre nourriture que la fumée de fon tabac.

La Potterie nous apprend que les peuples de cette baie, par un ufage qui leur eft particulier, obfervent entre eux une efpece de deuil : il confifte à négliger entiérement fa parure & à ne porter que des haillons. Le pere & la mere portent le deuil de leur fils. Les garçons le portent du pere ; & les filles, de la mere.

ARTICLE XVI.

Religion des Peuples Indigenes de la Penſylvanie & de la Delaware.

ON diſtingue deux eſpeces d'habitans naturels de Penſylvanie. Les uns portent le nom de *Chouanons*, & leurs habitations qui commencent à l'oueſt des montagnes Allegany s'étendent fort loin vers le fleuve Ohio. Les autres, appellés *Delaware*, habitent les bords du bras ſeptentrional de la Suſquehanna, & ſont répandus fort avant dans les terres juſques ſur les frontieres du Canada.

Les habillemens de ces ſauvages ne conſiſtent, pour l'un & l'autre ſexe, qu'en des eſpeces de tapis groſſiers ou peaux d'animaux, qu'ils mettent tout uniment ſur leurs épaules pendant l'hiver. En été ils courent tout nuds dans leur village ; mais s'ils fréquentent les établiſſemens européens, ils ſe couvrent depuis la ceinture juſqu'aux genoux. Les hommes & les femmes ont les cheveux longs, noirs & liſſes, qu'ils portent flotans ſur leurs épaules. Les jours de fêtes ils ſe peignent le front & pluſieurs autres parties du corps en rouge ; & ſouvent ils mettent à leurs oreilles des pendans de bois qui ont juſqu'à vingt-deux pouces de long.

Si l'on en croit l'anglois Penn, ces peuples ſont enſevelis dans l'ignorance la plus profonde ; & toute leur croyance n'eſt fondée que ſur un tiſſu obſcur, que les plus éclairés d'entr'eux ne pourroient développer. Quelque confiance qu'on puiſſe avoir dans la relation du chef reſpectable des Quakers, on ne peut douter que les préjugés de ſa ſecte ne l'empêchaſſent de pénétrer la théologie de ſes voiſins. Ce qu'il y a de certain, c'eſt que tous ces peuples, d'après Penn lui-même, reconnoiſſent une divinité : ils croient à l'immortalité de l'ame ; &, quelque ſimple, quelque uniforme que ſoit le culte quils rendent au premier des êtres, il ſuffit pour atteſter leurs ſentimens de dépendance & de ſubordination pour l'auteur du genre humain.

Ces peuples, comme tous ceux qui couvrent la terre, expriment leur piété par des ſacrifices & des cantiques. Les premiers fruits qu'ils recueillent ſont toujours offerts à la divinité comme les prémices des biens qu'ils reconnoiſſent tenir de ſa bienfaiſance. En certain tems de l'année, ils font un ſacrifice national, & qui eſt ordinairement fort

pompeux.

pompeux. Le plus grand cerf qu'ils peuvent tuer en est la principale victime ; & la chair de cet animal est distribuée parmi toutes les familles qui composent le canton. Après avoir immolé cette victime , le prêtre qui préside à la cérémonie, entonne d'un ton lugubre un cantique que tous les membres de l'assemblée répetent en chœur.

Dans l'automne, quand ils ont fait leur récolte de mahis, ils se régalent les uns les autres , & célebrent des fêtes à l'honneur de la divinité. L'auteur allemand de l'histoire de Pensylvanie dit avoir assisté à deux de ces solemnités. Il y avoit, dit-il, vingt cerfs avec des gâteaux faits de bled nouveau , & cuits sous la cendre : chacun des assistans de la nation est obligé de contribuer aux frais de cette fête ; & la meilleure piece de gibier est toujours celle que l'on consacre à la divinité.

Les auteurs ne disent rien des prêtres de ces régions ; mais il est vraisemblable qu'ils sont les mêmes que les jongleurs du Canada. Peut-être ont-ils moins de puissance ; & les pensylvaniens , moins stupides que ces derniers , n'ont pas permis l'étalage de leurs charlataneries : au moins voit-on qu'ils s'en passent dans leurs maladies , & qu'ils n'ajoutent aucune foi à leurs oracles.

La polygamie n'est pas admise parmi ces peuples. Tous se contentent d'une seule femme ; & il ne paroît pas que leur union soit suivie ni précédée d'aucune cérémonie religieuse. Aussi-tôt que les filles sont parvenues à l'âge nubile , elles mettent sur leur tête une espece de voile qui leur couvre le visage : on les marie ordinairement à douze ou quinze ans; mais rarement les garçons prennent une compagne au-dessous de dix-sept ou dix-huit. Lorsqu'un jeune homme se propose d'épouser une fille , il en fait la demande à ses parens. Ceux-ci conviennent fort aisément du mariage , pourvu que le galant leur fasse des présens analogues au mérite de leur fille , & au rang qu'ils tiennent dans la tribu.

Chez ces peuples les filles ne se piquent pas d'une chasteté fort exemplaire : elles accordent sans difficulté leurs faveurs à quiconque veut les payer , & le prix de cette prostitution criminelle sert à former la dot qu'elles apportent à leurs maris. Leurs mœurs changent aussi-tôt après leur mariage; elles deviennent alors aussi sages qu'elles étoient auparavant libertines. Telle est l'idée qu'elles ont de la pudeur, qu'elles ne permettent pas à leurs maris de les approcher dès qu'elles sont devenues enceintes. Leurs couches les rendent impures ; & elles demeurent un mois, après cette époque, sans pouvoir rien toucher les

Figures. mains nues. Tel eſt, chez les parſes, l'uſage preſcrit depuis pluſieurs ſiecles par Zoroaſtre.

Auſſi-tôt qu'un enfant eſt né, la coutume veut qu'on le lave dans l'eau froide; & cette ablution leur eſt tout auſſi rigoureuſement recommandée que le baptême aux chrétiens. Tant qu'il eſt en bas âge, on le plonge fréquemment dans les rivieres, au milieu même de l'hiver. Après avoir enveloppé le nouveau né dans un linge, on l'étend ſur un ais droit & mince, un peu plus long que l'enfant. Telle eſt la maniere d'envelopper leurs enfans pour en faire des hommes d'une taille robuſte & vigoureuſe; & c'eſt à cette méthode que l'on doit attribuer la figure longue qu'a communément la tête de ceux qui appartiennent à ces nations.

ARTICLE XVII.

Religion des Virginiens.

LES opinions religieuſes des virginiens ſont à-peu-près les mêmes que celles des peuples du Canada. A la croyance d'un dieu & de l'immortalité de l'ame, qui fait la baſe de toutes les religions du monde, ils ajoutent quelques ſuperſtitions qui leur ſont particulieres. Si l'on pouvoit pénétrer l'obſcurité rebutante qui regne, ſur ce ſujet, dans les écrits des voyageurs, on parviendroit peut-être à découvrir la ſource du culte qu'ils rendent à une certaine divinité nommée *Kiowaſa*. Peut-être cette idole n'eſt-elle autre choſe que le ſymbole de l'être ſuprême, ou l'image de quelques-uns de ſes attributs. On repréſente communément ce Kiowaſa avec une pipe à la bouche (*fig.* 73); & ſi l'on en croit le rapport de quelques voyageurs, cette pipe eſt entretenue toujours fumante par un prêtre qui ſe cache derriere l'idole, qui fume adroitement pour elle. C'eſt à Kiowaſa que l'on s'adreſſe pour recevoir les oracles qu'il rend par des ſonges ou par des viſions: on le conſulte dans toutes les entrepriſes que l'on veut former. Lorſqu'on juge à-propos de l'invoquer, quatre prêtres ſe rendent au temple du dieu, & le conjurent par le moyen de certaines paroles magiques dont le ſacerdoce ſeul a la clef. A en croire quelques écrivains, l'idole ſe déguiſe ſous la forme d'un bel homme, orne le côté gauche de ſa tête d'une touffe de cheveux qui lui deſcend juſqu'aux talons, & paroiſſant dans cet état au milieu de l'air, il prend auſſi-tôt le chemin du temple:

il s'y promene d'abord avec agitation ; mais , un moment après , il fe calme , & fait appeller huit autres prêtres. L'affemblée étant formée, il lui déclare fa volonté , & prend fubitement le chemin du ciel.

Quoi qu'il en foit de ces affertions dont nous ne garantiffons pas la vérité , il eft certain que les virginiens font les peuples les plus foibles & les plus fuperftitieux de l'Amérique. Ils ont une vénération profonde pour le foleil , dans lequel il croient obferver quelques-unes des perfections de l'être fuprême. Dès la pointe du jour , les dévots de l'un & de l'autre fexe vont à jeun fe laver dans une eau courante. L'ablution dure jufqu'à ce que le foleil paroiffe ; & quand cet aftre eft fur l'horifon, on lui offre du tabac. Cette nation perfonnifie auffi la divinité , felon le befoin qu'elle peut avoir de fon fecours. On trouve dans fes temples jufqu'aux dieux des vents & des faifons , avec les différens attributs qui conviennent à leur qualité (*fig.* **73**).

Jamais nation ne fut fi prodigue en offrandes & en facrifices que le font les virginiens. Le plus léger fujet de crainte leur fournit l'occafion de faire fumer la graiffe ou le tabac en l'honneur de la divinité, à laquelle ils prêtent une humeur acariâtre, vindicative & mal-faifante, qui ne fait pas l'éloge de leur difcernement. S'ils entreprennent un voyage, ils brûlent du tabac pour obtenir fon affiftance : s'ils traverfent un lac ou une riviere , ils y jettent du tabac, fouvent même ce qu'ils ont de plus précieux pour fe concilier la faveur du génie qui préfide en ces lieux. Lorfqu'ils reviennent de la chaffe, de la guerre, ou de quelqu'autre entreprife confidérable , ils offrent une partie de leurs dépouilles, du meilleur tabac, des fourrures, des couleurs dont ils fe peignent, la graiffe & les meilleurs morceaux du gibier qu'ils ont pris.

Les virginiens , femblables aux peuples dont il eft fi fouvent parlé dans Homere , élevent des autels de gazon dans tous les endroits où il leur arrive quelque chofe de remarquable : mais ils en ont un qu'ils confiderent comme le fiege principal de leur religion , & pour lequel ils ont une vénération particuliere. Avant l'entrée des anglois en Virginie , dit l'auteur de l'hiftoire de cette province , le grand autel des virginiens étoit fitué dans un lieu que ces peuples appelloient *Uttamuffak :* on voyoit là le principal temple du pays ; & ce lieu étoit le fiege métropolitain des prêtres. Auprès de ce fanctuaire étoient trois grandes maifons, chacune de foixante pieds de longueur, & toutes remplies d'images : ils confervoient les corps de leurs rois dans ces maifons religieufes ; & tel étoit le refpect que l'on avoit pour ces retraites facrées, que les rois & les prêtres avoient feuls le droit d'y entrer. Le peuple n'avoit pas même le droit d'en approcher fans la permiffion du prince. Le grand autel , fur lequel on confacroit aux jours folemnels , étoit d'un criftal folide de trois ou quatre pouces en quarré. Cet autel , comme tous ceux qui font répandus dans la Virginie , s'appelloit *Pawrance.*

Il eft peu de nations fur la terre où l'on ait plus de refpeçt pour le facerdoce , qu'on en a en Virginie pour les prêtres du pays. Un auteur affure que ces miniftres s'efforcent de s'attirer ainfi la vénération publique par la maniere effroyable dont ils fe barbouillent tout le corps , par la fingularité de leurs habits , & par l'arrangement de leurs cheveux. Mais la véritable fource de ce crédit immenfe dont ils jouiffent , confifte dans l'ignorance du peuple , dans fon caraçtere naturellement craintif , & dans les efforts qu'ils font pour les entretenir dans une fuperftition aviliffante.

Les prêtres des virginiens portent une efpece de jupe de femme pliffée qu'ils mettent autour du col , & qu'ils attachent fur l'épaule droite 74. *(fig.* 74) ; mais ils tiennent toujours un bras dehors pour s'en fervir en cas de befoin. Ce manteau , fait de peau préparée avec la fourrure en dehors , eft arrondi pas le bas , & ne va que jufqu'au milieu de la cuiffe.

Ces prêtres fe rafent la tête à l'exception du fommet , où ils laiffent une crête déliée qui va depuis le haut du front jufqu'à la nuque du col : ils laiffent fur le haut du front une bordure de cheveux qui , foit par leurs force naturelle , foit par la roideur que leur dcnne la graiffe & les couleurs dont il les plâtrent , deviennent hériffés , & s'avancent en dehors , comme la corne d'un bonnet.

Indépendamment de ces prêtres , les bons virginiens entretiennent encore une foule de charlatans qui prennent le titre de *magiciens.* Ces devins ne portent pas la peliffe des prêtres : ils n'ont dans leurs habillemens rien qui puiffe les rapprocher de ces miniftres , fi ce n'eft l'ufage où ils font de fe rafer la tête , à l'exception de la crête facerdotale : ils portent fur l'oreille droite une peau d'oifeau dont le plumage eft obfcur , & ils fe barbouillent avec de la fuie détrempée avec de la graiffe. Par modeftie ils pendent à leur ceinture une peau de loutre , dont ils font paffer la queue entre leurs jambes : ils y attachent auffi une poche qui s'appuie fur la cuiffe , & au bas de laquelle pend une longue frange en forme d'éguillette.

Tous ces charlatans ont acquis un tel afcendant fur l'efprit du peuple , que ce qui fort de leurs bouches paffe pour des oracles. Pour cimenter davantage leur autorité, ils fe féparent communément de la fociété des hommes. Leur demeure ordinaire eft dans les bois ou dans les vallons : c'eft là que les dévots leur font paffer tout ce qui peut être né-ceffaire pour mener une vie voluptueufe & aifée. Ces impofteurs fe rendent d'un accès d'autant plus difficile, que leur réputation eft plus étendue, & le befoin qu'on a d'eux plus preffant. On s'adreffe à ces prêtres & à ces devins dans toutes les néceffités publiques : c'eft à eux qu'on a recours pour avoir de la pluie, ou pour retrouver les chofes qu'on a perdues. S'agit-il de faire un mariage? on va les confulter, & la piété ne permet pas d'agir contre leurs avis : c'eft auffi d'après leurs confeils qu'on fe détermine à la guerre ou à la paix. Enfin ils font l'ame de toutes les délibérations publiques ; & leur autorité influe defpotiquement fur l'état de chaque famille. Comme on leur attribue une connoif-fance parfaite de la nature, ils font auffi les médecins de la nation.

Le culte religieux fe fait, chez ces peuples, dans une langue favante qui n'eft entendue que du facerdoce : ils n'ont aucun jour fpé-cialement deftiné à célébrer leurs fêtes. Les circonftances ou les diffé-rentes faifons de l'année font les feuls guides qu'ils fuivent en pareil cas. Ils célebrent, par exemple, une grande folemnité à l'arrivée de leurs oifeaux fauvages, une autre au retour de la faifon de la chaffe, & pour la maturité des fruits : mais la plus grande de toutes leurs fêtes eft au tems de la moiffon. Ils emploient alors plufieurs jours à fe divertir ; & ils ne négligent rien pour fe procurer la joie que cette faifon infpire naturellement aux cultivateurs.

Au retour de la guerre, ou après avoir échappé à quelque danger, ils allument des feux, auprès defquels ils fe réjouiffent en tenant une gourde ou une fonnette à la main (*fig. 75*) : hommes, femmes & en-fans danfent fouvent pêle-mêle autour de ces feux. Les principaux actes de leur piété confiftent en des cris de joie, en des danfes & des chan-fons. Les prêtres préfident à toutes ces fêtes, décorés de leurs ornemens facerdotaux, tels que la gourde, cette jupe dont on a parlé, & des peaux de ferpens ou de belettes, dont les queues s'attachent fur le fom-met de la tête. C'eft à ces miniftres qu'il appartient d'entonner les hym-nes & de faire l'ouverture de la cérémonie : fouvent ils y ajoutent les conjurations magiques; & alors le bruit, les geftes, les grimaces, tout concourt à rendre ces conjurations affreufes.

La piété des virginiens exige qu'ils jettent au feu le premier morceau de ce qu'ils mangent dans leur repas ; & cet usage, qui a beaucoup de rapport aux libations des anciens, a fait croire à plusieurs écrivains que ce peuple étoit pyrolatre. On l'a également accusé de sacrifier de jeunes enfans à la divinité ; mais cette inculpation, que le capitaine Smitt a eu la foiblesse d'accréditer, est sans aucun fondement. Ce prétendu sacrifice n'est autre chose qu'une initiation aux mysteres de la religion ; & cet usage fut, comme on sait, long-tems reçu en Asie.

L'auteur de l'histoire de la Virginie nous a laissé la description de cette fête, telle qu'elle se pratique encore dans cette région. On la célebre, dit-il, ordinairement une fois en quinze ou seize ans ; à moins qu'on ne trouve plus souvent assez d'enfans en âge pour y être admis. C'est une discipline par laquelle tous les jeunes gens doivent passer avant d'être admis au nombre des hommes. C'est au chef de chaque canton qu'il appartient de choisir ceux qui sont en état de passer par l'initiation ; & s'il en étoit qui fussent assez pusillanimes pour se refuser à cette épreuve, ils seroient forcés d'aller cacher leur honte dans quelques bois éloignés de leur patrie. Tous ceux qui composent l'assemblée, tiennent en main des gourdes & des rameaux d'arbres. Toute la matinée se passe à danser & à chanter autour des jeunes candidats. L'après-midi on les place sous un arbre, & l'on distribue entr'eux une double haie de gens armés de faisceaux de petites cannes. On choisit alors un certain nombre de jeunes hommes, qui vont prendre tour-à-tour l'un des récipiendaires, le conduisent à travers la file, & font tous leurs efforts pour les garantir des coups de baguettes qu'on fait pleuvoir sur eux. Pendant ce cruel exercice, les meres apprêtent des peaux, de la mousse & du bois sec pour servir à leurs enfans dans la retraite qu'on leur prépare. Après cette cérémonie, on abat l'arbre, on met en pieces le tronc, on coupe les branches & les rameaux ; on fait des guirlandes pour couronner les jeunes candidats, & l'on orne leurs cheveux des feuilles de l'arbre abattu.

C'est dans cet état qu'on les enferme dans un enclos qu'on leur destine : ils demeurent plusieurs mois dans cette solitude sans aucune autre nourriture que la décoction de quelques racines. Ce breuvage, joint à la sévérité de la discipline qu'on fait observer à ces malheureux, leur bouleverse entiérement le cerveau. Ils oublient, dit-on, biens, parens, amis, même leur propre langue. Lorsque les prêtres trouvent que ces novices ont assez bu de cette liqueur, ils en diminuent peu-à-peu la dose, jusqu'à ce qu'ils soient rétablis dans leur bon sens primitif. Les virginiens prétendent qu'on n'emploie ces violens moyens, que pour délivrer la jeuneſſe des mauvaiſes impreſſions de l'enfance, & la dépouiller des préjugés qu'elle contracte avant que la raiſon puiſſe agir. Ils ſoutiennent, ajoute l'auteur dont nous tirons ce récit, que, remis alors en pleine liberté de ſuivre les loix de la nature, ils ne courent plus riſque d'être la dupe de la coutume ou de l'éducation, & qu'ils ſont mieux en état d'adminiſtrer la juſtice, ſans aucun égard pour l'amitié ni pour le parentage.

On aſſure que les virginiennes ſont beaucoup plus ſages & plus modeſtes que les filles du Canada & du Miſſiſſipi. Quoique ces peuples reconnoiſſent que leurs filles peuvent diſpoſer librement de leur perſonne, la proſtitution eſt un crime impardonnable à leurs yeux. S'il arrive que l'une d'entr'elles ait eu un enfant, ſa réputation eſt perdue pour jamais, & elle ne peut plus prétendre au mariage.

Les virginiens ont la plus haute opinion de l'union conjugale. Les vœux qu'ils ſont en pareil cas ſont conſidérés comme des engagemens ſacrés & inviolables. Cependant le divorce eſt admis parmi eux ; mais la loi ne l'autoriſe que pour des motifs graves & de la derniere importance. Auſſi ces ſéparations ſcandaleuſes ſont-elles fort rares chez eux ; & s'il arrive qu'un homme porte la mauvaiſe humeur juſqu'au point de congédier ſa femme, il trouve rarement à ſe remarier. Le divorce rend cependant la liberté aux deux parties, & chacune d'elles a le droit de contracter de nouveaux engagemens. Chacun prend alors les enfans pour leſquels il ſe ſent plus d'inclination ; & ſi les parties ne ſont pas d'accord ſur ce point, on ſépare les enfans en nombre égal, & l'homme choiſit le premier. Ici, comme au Canada, l'uſage exige que l'on ſépare en certain tems les femmes du reſte de la ſociété.

On accuſe les virginiens de porter la jalouſie juſqu'à l'extrême. C'eſt apparemment par un effet de cette paſſion dangereuſe qu'ils excluent de la couronne les enfans de leurs ſouverains, & la tranſportent à ſon frere maternel, ou, à ſon défaut, aux enfans de ſa ſœur aînée. Le motif de cet uſage eſt que le côté de la femme leur paroît toujours le plus ſûr. Les mâles, au même degré, ſuccedent préférablement aux femmes, quoique celles-ci ſoient préférées aux mâles qui ſe trouvent dans un degré plus éloigné. Comme les canadiens, ils plongent leurs enfans dans l'eau froide auſſi-tôt après leur naiſſance.

Les virginiens conſervent religieuſement le corps de leurs rois ; & ils croiroient commettre un ſacrilege, s'ils dépoſoient dans la terre le cadavre de celui qui les a commandés pendant ſa vie. Lorſque leur prince

Figures. eſt mort, ils l'expoſent ſur un brancard où des prêtres arrangent ſon corps, de maniere à pouvoir ſubſiſter long-tems ſans ſe corrompre. Ils fendent d'abord la peau tout du long du dos, & l'arrachent, s'il eſt poſſible, toute entiere : ils décharnent enſuite les os ſans offenſer les nerfs, afin que les jointures puiſſent reſter enſemble. Après les avoir fait ſécher au ſoleil, ils les remettent dans la peau qu'ils ont eu ſoin de tenir humide avec un peu d'huile ou de graiſſe pour la garantir de la corruption. Lorſque les os ſont bien placés dans la peau, ils en rempliſſent fort adroitement les vuides avec du ſable très-fin; & ils la recouſent de maniere que le corps paroît auſſi entier que s'ils n'en avoient pas ôté la chair. Ils portent le cadavre ainſi préparé dans un lieu deſtiné à

76. cet uſage (*fig. 76*) : ils l'y étendent ſur une grande planche nattée, placée à quelque élévation du ſol, & ils le couvrent d'une natte pour le garantir de la pouſſiere. On expoſe la chair qu'on a tirée du corps à l'ardeur du ſoleil, ſur une claie; & quand elle eſt tout-à-fait ſeche, ils l'enferment dans un panier bien couſu qu'ils placent au pied du cadavre. Dans ces tombeaux eſt une idole de Kiowaſa, à la vigilance duquel ces corps ſont confiés. Un prêtre ſe tient nuit & jour dans ce mauſolée auprès d'un feu allumé; c'eſt là qu'il s'acquitte de quelques pieux devoirs, auxquels les virginiens croient que les défunts s'intéreſſent.

On ne pratique pas le même uſage à l'égard des particuliers. Ceux-ci ſont enveloppés tout ſimplement de peaux ou de nattes; après quoi on les enſévelit dans des foſſes aſſez profondes. On fait ſeulement attention que les corps ne touchent pas à la terre; c'eſt pourquoi on les poſe ſur des bâtons, comme le pratiquent les canadiens. On place à côté d'eux leurs principaux uſtenſiles de ménage; & le prêtre, chargé de la cérémonie funebre, fait enſévelir tous ces effets dans la terre.

Le moment de la ſépulture eſt l'époque où commence le deuil. Les virginiens ſe peignent, en cette occaſion, tout le corps de charbon noir détrempé dans une certaine quantité d'huile qu'ils préparent pour cet uſage. Les femmes ſur-tout ſe diſtinguent par le courage avec lequel elles témoignent extérieurement leur douleur. Quand elles ont perdu leurs maris, elles ſe défigurent de maniere à ſe rendre méconnoiſſables : en cet état, elles hurlent, elles lamentent & ſe déſeperent pendant vingt-quatre heures de ſuite; & c'eſt là que ſe termine le deuil qu'elles portent de leurs maris.

On a dit que les virginiens croyoient l'immortalité de l'ame. Ces

peuples

peuples penfent également qu'après cette vie, l'homme doit être puni
ou récompenfé felon fes œuvres. Les uns , dit-on , placent leur enfer
dans une grande foffe fituée à l'extrêmité de l'univers au foleil cou-
chant : les autres penfent que les ames des méchans font fufpendues entre le ciel & la terre. Quel que foit le lieu de leur fupplice , tous font
perfuadés qu'elles doivent brûler dans un feu dévorant , qui ne s'étein-
dra qu'au moment où elles feront purgées de toutes leurs fouillures.
Leur paradis eft, comme celui des autres nations, un lieu de plaifir &
de volupté , où les ames des bienheureux doivent fe réjouir dans toute
l'éternité. Les prêtres fur-tout doivent jouir un jour de cette béatitude
éternelle ; & la populace n'a droit d'y prétendre qu'autant qu'elle s'y
fera montrée foumife aux volontés du facerdoce.

Les virginiens , comme toutes les nations de l'Amérique feptentrionale , ont l'ufage du calumet. Cet inftrument , que l'on a comparé au
caducée de Mercure, & que ces peuples emploient dans leurs cérémonies religieufes & civiles , eft ainfi décrit par le pere Hennepin. Le
calumet, dit ce miffionnaire, eft une grande pipe à fumer, de marbre
rouge, noir ou blanc (*fig.* 77). Il reffemble affez à un marteau d'armes : la tête en eft bien polie; & le tuyau , long de deux pieds &
demi, eft une canne affez forte , ornée de plumes de toutes fortes
de couleurs avec plufieurs nattes de cheveux de femmes , entrelacés de
plufieurs manieres : on y attache deux aîles; & cela le rend affez femblable au caducée de Mercure ou à la baguette que les ambaffadeurs de
paix portoient autrefois à la main. Cette canne eft fourrée dans des
cous de Huars , qui font des oifeaux tachetés de noir & de blanc , gros
comme nos oyes , ou dans des cous de canards branchus : ces canards font
bigarrés de trois ou quatre couleurs différentes. Chaque nation embellit
le calumet felon fon ufage , ou felon fon inclination particuliere. Cet
inftrument fert d'affurance à tous ceux qui vont chez les alliés des nations qui le donnent. Il eft auffi un fymbole de paix; & l'on eft généralement perfuadé qu'il arriveroit de grands malheurs à celui qui viole-
roit la foi du calumet. Il eft le fceau de toutes les entreprifes , des affaires de conféquence & des cérémonies publiques.

On diftingue le calumet de guerre du calumet de paix : celui-ci eft
rouge, & l'autre eft mêlé de blanc & de gris. Lorfque les fauvages font
fur le point de partir pour la guerre , l'un des principaux d'entr'eux
donne à toute l'armée un efpece de bal, que l'on nomme la *danfe du
calumet.* Si l'on eft alors en été, on choifit dans la campagne un vafte

Tome I.   **X**

77.

emplacement que l'on entoure de feuillages qui forment une ombre agréable. On couvre cette place d'une natte de jonc, bigarrée de diverses couleurs, & l'on y expose le génie favori de celui qui donne le bal. A la droite de cette statue, paroît le calumet, environné d'arcs, de fleches, de haches, & de toutes sortes d'armes qui forment une espece de trophée. Avant d'ouvrir le bal, les guerriers rendent leur hommage à la statue en l'encensant avec la fumée de tabac. Ensuite l'un des plus distingués de la troupe commence à danser en tenant le calumet entre ses deux mains. Pendant la danse, tantôt il montre aux assistans cet instrument respectable; souvent il l'offre au soleil, quelquefois il le penche vers la terre, & lui fait faire quelques autres mouvemens qui vraisemblablement sont symboliques. Après avoir dansé ainsi quelque tems, il défie le plus vaillant de l'assemblée à un combat singulier: alors un jeune homme s'éleve, va prendre des armes que l'on a cachées exprès sous la natte, & revient se battre en cadence contre celui qui tient le calumet. Ce dernier, après quelques instans de combat, demeure victorieux; &, enflé de ce succès, il commence à vanter ses prouesses devant les assistans. Pendant qu'il fait son panégyrique, il frappe, de tems en tems, avec sa massue sur un poteau qui se trouve au milieu de l'endroit où se passe la cérémonie. Après quoi il reçoit pour prix de sa valeur une belle robe de castor, que lui donne le plus ancien de l'assemblée. Chaque guerrier prend à son tour le calumet & répete la même cérémonie.

Lorsque quelques étrangers abordent en Virginie, le roi, accompagné de ses gens, va au-devant d'eux, à quelque distance du lieu de sa résidence; il les prie de s'asseoir sur des nattes que ses gens portent exprès, & les invite en même-tems à la cérémonie du calumet. On se rend ensuite à la demeure du prince, qui ordonne de leur laver les pieds, les régale & leur donne un divertissement composé de chansons & de danses grotesques. Quand on est parvenu à l'heure de se coucher, on choisit deux des plus belles filles du village, auxquelles on donne ordre d'avoir soin de l'étranger. Ces filles le deshabillent; &, aussi-tôt qu'il est au lit, elles s'y glissent adroitement une de chaque côté. Elles croiroient même violer les droits de l'hospitalité, si elles ne satisfaisoient pas à tous les desirs de l'hôte; & tel est, à ce sujet, le préjugé du pays, que toutes les autres filles sont jalouses de l'honneur que cette entrevue leur procure. Il faut néanmoins observer, que cet usage ne se pratique qu'à l'égard des étrangers de la premiere classe.

ARTICLE XVIII.

Religion des Peuples de la Floride.

SI l'on en croit Garcilaſſo de la Vega, écrivain ſans génie & ſans diſcernement, les floridiens ſont des idolâtres qui n'adorent que le ſo- leil & la lune, ſans même leur offrir de prieres ni de ſacrifices : c'eſt ainſi qu'on écrivoit l'hiſtoire du tems de cet incas. Nous penſons au- jourd'hui tout autrement ſur le compte de ces peuples : on ſait que, tout auſſi ſuperſtitieux que leurs voiſins, ils n'ont cependant pas perdu de vue les grands principes de l'unité de Dieu & de l'immortalité de l'ame. A la divinité par excellence dont ils connoiſſent la puiſſance & les bienfaits, ils joignent, comme les parſes, un autre être d'une nature toute oppoſée à la ſienne, & d'où découlent tous les maux qui affligent la terre. Perſuadés que le bon principe ne ſauroit leur nuire à cauſe de la douceur & de l'intégrité qui ſont ſon caractere, ils bornent le culte qu'ils lui rendent à des hommages & à des actions de graces ; mais ils tachent d'appaiſer l'autre dont les prêtres ne ceſſent de leur exagérer l'humeur mal-faiſante, par des préſens, des ſacrifices & des mortifications.

Ici, comme en Virginie, le ſoleil partage le culte religieux que le peuple rend à la divinité. Les floridiens ſur-tout qui habitent le long des montagnes Apalaches, ont une grande confiance dans le pouvoir de cet aſtre. Soir & matin ils ne négligent jamais de lui rendre leurs hom- mages, ni de chanter des hymnes à ſa louange. Quatre fois l'année ils célebrent une grande ſolemnité qui a le ſoleil pour objet. La veille de cette fête, les prêtres, appellés *Jouanas* dans ce pays, vont en retraite à la montagne d'Olaimy pour mieux ſe préparer à l'action importante du lendemain. Pendant cette nuit, tout paroît éclairé des feux qu'on allume ſur la montagne ; mais perſonne n'oſeroit approcher du ſanc- tuaire conſacré au ſoleil. L'accès de ce lieu ſaint n'eſt permis qu'aux prêtres. C'eſt à eux que les pieux floridiens remettent leurs offrandes, que les jouanas ſuſpendent enſuite à des perches placées à chaque côté du portail. Ces offrandes reſtent ſuſpendues juſqu'à la fin de la cérémo- nie ; & c'eſt alors que les prêtres les diſtribuent conformément à la vo- lonté de ceux qui les ont faites.

Dès le point du jour, on voit paroître une foule immenſe de peu-

Tome I. X 2

ples au pied de la montagne. Dès que le foleil commence à luire, les jouanas entonnent des hymnes à fa louange, & fe jettent à genoux à plufieurs reprifes. Ils jettent enfuite des parfums dans le feu facré allumé à la porte du temple. Après quoi celui de ces miniftres qui remplit la cérémonie, verfe du miel dans une pierre creufée exprès pour cet ufage, & verfe près d'elle du mahis à demi brifé & dépouillé de fa peau. Ce mahis doit fervir de pâture à certains oifeaux, qui, felon l'opinion des floridiens, s'élevent en l'air pour chanter les louanges de l'aftre du jour. Les jeux, les danfes & les plaifirs couronnent cette premiere cérémonie.

Cette folemnité ne fe montre dans tout fon éclat qu'à midi. Les prêtres entourent alors la table, en redoublant leurs cris de joie & leurs hymnes. Quand le foleil commence à dorer de fes rayons les bords de la table, ils jettent dans le feu tout ce qui leur refte de parfums ; & après cela fix de ces miniftres, choifis au fort, donnent la liberté à fix oifeaux du foleil. Enfin on voit defcendre du haut de la montagne une proceffion de dévots, tenant en main des rameaux, & que les jouanas introduifent dans le temple. Ces pélerins fe lavent le vifage & les mains dans une eau facrée, & couronnent la cérémonie par des cris d'allégreffe auxquels toute l'affembéle répond à l'envi.

L'état actuel des floridiens ne leur permet pas d'avoir des temples conftruits avec quelque magnificence. Leurs fanctuaires ne font que des grottes creufées dans le flanc des montagnes, ou dans quelques rocs efcarpés. Si l'on pouvoit ajouter foi au récit de Garcilaffo de la Vega, ce peuple étoit autrefois plus recherché dans les temples qu'il élevoit à la divinité. Cet hiftorien nous a donné la defcription du fanctuaire des floridiens de Cofaciqui, qui, fi elle étoit exacte, nous donneroit la plus haute idée de l'induftrie de ce peuple & de la magnificence qu'il mettoit dans fon culte. Quoi qu'il en foit, nous croyons devoir l'inférer ici telle qu'elle nous a été tranfmife par cet incas.

« Le temple de Talomelo, dit-il, où eft la fépulture des caciques, a plus
» de cent pas de long fur quarante de large ; les murailles hautes à pro-
» portion, & le toit fort élevé pour fuppléer au défaut de la tuile, &
» pour donner plus de pente aux eaux. La couverture eft de rofeaux fort
» déliés, fendus en deux, dont les indiens font des nattes qui reffemblent
» aux tapis de jonc des maures; ce qui eft très-beau à voir. Cinq ou fix de
» ces tapis, mis l'un fur l'autre, fervent pour empêcher la pluie de per-
» cer, & le foleil d'entrer dans le temple, ce que les particuliers de la
» contrée & leurs voifins imitent dans leurs maifons.

» Sur le toit de ce temple il y a plufieurs coquilles de différentes gran-
» deurs & de divers poiffons, rangées dans un très-bel ordre : mais on ne
» comprend pas d'où l'on peut les avoir apportées, ces peuples étant fi
» éloignés de la mer, fi ce n'eft qu'on les ait prifes dans les fleuves &
» les rivieres qui arrofent la province. Toutes ces coquilles font pofées
» le dedans en dehors pour donner plus d'éclat, mettant toujours un
» grand coquillage de limaçon de mer entre deux petites écailles avec
» des intervalles d'une piece à l'autre, remplis par plufieurs filets de
» perles de diverfes groffeurs en forme de feftons, attachés d'une coquille
» à l'autre. Ces feftons de perles, qui vont depuis le haut du toit jufqu'en
» bas, joints au vif éclat de la nacre & des coquilles, font un très-bel
» effet, lorfque le foleil donne deffus.

» Le temple a des portes proportionnées à fa grandeur. On voit à
» l'entrée douze ftatues de géants faites de bois : ils font repréfentés d'un
» air fi farouche & fi menaçant, que les efpagnols s'arrêterent long-
» tems à confidérer ces figures, dignes de l'admiration de l'ancienne
» Rome. On diroit que ces géants foient mis là pour défendre l'entrée
» de la porte : car ils font en haie des deux côtés, & vont en dimi-
» nuant de grandeur. Ces premiers ont huit pieds, & les autres un peu
» moins à proportion, en forme de tuyaux d'orgues.

» Ils ont des armes conformes à leur taille ; les premiers de chaque
» côté, des maffues garnies de cuivre qu'ils tiennent élevées, & fem-
» blent tout prêts à les rabattre avec fureur fur ceux qui fe hafardent
» d'entrer : les feconds ont des marteaux d'armes ; & les troifiemes, une
» efpece de rame : les quatriemes, des haches de cuivre, dont les tran-
» chans font de pierre à fufil : les cinquiemes tiennent l'arc bandé, &
» la fleche prête à partir. Rien n'eft plus curieux à voir que ces fleches,
» dont le bout d'en-bas eft d'un morceau de corne de cerf fort bien mis
» en œuvre, ou de pierre à fufil affilée comme un poignard. Les derniers
» géants ont de fort longues piques garnies de cuivre par les deux bouts
» en pofture menaçante, ainfi que les autres ; mais tous d'une maniere
» différente & fort naturelle.

» Le haut des murailles en-dedans eft orné conformément au-dehors
» du toit ; car il y a une efpece de corniche faite de grandes coquilles
» de limaçons de mer mis en fort bon ordre, & entr'elles on voit des
» feftons de perles qui pendent du toit. Dans l'intervalle des coquilles
» & des perles, on apperçoit dans l'enfoncement attaché à la couver-
» ture, quantité de plumes de diverfes couleurs très-bien difpofées.

» Outre cet ordre, qui regne au-deffus de la corniche, pendent de tous
» les endroits du toit plufieurs plumes & plufieurs filets de perles, rete-
» nus par des filets imperceptibles, attachés par haut & par bas, enforte
» qu'il femble que ces ouvrages foient prêts à tomber.

» Au-deffous de ce plafond & de cette corniche, il y a autour du
» temple, des quatre côtés, deux rangs de ftatues, l'un au-deffus de
» l'autre, l'un d'hommes & l'autre de femmes, de la hauteur des gens
» du pays. Chacun a fa niche joignant l'une à l'autre, & feulement
» pour orner la muraille qui eût été trop nue fans cela. Les hommes ont
» tous des armes en main, où font des rouleaux de perles de quatre ou
» cinq rangs avec des houpes au bout, faites d'un fil très délié & de di-
» verfes couleurs. Pour les ftatues de femmes, elles ne portent rien en
» leurs mains.

» Au pied de ces murailles il y a des bancs de bois fort bien tra-
» vaillés, où font pofés les cercueils des feigneurs de la province &
» de leurs familles. Deux pieds au-deffus de ces cercueils, en des ni-
» ches dans le mur, fe voient les ftatues des perfonnes qui font là en-
» févelies : elles les repréfentent fi naturellement, que l'on juge comme
» elles étoient au tems de leur mort. Les femmes n'ont rien à la main ;
» mais les hommes y ont des armes.

» L'efpace qui eft entre les images des morts, & les deux rangs des
» ftatues qui commencent fous la corniche, eft femé de boucliers de
» diverfes grandeurs, faits de rofeaux fi fortement tiffus, qu'il n'y a
» point de trait d'arbalêtre, ni même de coup de fufil qui les puiffe
» percer. Ces boucliers font tous ornés de perles & de houppes de cou-
» leur, ce qui contribue beaucoup à leur beauté.

» Dans le milieu du temple, il y a trois rangs de caiffes fur des bancs
» féparés. Les plus grandes de ces caiffes fervent de bafe aux médiocres,
» & celles-ci aux plus petites ; & d'ordinaire ces pyramides font com-
» pofées de cinq ou fix caiffes. Comme il y a des efpaces entre un banc
» & un autre, cela n'empêche point d'aller de côté & d'autre, & de
» voir dans le temple tout ce qu'on veut.

» Toutes ces caiffes font remplies de perles, de forte que les plus
» grandes renferment les plus groffes perles, & ainfi en continuant
» jufqu'aux plus petites qui ne font pleines que de femences de perles.
» Au refte la quantité des perles étoit telle, que les efpagnols avoue-
» rent qu'encore qu'ils fuffent plus de neuf cents hommes & euffent
» trois cents chevaux, ils ne pouvoient tous enfemble emporter en une
» fois toutes les perles de ce temple.

» Outre cette innombrable quantité de perles, on trouva force pa-
» quets de peaux de chamois, les uns d'une couleur, & les autres d'une
» autre, fans compter plufieurs habits de peaux avec le poil, teintes dif-
» féremment, plufieurs vêtemens de chats, de martres, & d'autres peaux
» aufli-bien paffées qu'au meilleur endroit d'Allemagne & de Mofcovie.

» Autour de ce temple, qui par-tout étoit fort propre, il y a un
» grand magafin divifé en huit falles de même grandeur, ce qui lui ap-
» porte beaucoup d'ornement. Les efpagnols entrerent dans ces falles,
» & les trouverent pleines d'armes. Il y avoit dans la premiere de lon-
» gues piques ferrées d'un très-beau cuivre, & garnies d'anneaux de
» perle qui font trois ou quatre tours. L'endroit de ces piques qui tou-
» che à l'épaule, eft enrichi de chamois de couleur; & aux extrémités
» il y a des houppes avec des perles qui contribuent beaucoup à leur
» beauté.

» Il y avoit dans la feconde falle des maffues femblables à celles des
» géants, garnies d'anneaux de perles, & par endroits, de houppes de
» diverfes couleurs avec des perles à l'entour; dans la troifieme, on
» trouvoit des marteaux d'armes enrichis comme les autres; dans la qua-
» trieme, des épieux parés de houppes près du fer & à la poignée; dans
» la cinquieme, des efpeces de rames ornées de perles & de franges;
» dans la fixieme, des arcs & des fleches très-belles. Quelques-unes
» font armées de pierres à fufil, éguifées par le bout en forme de poinçon,
» d'épées, de fers de piques, ou de pointes de poignard avec deux tran-
» chans. Les arcs font émaillés de diverfes couleurs, luifans, & embellis
» de perles en divers endroits; dans la feptieme falle, il y avoit des ron-
» daches de bois & de cuir de vache, apportées de loin, garnies de perles
» & de houppes de couleurs; dans la huitieme, des boucliers de rofeaux
» tiffus fort adroitement & parés de houppes & de femence de perles ».

Quelques hiftoriens affurent que la plupart des peuples de la Floride
facrifient leurs premiers nés mâles au foleil. Pendant, difent-ils, que la
mere de l'enfant gémit devant le bloc fur lequel la victime doit être
écrafée, d'autres femmes chantent & danfent en cercle : enfuite une
autre femme paroît au milieu du cercle tenant l'enfant entre fes bras, &
en le montrant de loin au chef du canton qui affifte à ce facrifice. Après
cela, ajoute-t-on, le prêtre fe préfente au milieu de fix autres floridiens,
& vient écrafer l'enfant (*fig.* 77).

Il eft vraifemblable que ce font les efpagnols qui ont imaginé cette
fable pour rendre odieux des peuples que leur cupidité meurtriere s'eft

efforcée d'anéantir. Telle fut autrefois l'inculpation que l'on fit à certains peuples du nord, que l'on accusa de sacrifier leurs enfans à Odin. Quelque force que puisse avoir la superstition sur des ames simples, ignorantes & nourries dans les préjugés, la nature, toujours attentive à la conservation de ses droits, ne permettroit jamais que de tels attentats se perpétuassent dans une nation. Une cérémonie, dont l'existence est beaucoup plus certaine, c'est celle que font ces peuples, à certains jours de l'année, lorsqu'ils offrent au soleil l'effigie d'un cerf (*fig. 78*). Ils choisissent pour cet effet la peau du plus grand cerf qu'ils puissent trouver. Après l'avoir remplie de toutes sortes d'herbes, ils l'ornent de fleurs & de fruits, & l'élevent au sommet d'un grand arbre, la tête tournée vers le soleil levant : alors une foule de dévots entonnent des prieres & des hymnes à l'honneur du soleil ; & la fête se prolonge ainsi jusqu'au soir dans les chants, dans les divertissemens & dans les plaisirs. La peau du cerf reste ensuite exposée jusqu'à la solemnité suivante.

Les floridiens célebrent encore une fête qui n'est pas moins solemnelle. Tous les ans, ce peuple s'assemble sous la conduite du chef de chaque canton, & va rendre ses hommages à un génie, nommé *Toya*, & que les européens croient être le mauvais principe. Une grande place, diversement ornée, selon le goût de la peuplade qui doit s'y assembler, sert de théâtre à cette cérémonie. Trois prêtres, peints de plusieurs couleurs depuis les pieds jusqu'à la tête, paroissent au milieu de l'assemblée avec des tambours, au son desquels ils dansent & chantent en faisant des grimaces épouventables. L'assemblée répond en chœurs au chant de ces jouanas, qui, après avoir fait trois ou quatre tours de danse, quittent brusquement les fidelles & s'enfuient dans les bois pour y consulter Toya. Les femmes se chargent ensuite de la cérémonie : ces mégeres font retentir l'air de leurs hurlemens; elles font des incisions au bras de leurs filles, & font hommage à Toya du sang qui découle de ces plaies. Deux jours après les jouanas reviennent des bois, & reprennent leurs danses dans la même place qu'ils avoient si brusquement quittée. La cérémonie est couronnée par un repas, où la joie & la gaieté succedent aux gémissemens que les floridiens contrits poussoient depuis trois jours.

On a déjà dit que les prêtres des floridiens portoient le nom de *Jouanas*. Leur caractere est beaucoup respecté parmi ces peuples; aussi sont-ils ici, comme en Virginie, l'ame de tous les mouvemens de l'état, & le conseil des familles. Avant d'être promus au sacerdoce, ces jouanas doivent passer par les épreuves d'une discipline longue & rigoureuse, à

laquelle

laquelle les anciens prêtres les affujettiffent. Ceux-ci , dit-on , les exercent par le jeûne , l'abftinence , la retraite , & la privation des fens. Ce féminaire dure trois ans ; & c'eft pendant cet efpace de tems que ces novices apprennent à remplir dignement les fonctions de leur état. Ces prêtres font vêtus d'un manteau de peau coupée en bandes inégales. Quelquefois cet habillement reffemble à une longue robe ; & alors ils l'attachent avec une ceinture de peau, d'où pend le fac qui renferme leur remede. Ils ont les pieds & les bras nuds : fur la tête ils portent un bonnet de peau qui fe termine en pointe , fouvent au lieu de bonnet , ils fe décorent la tête de plumage.

Ces prêtres , comme ceux des virginiens & des autres peuples barbares , font les feuls médecins dans la lumiere defquels la nation puiffe avoir quelque confiance. Cette fonction, qui n'eft point la moins lucrative de leur miniftere , les oblige à porter toujours à leurs ceintures, un fac plein d'herbes médicinales. Telle eft la confiance que les floridiens portent , en cette occafion , à leurs prêtres , qu'ils font perfuadés que leurs fouffles & leurs attouchemens pourroient fuffire feuls pour guérir leurs malades. Quand tous les remedes que les jouanas prefcrivent à ceux dont ils ont entrepris la guérifon n'operent pas, ils prefcrivent le bain ; & fi le bain ne fait rien , ils expofent le patient à la porte de fa cabane le vifage tourné vers le foleil. Le médecin conjure alors cet aftre de rendre la fanté au malade par l'influence falutaire de fes rayons.

Les floridiens ne prennent communément qu'une feule époufe. Cependant les grands du pays fe difpenfent fouvent de cette loi , & prennent tout autant de femmes que leur fortune & leur goût le leur permettent. L'ufage ne permet pourtant pas qu'il y ait dans un ménage plus d'une femme légitime : toutes les autres , placées au rang des concubines , font entiérement fubordonnées aux volontés de celle-ci.

Les enfans qui naiffent de ces concubines , font même confidérés comme des bâtards ; & ils n'ont pas le droit de partager comme les autres les biens du pere. Ceux qui demeurent autour des montagnes Apalaches , ne fe marient jamais hors de leur famille ; & la loi leur permet de contracter mariage dans tous les degrés qui font au-deffous de freres & de fœurs. Cette union fe contracte d'ailleurs dès l'enfance ; & les parties la ratifient dès qu'ils font parvenus en âge de puberté.

Lorfque les floridiens fe difpofent à marcher à la guerre , ils affemblent un confeil où les jouanas donnent leur avis fur le fuccès de l'expédition. Avant de prendre les armes , le chef de l'armée affemble toutes fes troupes

Tome I. Y

Figures. en rafe campagne, & adreffe au ciel des prieres pour le fuccès de fes armes. Il remplit, en cette occafion, les fonctions de pontife : il fe tourne du côté du foleil, & prenant de l'eau dans une écuelle de bois, il fait plufieurs imprécations contre l'ennemi qui le force de fe mettre en campagne, & jette fon eau en l'air de maniere qu'elle retombe fur les principaux officiers de fon armée : *Puiffiez-vous*, leur dit-il en même-tems, *répandre de cette façon le fang de vos ennemis !* Il prend une feconde fois de l'eau, la répand fur un brafier qui eft à côté de lui, & s'adreffant à fes guerriers, il leur dit : *Puiffiez-vous détruire nos ennemis avec autant de promptitude que j'éteins ce feu !* Ces deux actions font accompagnées de cris & de grimaces qui expriment la vive piété du prince (*fig.* 79).

79.

La cérémonie avec laquelle on confulte le magicien fur l'événement futur de la guerre, n'eft pas moins ridicule. Ce devin fe met fur un bouclier dans une attitude extrêmement gênante, & montrant fes deux mains en arriere (*fig.* 79). Après un quart-d'heure d'agitation, de grimaces & de mouvemens convulfifs, il tombe tout étourdi, & va en cet état rendre compte au prince de la conférence qu'il a eue avec la divinité, lui déclare le nombre des ennemis qu'il va combattre, la maniere avec laquelle il doit réprimer leurs efforts, & le fuccès dont la campagne fera couronnée. Si la fuite ne répond pas à la prophétie, ces impofteurs ne manquent pas d'expédients propres à les difculper de la fauffeté de leur prédiction.

A leur retour de la guerre, ils pendent à des perches dreffées dans une grande place, les bras & les jambes de ceux qui ont fuccombé fous leurs coups. Là, un jouana prononce toutes fortes de malédictions contre l'ennemi qui a ofé provoquer la colere de fa nation. Ce prêtre tient une petite ftatue à la main ; & trois hommes fe tiennent à genoux devant lui. L'un de ces trois hommes bat la mefure fur une pierre avec fa maffue & répond aux imprécations du prêtre, tandis que les deux autres chantent au bruit de leurs calebaffes.

Une guerre eft à peine terminée, qu'une feconde recommence, fomentée par ceux dont les parens ont expiré dans la derniere campagne. Les femmes qui y ont perdu leurs maris, fe préfentent au roi, baignées de larmes, & lui demandent vengeance de la perte qu'elles ont faite. Elles fe préfentent enfuite fur leurs tombeaux ; &, pour dernier témoignage de la tendreffe qui les anime, elles fe coupent les cheveux, & les fement fur la fépulture de leurs maris. La loi ne permet pas aux floridiennes de fe remarier avant que leurs cheveux foient revenus de longueur à paffer leurs épaules (*fig.* 80).

80.

Les différens peuples que nous comprenons fous le nom de *floridiens*, ont chacun leur ufage touchant la maniere d'enterrer leurs morts. Ceux d'Hirriga enterrent leurs morts dans les forêts. Ces cadavres font placés dans des cercueils de bois, couverts d'ais qui n'y font pas attachés, mais feulement arrêtés par le poids de quelques pierres que l'on pofe deffus. Pour préferver ces corps de la voracité des bêtes carnaffieres, ils les font garder par des efclaves.

Ceux de ces peuples qui habitent les monts Apalaches, embaument les corps de leurs parens. Ces cadavres reftent trois mois dans le baume; enfuite on les revêt de belles peaux, & on les met, en cet état, dans des cercueils de cedre. Le cercueil demeure dans la maifon du défunt pendant douze lunes, après quoi on le porte à la forêt voifine, où le défunt eft enterré tout fimplement au pied d'un arbre.

Tous ces peuples emploient le plus de magnificence qu'il leur eft poffible dans les funérailles de leurs fouverains. Les apalachites les embaument très-proprement; & ils les confervent ainfi, pendant trois ans, dans l'appartement où ils font morts, revêtus de tous les ornemens de leur dignité. Après cet efpace de tems, on les porte aux tombeaux de leurs ancêtres, fitués fur la pente de la montagne d'Olaimy; on les defcend dans une grotte dont on ferme l'ouverture avec de gros cailloux; & l'on pend aux branches des arbres voifins du tombeau, les armes dont il fe fervoit à la guerre. Les plus proches parens plantent enfuite un cedre auprès de la grotte, & ils l'entretiennent foigneufement à la gloire du défunt. Si cet arbre facré meurt, on lui en fubftitue auffitôt un autre.

Les prêtres font enfevelis d'une toute autre maniere chez la plupart des peuples de la Floride (*fig.* 81). On les enterre communément dans leur maifon; & l'on brûle enfuite la maifon & les effets du défunt. Purchas a dit que ces peuples, après avoir brûlé les corps de leurs miniftres, les réduifoient en poudre & les donnoient à boire, un an après, aux proches parens des défunts; mais il ne paroît pas que cet ufage ait jamais été pratiqué. Nous obferverons feulement qu'il paroît certain qu'autrefois les fouverains, les prêtres & tous les gens de qualité faifoient enterrer avec eux des efclaves pour les aller fervir dans l'autre monde.

Fin du Tome premier.

TABLE
DES MATIERES

Contenues dans le premier Volume des Cérémonies et Coutumes Religieuses de tous les Peuples du Monde.

Fin de la Table du Tome premier.

HONNEURS RELIGIEUX que les CAFRES rendent à la LUNE.

HONNEURS RELIGIEUX que les CAFRES rendent à un HANETON.

CEREMONIE qui s'observe à la NAISSANCE des ENFANS chés des CAFRES
1.La PURIFICATION des ENFANS nouveaux nés. 2.L'EXPOSITION des ENFANS qui naissent avec quelques DEFAUT.

MARIAGE des CAFRES.

L'INITITIATION des JEUNES GENS reçus au rang des HOMMES.

Les FUNERAÏLLES des CAFRES et HOTTANTOTS.

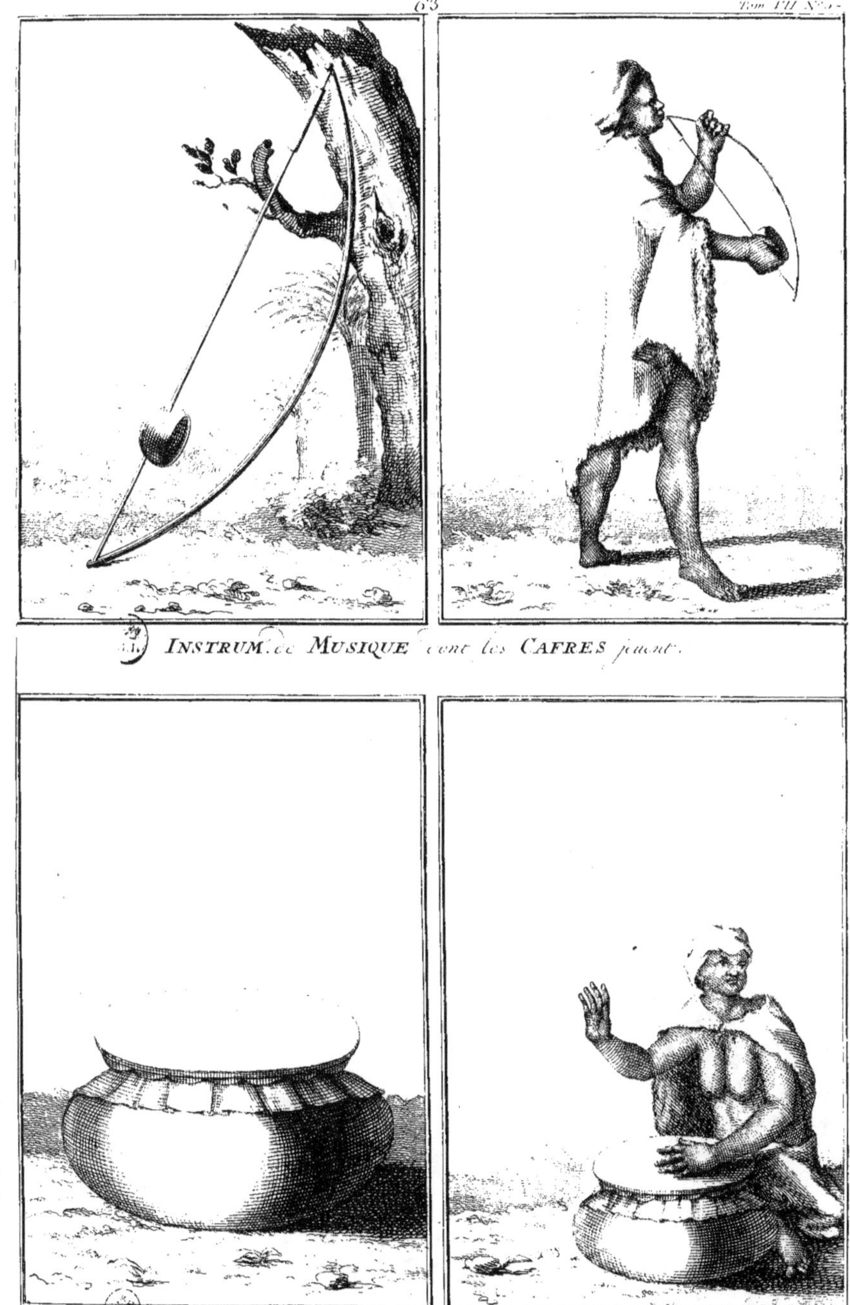

INSTRUM. de MUSIQUE dont les CAFRES jouent.

INSTRUM. de MUSIQUE dont leurs FEMMES jouent.

Autre Ceremonie pour demander de la PLUIE &c.

Ceremonie Religieuse des Peuples de GUINÉE a l'honneur de leur DIVINITE.

Leur COMMEMORATION des MORTS.

Ceremonie des Peuples de GUINÉE, pour la CIRCONCISION d'un ENFANT

Tom. VII. N.º 33.

MANIERE *de se Saluër le matin en* GUINÉE

leur MANIERE *de se* MARIER.

CEREMONIES *de* L'ACCOUCHEMENT.

L'ACCOUCHÉE *va laver son* ENFANT *dans la Riviere.*

MANIERE dont les NEGRES de GUINÉE font leur Serment.

MANIERE dont leurs FEMMES se justifient de l'ACCUSATION d'ADULTERE.

SUPLICES des PEUPLES de GUINÉE.

CEREMONIE FUNÈBRE des HABITANS de GUINÉE.

SEPULTURE d'un ROI de GUINÉE.

LE GRAND SACRIFICE des CANADIENS à QUITCHI-MANITOU
ou le GRAND ESPRIT.

SAUVAGE qui alume une ALUMETTE, pour aller trouver sa MAITRESSE.

SAUVAGE en conversation avec sa MAITRESSE étant assis sur le pied de son Lit.

SAUVAGE dont la MAITRESSE se cache dans sa couverture ne voulant pas le recevoir.

SAUVAGE dont la MAITRESSE éteint L'ALUMETTE pour le recevoir.

CEREMONIE NUPTIALE du CANADA.

MANIERE dont les PEUPLES du CANADA font le DIVORCE.

JONGLEUR *qui vient guérir un* MALADE. | ESCLAVES *qui pleurent le* MORT.

Les PARENS *demandent au* DÉFUNT *la cause de sa* MORT.

REJOUÏSSANCES des PEUPLES du CANADA, pendant que l'on porte le DÉFUNT, a la Cabane des MORTS.

CONVOI FUNÈBRE des PEUPLES du CANADA.

KIWASA IDOLE des VIRGINIENS.

Le DIEU des VENTS, autre Idole des VIRGINIENS.

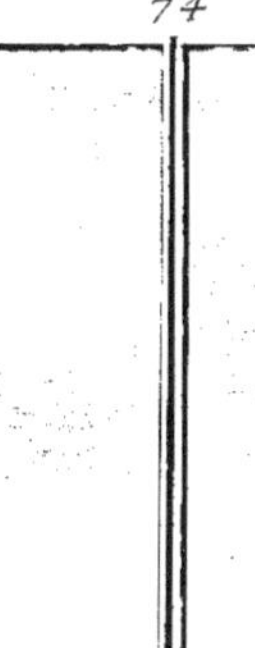

PRÊTRE de la VIRGINIE vû du côté droit. | *PRÊTRE de la VIRGINIE vû du côté gauche.*

MAGICIEN de la VIRGINIE.

Les **VIRGINIENS** adorent le **FEU**, et se réjouissent après avoir été délivrez de quelque danger Considerable.

TOMBEAUX *des Rois de la* VIRGINIE.

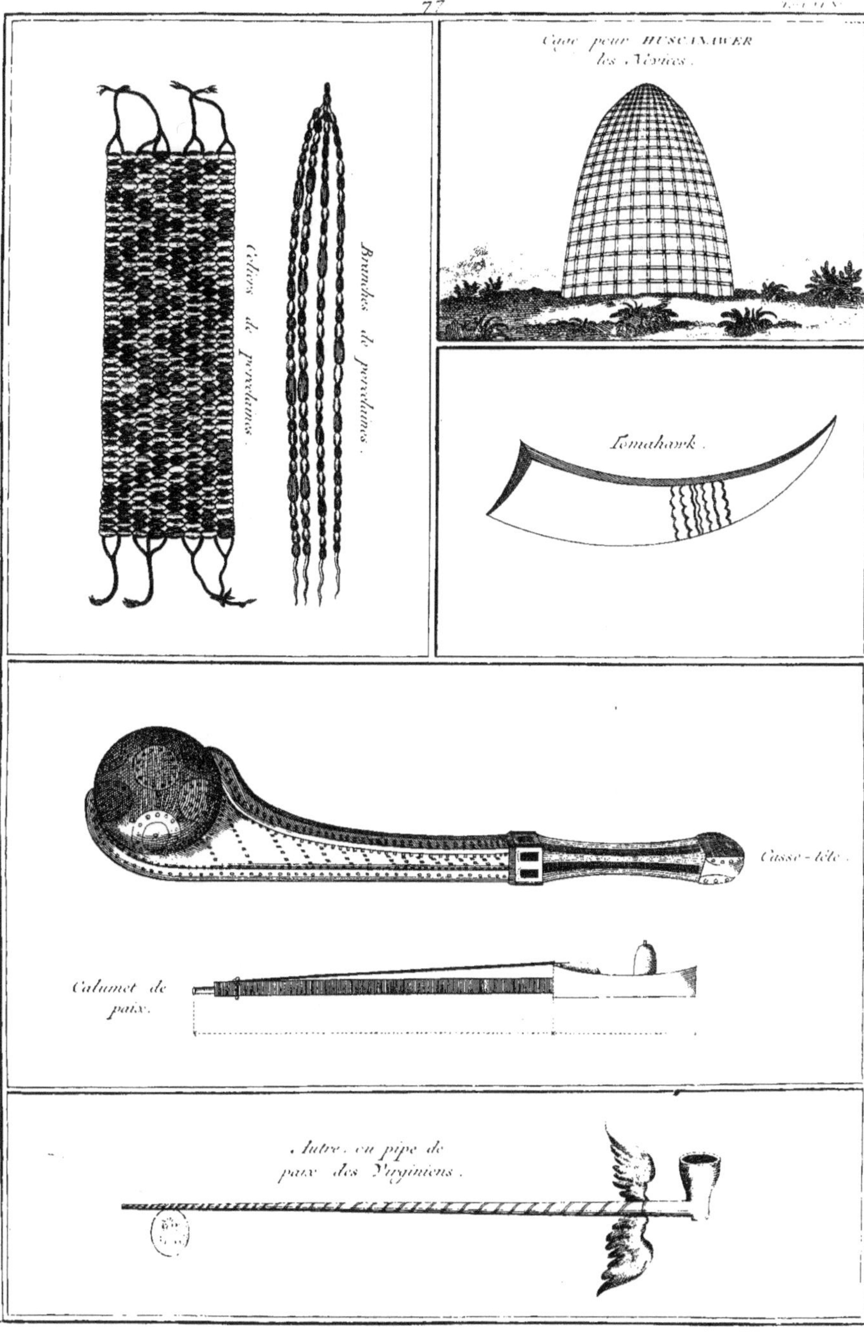
Cage pour HUSCANAWER
les Nègres.
Colliers de porcelaine.
Branches de porcelaine.
Tomahawk.
Casse-tête.
Calumet de
paix.
Autre ou pipe de
paix des Virginiens.

SACRIFICE que les FLORIDIENS font au SOLEIL, de leurs PREMIERS nez.

OFRANDE que les FLORIDIENS font d'un CERF au SOLEIL.

CEREMONIE, observée par un des ROIS de la FLORIDE, avant que de faire une Expedition.

Un des ROIS de la FLORIDE, consultant son MAGICIEN, avant que de marcher a l'Ennemi.

FLORIDIENNES, qui ayant perdu leurs maris, a la guerre, viennent implorer l'asistance du ROY.
HERMAFRODITES, déstinez a servir les malades, et a enterrer les morts.

Veuves de la FLORIDE, qui sement leurs cheveux sur les Tombeaux de leurs Maris.

Maniere d'ensevelir les ROIS, et PRETRES de la FLORIDE.